⟨ 디지털 지구, 뜨는 것들의 세상 ⟩

메타버스

디지털 지구, 뜨는 것들의 세상

메타버스

초판 1쇄 발행 2020년 12월 18일
초판 132쇄 발행 2022년 3월 21일

지은이 김상균
펴낸이 최익성
편집 김선영
마케팅 임동건, 신현아, 송준기
마케팅 지원 임주성, 홍국주, 황예지, 신원기, 박주현, 이혜연
경영지원 이순미, 임정혁
펴낸곳 플랜비디자인
디자인 빅웨이브

출판등록 제 2016-000001호
주소 경기 화성시 동탄첨단산업1로 27 동탄IX타워
전화 031-8050-0508
팩스 02-2179-8994
이메일 planbdesigncompany@gmail.com

ISBN 979-11-89580-57-5

이 도서의 국립중앙도서관 출판예정도서목록(CIP)은 서지정보유통지원시스템
홈페이지(http://seoji.nl.go.kr)와 국가자료종합목록 구축시스템(http://kolis-net.nl.go.kr)에서
이용하실 수 있습니다. (CIP제어번호 : CIP2020049879)

〈 디지털 지구, 뜨는 것들의 세상 〉

메타버스

김상균 지음

플랜비디자인

추천사

김경일 지혜의 심리학 저자, 인지심리학자 & 아주대학교 심리학과 교수

'행복에 걸려 비틀거리다'의 저자로도 유명한 심리학자 댄 길버트의 연구 중에 이런 게 있습니다. 사람들에게 묻습니다. "지난 10년간 세상이 얼마나 변했나요?" 사람들은 꽤 많이 변한 것 같다고 합니다. 두 번째 질문을 합니다. "앞으로 10년간은 세상이 얼마나 변할까요?" 사람들의 대답은 처음보다 시큰둥합니다. 앞으로 10년은 별로 안 변할 것 같다는 반응입니다. 대부분의 사람들이 그렇습니다. 더욱 안타까운 것은 나이가 들어갈수록 과거 10년에 변한 것이 별로 없다고 회고하며, 미래 10년은 아예 변하지 않을 것이라고 예측합니다.

이 결과로부터 두 가지의 뼈 때리는 사실을 깨닫게 됩니다. 첫째, 인간은 미래 변화를 축소하고 과소평가합니다. 둘째, 나이가 들수록 더더욱 그렇습니다. 하지만, 젊은 나이에 큰 성공을 거둔 사람들이 나이 든 사람처럼 미래를 축소해 보는 경향이 있다는 연구 결과는 당황스럽습니다. 그래서 미래 변화를 크게 보며, 나이가 많지 않으면서 그럼에도 불구하고 성공적인 사람을 만나는 건 백사장에서 바늘 찾기만큼 어려운 일입니다. 스스로 지난 10년을 돌아봤습니다. 심리학자로서 많은 사람을 만나왔지만, 그런 사람을 몇 명이나 만나봤을까요. 가장 먼저 떠오른 사람은 단연 김상균 교수입니다. 읽는 내내 그가 말해주는 미래를 소름 끼치도록 생생하게 만나고 체험했습니다. 추천사는 무슨. 고맙다는 말을 하고 싶습니다. 이런 체험을 할 수 있게 해줘서.

김준수 SBS 예능본부 PD & 정글의 법칙 연출

'무한 정보, 무한 콘텐츠 시대에 무한 결핍?'

"요즘 TV에 볼만한 프로그램이 참 없다"고들 합니다. 방송사 예능 PD로서 이런 얘기는 어깨를 무겁게 하면서, 큰 책임감을 느끼게 합니다. 2020년 지금은 코로나 시대이자, 코로나로 인해서 가속화되고 대세가 된 언택트 시대입니다. 신문방송학을 전공해서 그런지, 대학 시절 귀에 따갑게 듣던 것이 뉴미디어, 디지털 시대 얘기였습니다. 대학서 배웠던 '컴퓨터+TV', '미디어 플랫폼의 합종연횡', '프로그램 생산자와 소비자가 하나가 되는 프로슈머 Prosumer'의 시대는 도래한 지 오래고, 이제는 포스트 디지털 시대를 준비해야 하는 시기입니다. 그런데 이런 시대에 문화 콘텐츠를 만드는 우리들에게 이 책은 묻고 있습니다. '여태껏 무엇을 만들어왔고, 현재 무엇을 만들고 있으며, 앞으로 무엇을 만들어야 할지 고민하고 있는가?' 예능 연출자에게 예능 프로그램이 어디로부터 와서, 어디에 있고, 어디로 가야 할지를 심각하게 생각하면서 제작하고 있는지를 되돌아보게 합니다. 시청률, 광고판매율, 화제성에만 집착한 나머지, 매번 똑같은 것만 만들고 반복하지는 않았는지 생각하게 합니다. 이 책은 문화 콘텐츠 제작자에게 이런 시대 고민과 반성을 불러일으킵니다.

김상균 교수의 이 책은 메타버스, 디지털 지구가 어디에서 왔고, 어디에 있으며, 어디로 가는지를 알려주는 책입니다. 한마디로, 디지털 시대에 사는 우리들에게 방향성을 알려주는 책입니다. 우리가 지금 당연하다고 생각하는 디지털 세계가 결코 당연한 결과물이 아니며, 그것이 나오게 된 이유가 무엇인지를 우리에게 알려줍니다. 물론 디지털 시대의 단편적인 정보들은 모바일 인터넷을 통한 기사로도 손쉽게 접할 수 있습니다. 이 책은 그런 파편화되고 한정적인 뉴미디어 뉴스를 넘어서 디지털 시대에 체계화된 정보의 맥락을 읽어나갈 수 있게 합니다. 영화 '스타트렉'의 텔레포트가 현실화되는 시대, 증강현실이 게임, 영화, TV 프로그램 등 모든 문화 콘텐츠 속에 펼쳐질 수 있는 시대에 기존 예능 장르인 쇼, 코미디, 리얼 버라이어티, 관찰 리얼리티 장르를 메타버스 예능 콘텐츠 장르는 과연 무엇일까요? 결국 새 예능 콘텐츠의 해답이 여기 메타버스에 있다고 생각합니다. '예능 콘텐츠의 미래는 메타버스다'라고 감히 말할 수 있겠습니다.

문화 콘텐츠 관련 종사자라면 메타버스 시대에 나침반이 될 이 책을 필독서로 일독하기를 권합니다. 지금 이 순간 서점으로 달려가 메타버스 티켓을 끊기를 바랍니다. 이 책을 손에 넣는 순간, 디지털 시대를 달리는 N번 메타버스에 올라타는 것이고, 이 버스에 앉아있는 것만으로도 당신은 그 종착역이 어디로 향하는지를 몸소 느끼게 될 것입니다.

곽성환 한국콘텐츠진흥원 팀장

금년 봄에 찾아온 반갑지 않은 코로나19 바이러스로 인하여 모든 이들의 삶과 생활이 바뀌어 가고 있습니다. 국가, 회사, 개인의 모든 분야에서 언택트가 대세가 됐고 전에는 잘 알지 못했던 메타버스 세계에 살아가게 되었습니다.

책 주제 중에 3가지 내용이 와닿았습니다. 싸이월드, SF영화 레디플레이어원, Zoom 이 세 가지입니다. 1999년에 시작해 50대 대부분의 사람들이 처음으로 인터넷 공간에서 SNS 활동을 하도록 엄청난 호응을 이끌어 냈으나 시대의 흐름을 못 따라가 현재는 페이스북, 유튜브 등에 자리를 내어주고 추억 속에 사라진 싸이월드, HMD를 쓰고 가상공간에서 아바타가 자신의 역할을 대행했던 2018년 스티븐 스필버그 감독의 SF영화 레디 플레이어 원, 2011년에 사업을 시작한 온라인 플랫폼 Zoom은 언택트 시대에 반드시 필요한 온라인 회의시스템으로 현재 엄청난 주가를 올리고 있습니다.

최근 사회적 현상을 보면 메타버스에 대하여 이해하고 적응해 나가는 사람만이 스마트폰, 컴퓨터, 인터넷 등 디지털 미디어 세계가 이끌어 나가는 현시대를 잘 살아갈 수 있다는 저자의 의견에 적극 동의하며 꼭 일독을 권합니다.

류임상 서울미술관 학예실장

언택트 문화가 빠르게 전파되면서 공간적 특성과 원본성을 기반으로 하는 문화 콘텐츠 산업이 전반적으로 큰 위기에 빠졌습니다. 대형 미술관들은 운영 자체의 기반을 뿌리부터 다시 생각해야 할 중요한 시기가 도래한 것입니다.

김상균 교수의 흥미로운 이야기 〈메타버스-디지털 지구에 올라타라〉에는 전통적인 문화 예술 시스템들이 이러한 위기를 극복할 좋은 힌트들이 잘 담겨 있습니다. 예술이란, 기본적으로 예술가들이 구축한 〈가상의 세상〉을 어떻게 관람자들이 즐기게 하는가에 대한 고민입니다. 메타버스의 세상은 더 외면해서는 안 되는 〈새로운 예술 경험의 장〉입니다. 부디 여러 예술 기획자들이 이 책을 통해 많은 영감을 얻게 되어 언택트를 넘어선 새로운 예술, 새로운 교감의 아트-메타버스가 탄생하길 기원해봅니다.

정민식 CJ E&M tvN PD & 책 읽어드립니다, 어쩌다 어른, 사피엔스 스튜디오 총 연출

시대가 변해도 변하지 않는 가장 근본적인 본질은 인간이라는 존재이며 또한 그런 인간 간의 관계일 것입니다. 거인의 어깨에서 세상을 바라보면 훨씬 더 넓은 세상을 볼 수 있듯이 〈메타버스〉를 통해서 세상을 본다면 인간 자체 그리고 인간 간의 관계에 관한 새로운 기준과 어울림이 보일 것입니다. 이 책을 통해 새로운 시대, 독자들만의 유니버스를 만나기를 기원합니다. 뉴노멀 시대를 여행하기 위한 새로운 디지털 가이드 〈메타버스〉를 응원합니다.

정지훈 EM.Works 대표 & 경희사이버대 선임강의교수

우리가 살고 있는 지구, 그리고 우주를 유니버스라고 한다면, 소위 4차원 시공간의 공존하는 패러렐 월드를 가리켜 멀티버스라고 칭한다는 것은 마블의 영화를 좋아하는 사람들이라면 한 번쯤 들어본 이야기일 것입니다. 그렇다면, 메타버스란 무엇일까요? 최근 짧은 기간 동안 많은 사람들에게서 회자되는 이 생소한 용어는 코로나19 이후 더욱 중요한 의미를 가진 단어가 되어가고 있습니다.

지난 2020년 10월 5일, 세계적인 그래픽 카드 겸 인공지능 하드웨어를 만드는 선두주자로 유명한 엔비디아^{NVidia}의 창업자 겸 CEO인 젠슨 황은 온라인으로 진행된 GPU개발자대회인 GTC 2020 기조연설에서 "메타버스가 오고 있다^{The Metaverse is Coming.}"이라고 선언하며 데이터와 인공지능, 가상현실과 증강현실 등의 디지털 기술들이 현실 세계와 만나 만들어내고 있는 또 다른 세계의 중요성을 이야기하였습니다. 이러한 새로운 미래에 대해 김상균 교수는 특유의 호모 루덴스적인 인사이트를 담아서 디지털 전환과 증강현실, 라이프로깅, 디지털 클로딩 등의 여러 가지 기술들을 한데 버무려 메타버스를 소개하면서, 동시에 이를 활용한 훌륭한 적용 사례들을 풍부하게 소개하고 있습니다. 메타버스의 세계를 공부하고 싶은 사람들이라면 누구나 꼭 읽어봐야 할 책입니다.

최재붕 포노사피엔스 저자 & 성균관대학교 기계공학부 교수

김상균 교수는 이상한 사람입니다. 인지과학을 전공한 사람이 하라는 공부는 제쳐두고 게임에 푹 빠져들었습니다. 그리고 심지어 교수가 되어 이제는 학생들에게 게임을 제대로 가르치겠다고 합니다. 세상의 모든 걸 게임으로 풀어보려는 이상한 나라의 공상가 김상균. 그래서 나는 그의 이야기가 좋습니다.

그가 이야기하는 메타버스는 내가 이야기하는 포노사피엔스들의 새로운 우주입니다. 내가 현실에 발을 딛고 이야기를 풀어나가는 동안 그의 생각은 우주를 넘어 새로운 세계를 창조하고 자유자재로 넘나듭니다. 왜 포노사피엔스의 문명이 압도적인지 그를 보며 감탄하며 공감하고 맙니다. 메타버스는 포노사피엔스 문명의 디테일과 미래로 가는 길을 제대로 보여주는 책입니다. 성공적인 미래를 꿈꾸는 이들, 슬기로운 자기 개발을 원하는 이들이라면 모두 메타버스에 올라타시기를 바랍니다. 새로운 우주가 당신을 기다리는 중입니다.

갑자기 다가온 언택트 세상? 사실은 나만 몰랐던 메타버스

2020년 시작과 함께 찾아온 코로나19는 우리 삶의 많은 부분을 변화시켰습니다. 정확히는 변화보다 혁명에 가깝습니다. 우리는 만남을 가장 좋은 소통 수단이라 여겨왔습니다. 카페, 식당, 강의실, 사무실, 공원 등에서 여럿이 만나 함께 어울려 놀고, 공부하며, 일하는 삶의 방식이 최고라 믿었습니다. 이랬던 우리들이 코로나19로 인해 하나의 물리적 공간에 함께 머물기 어렵게 되었습니다.

접촉을 뜻하는 콘택트contact와 반대를 뜻하는 언un-을 합쳐서 만든 신조어 언택트untact는 빠른 속도로 우리 사회의 일반적 문화가 되었습니다. 비대면, 원격교육, 줌, 웹엑스, 팀즈, 이런 키워드들은 2019년 말까지만 해도 우리에게 매우 낯선 개념이었는데, 코로나19 이후 초등학생부터 나이 지긋한 기업체 임원분들에게까지 불과 몇 달 만에 일상의 단어로 스며들었습니다. 언택트 시대, 사람들은 새로운 세상이 열렸다는 불안감과 신기함을 동시에 느꼈습니다.

언택트 세계는 원래 존재하지 않던 새로운 세계일까요? 저는 아니라고 생각합니다. 코로나19 이전에도 언택트 세계는 현실 세계와 공존했습니다. 코로나19 이전에도 우리는 일상생활의 기록을 소셜미디어에 올리고 서로 좋아요 버튼과 댓글로 소통했으며, 사이버대학의 교수와 학생들은 온라인에서 비대면으로 공부해왔고, 글로벌 기업들은 해외 법인들과 각종 화상회의 도구와 협업 툴을 가지고 함께 일했습니다. 또한 국내 인구의 절반 정도가 온라인 게임 세상에서 휴식 시간을 보내왔습니다. 국내 게임 시장 규모는 15조 원을 넘어섰는데, 국내 커피 시장 규모가 10조 원 정도임을 볼 때 얼마나 많은 이들이 온라인 게임 세상에 머무는지 가늠할 수 있습니다.

코로나19 이전부터 존재해왔던 이런 언택트 세계를 메타버스metaverse라 부릅니다. 스마트폰, 컴퓨터, 인터넷 등 디지털 미디어에 담긴 새로운 세상, 디지털화된 지구를 뜻합니다. 인간이 디지털 기술로 현실 세계를 초월해서 만들어낸 여러 세계를 메타버스라 합니다. 메타버스는 이미 우리 곁에 있었지만, 코로나19 이전까지는 메타버스보다 현실 세계에 머무는 이들이 더 많았습니다. 크기가 100나노미터도 안 되는 작은 코로나19 바이러스가 세계 인류를 거대한 메타버스 속으로 강제 이주시킨 셈입니다.

메타버스 세계에 익숙했던 이들은 언택트 문화에 쉽게 적응했습니다. 그러나 메타버스를 경험하지 않았던 분들은 갑자기 다가온 언택트 문화를 불편해하고 두려워했습니다. 코로나19가 지나고도 우리가 경험한 언택트 문화, 언택트 혁명은 우리에게 메타버스의 의미를 깊게 남길 겁니다. 메타버스는 우리의 일상생활, 경제, 문화 등 사회 전반에 걸쳐 점점 더 확장해 가리라 확신합니다. 이제 아날로그 지구, 물리적 지구에서만 머물기는 어렵습니다. 새로운 메타버스가 우리에게 다가왔고, 이미 많은 이들이 그 메타버스의 의미와 매력에 빠져들었습니다. 물론, 메타버스가 현실 세계, 물리적 지구를 완전히 대체하지는 못합니다. 그래서도 안 된다고 생각합니다. 그러나 이제 우리 곁에는 물리적 지구와 함께 디지털 지구인 메타버스가 함께

할 겁니다. 이런 상황에서 현실 세계, 물리적 지구에서만 머물기를 고집한다면, 당신은 메타버스라는 새로운 세계에 발을 붙이지 못한 채 물리적 지구에 고립된 사람이 됩니다. 특히, 당신이 기업 경영자, 정책 의사결정권자라면 더욱더 물리적 지구에만 고립되면 안 됩니다. 메타버스를 외면한 리더와 함께하는 조직과 구성원들은 메타버스라는 신세계에서 누릴 수 있는 의미, 즐거움, 경제적 이익 등을 모두 놓치기 때문입니다. 15세기, 유럽의 여러 국가들은 배를 타고 신대륙을 탐험하며 그들의 세력을 키워갔습니다. 19세기, 기계화 세상의 미래 가치에 먼저 눈을 뜬 미국과 서유럽 국가들은 다른 국가들의 GDP^{Gross Domestic Product, 국내총생산}를 압도하며 성장했습니다. 21세기는 메타버스의 시대입니다. 이 책을 읽는 당신이 누구이건 우리는 이제 현실 세계와 메타버스가 공존하는 시대를 살아야 합니다.

메타버스를 거부한다면, 우리는 모르핀에 중독된 쥐가 된다.

메타버스라는 거창한 개념까지 알아야 할까? 그저 화상회의 툴이나 메신저로 필요한 것들만 처리하면 되는 게 아닌가? 현실 세계에서의 만남도 피곤한데, 굳이 거울 세계나 가상 세계 등의 메타버스 속에서까지 서로 어울려 지내야 하나? 혹시 이런 생각을 하신다면, 캐나다 사이먼프레이저대 브루스 알렉산더 교수가 했던 쥐 공원 실험에 잠시 집중해주시기 바랍니다.

알렉산더 교수는 쥐들이 지낼만한 작은 공원을 만들었습니다. 그리고 쥐를 두 그룹으로 나눴습니다. 한 그룹의 쥐들은 집단을 이뤄서 서로 지지고 볶으며 살게 해주었고, 다른 한 그룹의 쥐들은 서로 분리되어 독립생활을 하게 했습니다. 알렉산더는 쥐들이 오가는 길에 모르핀(환각을 일으키는 강한 진통제)이 섞인 설탕물 통을 배치했습니다. 함께 지지고 볶으며 사는 쥐들과 각자 독립생활을 하는 쥐들, 어느 쪽이 모르핀을 탄 설탕물에 더 집착하는 지 관찰했습니다. 결과는 확실했습니다. 독립생활을 하는 쥐들이 모르핀에 더욱더 강한 집착을 보였습니다. 함께 모여 사는 쥐들은 그룹 안에서 서로 갈등을 일으켜서 다투기도 하고, 어울려 짝짓기를 하기도 했습니다. 어울림 에는 즐거움과 어려움이 공존했으나, 어울림은 결과적으로 쥐들을 모르핀 으로부터 멀리하게 만들었습니다.

사람도 마찬가지입니다. 우리는 서로 어울려 지내야 모르핀에 중독된 쥐 가 되지 않습니다. 그러나 그 어울림이 꼭 물리적 공간을 공유하는 모습은 아니어도 괜찮습니다. 현실 세계에서의 어울림이 부족하거나 효율적이지 않다면, 메타버스에서 더 다양한 어울림을 만들면 됩니다. 메타버스는 현실 을 벗어나기 위한 세계, 어울림을 피하기 위한 수단이 아닙니다. 더 편하게, 더 많은 이들과 어울리기 위한 세계가 메타버스입니다. 메타버스 안에서 함 께 지지고 볶으며 새로운 가치를 만들어가야 합니다.

메타버스를 여행하는 탐험가

저는 다양한 학문을 탐구했습니다. 학부 시절에는 로봇공학을 전공하며, 독 학으로 게임 개발에 입문했습니다. 인터넷이 없던 시절, 전화로 접속해서 여 럿이 함께 즐기는 원시 형태의 온라인 게임을 만들어서 상용서비스를 오픈 했습니다. 분당 접속료 10원을 받아서 전화회사와 수익을 나눠 갖는 사업 모 델이었습니다. 제 나이 24세 때입니다. 대학원에서는 산업공학을 거쳐, 인지 과학으로 박사과정을 마쳤습니다. 사람의 마음을 알고 싶다는 호기심으로 시작했던 인지과학 공부는 제게 더 큰 질문만 남긴 채 끝났습니다. 화가 폴 고갱이 1897년에 완성한 '우리는 어디서 왔고, 무엇이며, 어디로 가는가?D'où Venons Nous / Que Sommes Nous / Où Allons Nous.'라는 작품의 타이틀은 제 박사과정 중의 화두였는데, 저는 이 물음에 관한 해답의 근처에도 도달하지 못했습니다. 다만, 해답은 20만 년 전의 시간 속이나 수백만 광년 거리의 우주 먼 곳에 존재하지 않고, 한 시대를 살아가는 우리들에게 있으리라 짐작하고 있습니다.

사람들은 어떤 감정을 느끼는지, 그래서 어떻게 소통하는지, 그 소통에서 무엇을 얻고 무엇을 잃는지, 그런 성취와 상실이 우리의 마음과 행동에 어떤 영향을 주는가를 탐구했습니다. 그 과정에서 제가 어설프게 탐험했던 심리학, 철학, 교육학, 컴퓨터공학, 산업공학, 게이미피케이션gamification 등은 저를 하나의 세계로 이끌었고, 그게 바로 메타버스였습니다. 우리는 한 시대, 하나의 지구에서 살지만, 각자의 선택에 따라 동시에 여러 개의 메타버스에서 살아가고 있습니다. 물리적 지구만 바라볼 게 아니라, 디지털 지구인 여러 메타버스를 탐험하면 제 화두에 관한 해답에 한걸음 가까이 다가서리라 기대합니다. 저의 탐험은 앞으로도 계속됩니다. 이 책을 읽으시는 여러분이 왜 이 책을 선택했는지, 현재 무엇을 하고 있고, 앞으로 어떤 계획을 갖고 있을지는 모르지만, 메타버스는 지금 이 순간에도 여러분과 연결되어 있습니다. 여러분과 저를 포함한 우리 모두는 메타버스를 탐험해야 합니다.

메타버스 여행 가이드

이 책은 네 종류의 메타버스로 여러분을 안내합니다. 먼저 PART 1에서는 메타버스의 등장 배경, 인류사적 의미, 소통 수단으로써의 가치 등을 소개합니다. 메타버스를 여행하기 위한 준비 단계로 보시면 됩니다. 그다음부터는 네 종류의 메타버스를 차례대로 여행합니다. 증강현실 세계(2장), 라이프로깅 세계(3장), 거울 세계(4장), 가상 세계(5장) 순으로 살펴봅니다. 이들을 꼭 순서대로 여행하실 필요는 없습니다. 한쪽을 보시다가 현기증이 나시면, 잠시 다른 메타버스를 먼저 보시고 다시 돌아오셔도 됩니다. 다만, 여정을 끝까지 이어가시기를 기원합니다. 6장은 다양한 산업에서 우리나라를 대표하는 기업들에게 메타버스를 어떻게 바라보고 활용할지를 제안하는 내용을 담고 있습니다. 여러분이 속한 조직이 6장에 포함되어 있지 않더라도, 산업분야나 비즈니스 모델 등이 유사한 기업을 놓고 살펴보시면 도움이 되시리라 기대합니다. 메타버스가 유토피아가 될지, 디스토피아가 될지, 아직은 확신하기 어렵습니다. 7장은 메타버스가 풀어야 할 윤리, 법, 경제, 심리적 문제 등을 제시하고 있습니다. 메타버스는 그 정의 자체가 아직 확고하지 않은 개념입니다. 따라서 메타버스에서 풀어야 할 문제의 주제와 해결방안도 지속적으로 논의되어야 합니다. 7장에서는 그런 논의를 위한 몇 가지 화두를 던집니다.

이 책을 읽는 동안 상상의 나래를 넓게 펼치시면 좋겠습니다. 새로운 메타버스에서 우리 아이들이 어떻게 학습하고 성장할지 상상해보시기 바랍니다. 새로운 메타버스에서 기업 경영과 산업 환경이 어떻게 진화할지 상상해보시기 바랍니다. 새로운 메타버스에서 국가 시스템과 글로벌 협력 체계에 어떤 변화가 생길지 상상해보시기 바랍니다. 소설 '데미안'의 싱클레어처럼 알을 깨고 메타버스로 날아가시기 바랍니다.

2020년 10월 10일, 소중한 날에 김상균 올림

CONTENTS

PART 7

메타버스가 낙원은 아니다

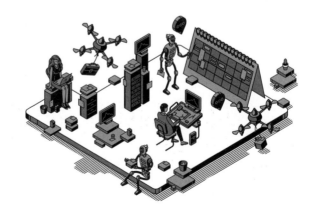

PART 1

인류는
디지털 지구로
이주한다

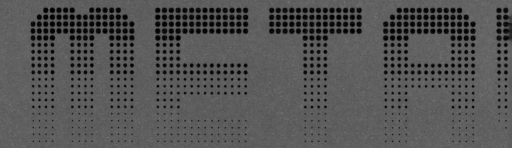

변화해라. 억지로 변화해야 할 상황이 오기 전에
- 잭 웰치

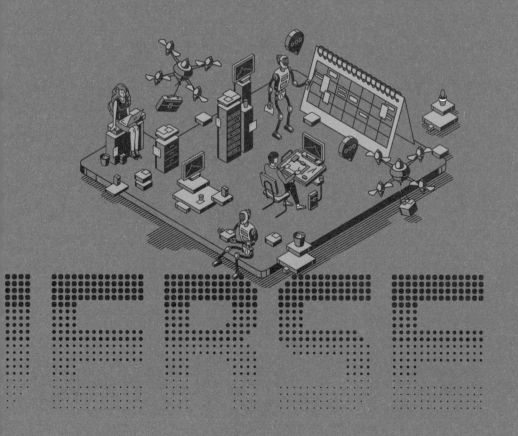

CHAPTER 1

새로운 세상, 디지털 지구,
메타버스의 탄생

●●●●● 지하철에서 사람들은 무엇을 하나요? 모두가 고개를 숙이고 스마트폰만 바라봅니다. 현실의 내 몸은 지하철 의자 위에 있으나, 내 정신과 의지는 온전히 스마트폰 속 세상에 있습니다. 피시방에서 사람들은 무엇을 하나요? 다섯 명이 나란히 앉은 채 지구 반대편에 있는 수십 명과 연합해서, 또 다른 지역의 수십 명과 전쟁을 치르고 있습니다. 초등학교 시절에는 방학 끝 무렵에 몰아 쓰던 일기를 성인들은 소셜 미디어에 매일 쓰고 있습니다. 오늘 무엇을 먹었는지, 어떤 책을 읽었는지, 누구를 만났는지, 무슨 좋은 일이 있었는지를 꼼꼼히 온라인 세상에 올립니다.

우리의 몸은 물질의 세상, 아날로그 지구에 있지만 우리의 생활은 점점 더 디지털 세상, 디지털 지구로 이동하고 있습니다. 아날로그 지구에서 사람들과 소통하고 놀아도 되는데 군이 왜 디지털 지구에서 살고자 할까요? 인간은 예로부터 새로운 세상을 탐험하고, 더 많은 이웃을 만들고, 끝없이 무언가를 성취하며 살아왔습니다. 이것은 인간의 기본적 욕구입니다. 인간은 자신이 가진 욕구를 다 채울 수 없는 존재입니다. 아날로그 지구에서 아무리 많은 건물을 짓고, 새로운 상품을 만들고, 여행을 다니고, 사람들을 만나도 욕구를 다 채우지는 못합니다. 아날로그 지구만으로 채우기 부족한 욕구를 채우기 위해 우리는 디지털 지구를 만들어가고 있습니다.

스마트폰, 컴퓨터, 인터넷 등 디지털 미디어에 담긴 새로운 세상, 디지털화된 지구를 메타버스라 부릅니다. 메타버스는 초월, 가상을 의미하는 메타meta와 세계, 우주를 뜻하는 유니버스universe의 합성어입니다. 현실을 초월한 가상의 세계를 의미합니다. 메타버스의 모습은 지금 이 순간에도 끊임없이 진화하고 있기에 메타버스를 하나의 고정된 개념으로 단정하기는 어렵습니다. 페이스북, 인스타그램, 카카오스토리에 일상을 올리는 것, 인터넷 카페에 가입해서 회원이 되고 활동하는 행위, 온라인 게임을 즐기는 것, 이 모든 게 다 메타버스에서 살아가는 방식입니다.

기술 연구 단체인 ASFAcceleration Studies Foundation은 메타버스를 증강현실 augmented reality 세계, 라이프로깅lifelogging 세계, 거울 세계mirror worlds, 가상 세계virtual worlds의 네 가지로 분류합니다. 현재까지는 ASF의 분류가 가장 깔끔하고 타당해 보여서 이 책에서는 이 네 분류를 기준으로 메타버스의 현재와 미래를 풀어보려고 합니다.

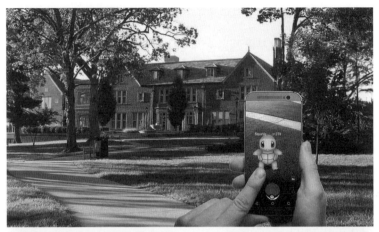

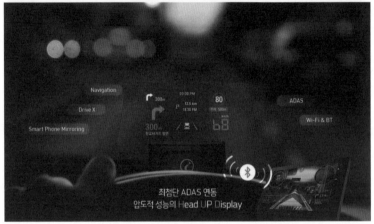

스마트폰 앱으로 포켓몬을 잡아 보셨나요? 자동차 앞 유리에 길 안내 이미지가 나타나는 HUD^Head Up Display를 사용해보셨나요? 아니면 스마트폰 앱으로 책에 있는 마커를 찍었더니 책 위에 움직이는 동물이 나오는 걸 본 적이 있으신가요? 증강현실 세계를 경험하신 겁니다.

인스타그램에 오늘 먹었던 음식 사진을 올려보셨나요? 페이스북에 최근에 읽었던 멋진 책의 커버를 찍어서 올리셨나요? 공부하는 당신의 모습, 일하는 모습을 브이로그에 올리셨나요? '인간극장'이나 '나 혼자 산다'를 보셨나요? 라이프로깅 세계를 즐기신 겁니다.

아이돌 팬카페에 가입해서 활동해보셨나요? 화상회의 소프트웨어를 써서 원격수업, 원격회의를 해보셨나요? 배달의 민족 앱으로 음식을 주문하거나, 에어비앤비로 숙소를 예약해보셨나요? 거울 세계를 경험하셨습니다. 온라인 게임을 해보셨나요? 스티븐 스필버그가 제작한 영화 '레디플레이어원'을 보셨나요? 그게 바로 가상 세계입니다.

메타버스의 가치를 현실 세계의 가치로 가늠해보면 얼마나 될까요? 메타버스를 보유하고 있는 기업의 시가총액을 살펴보면 어떨까 합니다. 물론, 시가총액이 메타버스의 가치를 정확하게 나타낸다고 단정하기는

어렵지만, 중요한 지표임은 확실합니다. 2020년 8월을 기준으로 메타버스를 운영하는 여러 기업들을 후방에서 웹서비스로 지원하는 아마존의 시가총액은 1,880조 원으로 세계 4위에 위치합니다. 수많은 브이로그가 올라오는 유튜브를 보유한 구글의 시가총액은 1,200조 원을 넘어서서 세계 5위에 해당합니다. 라이프로깅 분야의 대표적 기업인 페이스북의 시가총액은 900조 원을 돌파해서 세계 6위에 해당합니다. 시가총액 770조 원을 넘어서 세계 8위에 위치한 텐센트의 매출 중 35%가 게임, 가상 세계 메타버스가 차지하고 있습니다. 세계 시가총액 1~8위의 기업 중 절반이 메타버스 관련 기업입니다. 메타버스, 디지털 지구와 별 상관없어 보이는 나이키는 2006년부터 자신만의 메타버스를 꾸준히 키워오고 있습니다. 그 결과 최근 5년간 경쟁기업과의 수익 격차를 더 크게 벌리면서 시가총액 198조 원을 기록하고 있습니다. 경쟁업체인 아디다스의 3배에 가까운 규모입니다. 여기서 언급한 아마존, 유튜브, 페이스북, 텐센트, 나이키 등에 대해서는 다른 챕터에서 보다 상세하게 살펴보겠습니다.

메타버스, 디지털 지구를 주름잡는 기업들의 성장세는 오프라인 기반의 제조, 유통 기업을 넘어서고 있습니다. 메타버스는 세계 경제의 중심이 되어가고 있습니다. 메타버스라는 개념을 그저 먼 세상 이야기, 일부 디지털 마니아나 Z세대들의 놀이터 정도로 여겨서는 안 될 이유가 여기에 있습니다.

CHAPTER 2

디지털 테라포밍: 호모 사피엔스, 파베르, 루덴스 & 데우스

테라포밍terraforming은 지구화地球化, 행성 개조行星改造 정도로 해석되는 용어입니다. 지구가 아닌 우주의 다른 행성을 인간이 사는 지구와 비슷한 환경으로 바꾸는 작업을 의미합니다. 메타버스, 디지털 지구가 만들어지는 과정을 살펴보면 테라포밍과 비슷합니다. 인간의 손이 닿지 않던 공간, 디지털 공간에 인간이 살아갈 수 있는 환경이 만들어지고 있습니다. 그 과정을 인류학적 관점에서 짧게 살펴보겠습니다.

현생 인류, 21세기를 살아가는 인간을 지칭하는 대표적 표현은 '호모 사피엔스Homo Sapiens'입니다. 생각하는 사람을 뜻하는 말입니다. 문헌마다 차이가 있으나 호모 사피엔스가 지구에 등장한 시기는 대략 7~20만 년 전으로 추정됩니다. 지구상에 등장한 호모 사피엔스는 한동안 아프리카 대륙에 머물면서 큰 발전이 없었으나, 대략 3만 년 전인 빙하기 말기에 돌을 가지고 여러 도구를 만들고, 큰 집단으로 모여 살기 시작하면서 비약적인 발전을 이룩합니다. 호모 사피엔스의 비약적인 발전, 그 배경에는 인간의 생각하는 능력이 있습니다. 어떻게 하면 더 많이 사냥할 수 있을까? 어떻게 하면 외부의 위협으로부터 집단을 지킬 수 있을까? 이런 질문에 답하는 과정, 즉 존재하지 않는 것을 상상하고 고안하는 사고력과 생각의 결과를 언어로 소통하는 능력을 통해 호모 사피엔스는 지구에서 가장 영향력 있는 종으로 성장하게 됩니다. 현대 교육의 큰 틀은 바로 이런 호모 사피엔스적 사고력을 키우는 데 있습니다. 어떻게 하면 새로운 것을 생각할 수 있을까? 어떻게 하면 앞선 이들이 정리해 놓은 생각의 틀(이론, 공식, 법칙 등)을 익혀서 내 생각에 사용할 수 있을까?

19세기 초 산업혁명을 기점으로 인류를 지칭하는 새로운 단어가 등장합니다. 도구를 만들고 활용하는 인간, '호모 파베르Homo Faber' 입니다. 호모 사피엔스가 없던 것을 상상하고, 그 상상을 동료들에게 전파하는데 집중했다면, 호모 파베르는 상상의 결과를 눈에 보이는 도구로 만들어 냅니다. 그리고 그 도구를 활용해서 다양한 재화를 더 빨리, 싸게, 많이 만드는 데 집중합니다. 19세기 이전까지 아프리카, 남미, 북미, 유럽 지역의 각 국가별 GDP 증가율은 큰 차이가 없었습니다. 그러나 호모 파베르적 접근으로 다양한 산업화 도구의 제작과 활용에 집중한 미국, 서유럽의 GDP 증가율은 다른 지역 국가들을 압도하며 가파르게 증가했습니다. 전화, 전구, 비행기, 반도체, 인터넷, 광섬유 등 현대 문명을 대표하는 것들은 모두 그런 과정에서 만들어졌습니다. 호모 사피엔스가 등장했던 20만 년 전부터 현재까지 인류 역사를 1미터 정도의 그래프로 요약한다면, 우리가 사용하는 대부분의 도구, 기술들은 마지막 1밀리미터 안에 그려지는 셈입니다.

2018년 특허청은 흥미로운 내용을 발표했습니다. 페친들을 대상으로 우리 생활과 밀접하다고 생각하는 '세계 10대 발명품'을 조사해서 공개했습니다. 1위는 조금 의외일 수 있으나, 냉장고였습니다. 그다음으로는 인터넷, 컴퓨터, 세탁기, 텔레비전 순으로 2~5위에 위치했습니다. 여기서 한 가지 퀴즈를 내겠습니다. 2, 3, 5위에 위치한 것들을 하나로 묶으면 뭐가 될까요?

인터넷 + 컴퓨터 + 텔레비전 = ?

그리고 이 물음표에 해당하는 물건을 좀 더 넓게 생각해보면 1위 냉장고, 4위 세탁기의 역할까지 대체가 가능합니다. 많은 분들이 눈치 채셨으리라 짐작합니다. 바로 현대인이 가장 사랑하는 물건, 내 몸에서 절대 멀리 두지 않는 물건, 명품을 제외하고는 내가 외출할 때 소지하는 가장 비싼 물건인 스마트폰입니다. 5인치 내외 화면 크기의 스마트폰 한 대의 가격이 900리터 용량의 냉장고, 50인치 텔레비전과 맞먹거나 비싸지고 있습니다. 다양한 연령대의 참가자들을 대상으로 자신이 현재 소지하고 있는 모든 물건을 종이에 적어보라고 합니다. 옷과 신발을 포함해서 가방에 들어있는 지갑, 책, 화장품, 스마트폰 등을 다 적게 합니다. 그런 후 목록에 있는 물건을 하나씩 버리는 실험을 진행해보면, 속옷을 제외하고는 거의 마지막까지 남는 물건이 스마트폰입니다. 21세기 초에 등장한 스마트폰은 이제 단순한 전자기기가 아니라 현생 인류의 신체 일부가 되어가고 있습니다. 내 몸을 내 것으로 인식하고, 내가 직접 움직일 수 있는 것을 신체 자각이라고 칭하는데, 스마트폰은 현대인의 신체 자각 범위 안에 들어가 있습니다.

그런데 이 비싸고, 내 몸의 일부처럼 다루는 물건인 스마트폰으로 현대인은 주로 무엇을 할까요? 스마트폰 세상의 중심에 있는 기업인 애플Apple Inc.을 잠시 살펴보겠습니다. 2020년 9월 기준으로 시가총액 2,250조 원을 넘어서서 세계 수많은 기업들 중 1위를 차지했습니다. 애플은 앱스토어에서 매년 천문학적인 매출을 올리고 있습니다. 2019년 기준으로 대략 58조 원의 매출을 올렸고, 이익은 대략 17조 원 정도에 달합니다. 그러면 애플 앱스토어에서 사람들은 주로 무엇을 다운로드할까요? 한국, 미국, 유럽, 세계시장별로 통계를 살펴보면, 그 결과는 국가, 지역별로 큰 차이가 없습니다. 다운로드 수 상위 1~20위권 앱 중 70% 정도는 게임이고, 나머지 30% 정도는 주로 소셜미디어, 동영상 스트리밍 앱들입니다. 물론 다운로드 순위가 앱스토어 매출과 정비례하지는 않습니다. 앱 내부 결재인 인앱결제가 많기 때문입니다. 그러나 세계인들이 스마트폰을 주로 게임, 소셜미디어, 동영상 스트리밍에 활용한다는 점은 확실합니다. 좀 이상하지 않으신가요? 그 귀중한 물건인 스마트폰을 왜 주로 게임과 소셜미디어, 동영상 스트리밍에 사용할까요? 그런 활동이 인간에게 어떤 의미가 있을까요?

이쯤에서 현생 인류를 지칭하는 세 번째 키워드인 '호모 루덴스Homo

Ludens'를 잠시 살펴보겠습니다. 호모 루덴스는 네덜란드 역사, 철학자인 요한 하위징아가 현생 인류를 지칭하기 위해 만든 말입니다. 인류의 역사, 인간의 모든 활동과 상호작용에는 기본적으로 놀이, 즐거움이 깔려 있다는 의미입니다. 현재와 같은 스마트폰, 컴퓨터, 게임기가 없던 시절, 심지어 원시시대에도 인간은 사냥과 생존 이외에 놀이를 즐겼습니다. 원시 시대 동굴 벽화에는 춤을 추거나, 동물 가죽을 뒤집어쓰고 무언가 놀이를 즐기는 사람들의 모습이 나타납니다. 인류는 그런 놀이를 잘 즐기기 위해, 놀이 과정에서 다툼을 피하기 위해 규칙을 만들었습니다. 규칙을 준수하며 놀아야 억울한 사람 없이 모두가 즐겁다는 점을 깨달았습니다. 놀이를 위해 규칙을 만들고 즐기던 행위가 집단 사회에 필요한 규칙, 법을 만드는 기초가 되었습니다. 사냥을 할 때 어떤 규칙을 지킬지, 사냥한 고기와 채취한 물건들을 서로 어떤 규칙으로 나눌지를 서로 약속하고 지켜가기 시작했습니다. 또한, 놀이를 위해 규칙을 만들고 지켰던 약속이 문화가 되었습니다. 집단 사회별로 언제, 어디서, 누가, 무엇을 하며, 어떻게 노는지가 달랐는데, 이러한 차이는 시간이 흐르면서 집단 사회마다 서로 다른 문화를 형성하는 배경이 되었습니다. 요컨대, 인간은 태생적으로 놀이를 좋아했으며, 더 잘 놀기 위해 규칙을 만들었고, 그런 규칙이 집단 사회의 규범, 법, 문화를 형성한 밑바탕이 되었다는 말입니다.

이런 흐름은 메타버스의 형성 과정에도 비슷하게 나타납니다. 증강현실 세계, 라이프로깅 세계, 거울 세계, 가상 세계의 네 가지 메타버스 중 가장 먼저 등장했고, 다양성과 규모 면에서 성장 속도가 제일 빠른 메타버스가 가상 세계입니다. 가상 세계 메타버스의 효시이자 대표 사례는 온라인 게임입니다. 놀이를 좋아하는 인간, 호모 루덴스는 인류 최애 도구인 컴퓨터, 인터넷, 스마트폰을 가지고 온라인 게임을 즐기기 시작했으며, 온라인 게임 문화가 가상 세계를 포함한 메타버스로 확장해갔습니다.

가상 세계를 포함한 다양한 메타버스를 스스로 창조하면서 인간은 또 다른 존재로 진화하고 있습니다. 호모 루덴스인 인류가 창조한 메타버스 안에서 호모 데우스Homo Deus가 되고 있습니다. 호모 데우스는 예루살렘 히브리 대학의 역사학과 교수인 유발 하라리가 2015년도에 발표한 책에서 언급한 개념으로, 여기서 데우스는 신god을 뜻합니다. 즉, 호모 데우스는 신이 되려는 인간을 의미합니다. 21세기는 역사상 매우 특이한 시기입니다. 굶어 죽는 사람보다 과식과 비만으로 죽는 사람이 많으며, 질병으로 죽는 사람보다 노화로 죽는 사람이 많습니다. 호모 사피엔스의 20만 년 역사상 이런 시기는 없었습니다. 이렇게 기본적인 욕구와 안전을 지켜낸 인류는 보다 높은 가치를 원합니다. 바로 영원한 행복과 영원한 삶입니다. 이는 종교적 관점에서 신의 영역에 해당합니다. 아날로그 지구에서 인류가 영원한 행복과 삶을 누릴 수 있을지, 그게 언제까지일지는 저도 모릅니다. 그러나 그런 꿈을 인류는 이미 메타버스 속에서 조금씩 만들어가고 있습니다. 인류는 자신들이 생각한 세계관, 생명체, 자원, 환경 조건 등을 메타버스에 설정해서 운영합니다. 그리고 그 속에서 인간이 창조한 인공지능 캐릭터와 인간들이 함께 어울려서 지냅니다. 가히 호모 데우스다운 놀이터를 메타버스에 만든 셈입니다.

CHAPTER 3

같지만 서로 다른 세상에 사는 X, Y, Z세대

●●●●● 삐삐와 워크맨을 사용했던 개성 넘치는 X세대, 인스타그램과 욜로YOLO, You Only Live Once로 대표되는 밀레니얼 Y세대, 말을 하면서부터 늘 와이파이를 찾고 스마트폰을 손에 쥐고 있는 디지털 Z세대, 이들은 모두 호모 사피엔스이자 호모 파베르, 호모 루덴스, 호모 데우스로서 하나의 아날로그 지구에서 함께 살아가고 있습니다. 그러나 디지털 지구, 메타버스 속 상황을 보면 이들의 삶은 서로 많이 다릅니다.

한국인들은 소셜미디어 서비스를 얼마나 사용할까요? 정보통신정책연구원의 2019년 보고서에 따르면, 우리나라 전체 인구의 대략 절반 정도가 하나 이상의 소셜미디어 서비스를 사용하고 있으며, 그 비율은 꾸준히 증가하고 있습니다. 20대의 소셜미디어 서비스 이용률이 82.3%로 가장 높게 나타났으며, 그다음으로 30대(73.3%), 40대(55.9%), 10대(53.8%)

순이었습니다. 또한, 연령대별로 사용하는 소셜미디어 서비스의 종류에 큰 차이가 나타납니다. 10~30대는 다른 연령대에 비해 인스타그램 사용도가 높았고, 연령대가 높을수록 카카오스토리, 네이버밴드의 이용률이 높았습니다. 페이스북 이용률은 연령대와 반비례하여, 연령이 높을수록 잘 사용하지 않는 경향이 보였습니다. PART 3에서 상세히 얘기하겠지만, 소셜미디어는 대표적인 라이프로깅 메타버스입니다. 라이프로깅 메타버스뿐만 아니라 증강현실 세계, 거울 세계, 가상 세계 메타버스에서도 X, Y, Z세대는 메타버스의 사용 비율이 다르며, 주로 머무는 메타버스의 종류도 다릅니다. 한 시대를 살아가는 우리 중 누구는 아날로그 지구에서만 살고, 누구는 디지털 지구에서도 살아갑니다. 그리고 세대별로 주로 머무는 디지털 지구도 조금씩 다릅니다.

집, 직장, 거리, 음식점 등에서 우리가 마주치는 비슷한 세대 또는 다른 세대의 사람들, 우리는 막연하게 이 모든 이들이 한 공간, 하나의 지구에서 살아간다고 착각하고 있으나, 우리가 실제 공유하는 것은 아날로그 지구의 물리적 공간과 시간일 뿐입니다. 당신의 가족, 친구, 동료 중에서 당신과 같은 메타버스에서 살아가는 이들은 얼마나 될까요? "우리 아이는 나만 보면 피해요. 내 배우자가 무슨 생각으로 살고 있는지 모르겠어요. 요즘 학생들은 다른 별에서 온 아이들 같아요. 요즘 신입사원들은 몸만 회사에 있는 것 같아요." 혹시 이런 생각이 들었던 적이 있다면 그들과 당신이 공존하는 메타버스가 있는지 깊게 생각해 보시면 좋겠습니다.

CHAPTER 4

말하기를
다시 배워야하는 세상

•••••

잡코리아의 2019년 조사에 따르면 성인 중 절반 정도가 전화로 음성통화할 때 두려움을 느낀다고 합니다. 이런 현상을 '콜포비아call phobia'라고 합니다. 여기서 포비아란 일반적으로 그리 위험하지 않은 상황인데, 필요 이상의 공포심을 느끼는 증상을 의미합니다. 즉, 누군가와의 실시간 음성통화를 몹시 두려워하는 감정이 콜포비아입니다. "젊은 친구들이나 그렇겠지!"라고 생각하셨다면, 오해입니다. 대학생과 직장인 집단에서 콜포비아 비율은 큰 차이가 없게 나타났습니다. 전화기에 대고 듣고 말하면 그뿐인데, 무엇을 두려워할까요? 겉으로는 무언가를 두려워하니까 콜포비아가 생기는 듯해도, 깊게 들어가면 여기에는 두려움과 선호도의 두 가지 요소가 있습니다. 먼저 두려움은 듣고 바로 말해야 하는 상황에서 본인이 실수를 했던 경험 또는 실수를 할 것에 대한 두려움입니다. 실수로 말을 잘못하거나, 바로 답하는 상황에서 거절할 것을 거절하지 못하거나, 자신의 생각을 조리 있게 전달하지 못하는 등입니다. 반대로 상대방의 말을 이해하기 어려워서 통화하다가 문제가 생길까봐 꺼리는 경우도 있습니다. 이해를 못 하는 사람이 문제가 아니라, 말을 조리 있게 하지 못하는 상대방이 원인인 경우가 많습니다.

선호도면에서 보면, 음성통화 이외의 소통 방법인 문자, 메신저(소셜미디어), 이모티콘(소셜미디어), 투표(카카오톡의 투표), 보기 선택(음식 주문 앱의 메뉴 선택), 상태 메시지(메신저 상태 창), 채팅(온라인 게임) 등이 더 효율적이기 때문에 통화를 꺼리는 경우입니다. 예를 들어 식당에 배달 음식을 통화로 주문할 경우, 인사를 나누고, 주소를 알려주고, 음식을 고르고, 결제방법을 정하고, 다시 이런 내용들이 맞는지 확인하는 과정을 거쳐야 합니다. 이 과정에서 앞서 얘기한 '자신의 생각을 조리 있게 전달하지 못하는 것, 상대방의 말을 이해하지 못하는 것' 등에 관한 우려까지 더해져서, 통화를 꺼리게 됩니다.

베이비부머 세대는 음성통화에 대한 선호도가 높은 편입니다. "서로 멀리 있으면 전화통화가 제일 편하지."라고 생각하신다면, 그래서 다른 메타버스에서 어떻게 서로 소통하는지 관심이 없다면, 우리는 같은 시간대를 살아도 서로 온전히 소통하기 어렵습니다. 서로 다른 메타버스에서 살고 있기 때문입니다.

메타버스 속에서 다양한 도구로 비대면 소통하는 방법을 주제로 4시간 동안 실습 중심의 세미나를 진행한 적이 있습니다. 이 세미나에 참여한 분들 중 제가 존경하는 다음소프트 송길영 부사장님이 있는데, 송부사장님은 세미나 참가 후 소감을 모 일간지에 다음과 같이 남겼습니다. 송부사장님은 여러 메타버스에서도 많은 이들과 끝없이 깊게 소통하실 듯합니다.

"반나절 참여한 세미나를 마친 후 느낀 것은 마치 처음으로 말을 배우는 것 같았다는 것입니다. 어릴 적 부모님과 상호작용하며 하나씩 말을 배우던 기억은 까마득해 거의 생각나지 않습니다. 아이를 키우며 다시 알게 된 것은 눈을 마주치고 표정을 살피면서 어눌하게 하나씩 따라 하던 언어는 다른 이들에게 나의 뜻을 전하고 함께 살아가기 위해 정보를 교환하는 필수의 형질로 자리 잡았다는 것입니다. 이제 물리적으로 만나지 않고서도 함께 일하고 즐기는 사회로 바뀌며 새로운 말하기를 다시 배워야 할 듯합니다."

메타버스에서의 소통은 크게 네 가지 측면으로 나뉩니다. 첫째, '누가 말하고, 누가 듣는가?'입니다. 이 관계는 네 종류로 나뉩니다.

1:N의 소통 한 명이 말하고 나머지 모두가 듣는 방식입니다. 한 명이 연설하고, 나머지가 듣는 경우를 생각하면 됩니다.

N의 소통 소통에 참가하는 모두가 자신의 의견을 표시하고, 표시한 의견을 그대로 모두 보여주거나, 일정한 형태로 가공하거나 요약, 정리하여 공유하는 방식입니다. 단

체 대화방의 투표기능, 게시판 등이 이에 해당됩니다. 소셜미디어에서 내가 올린 글에 내 친구들이 의견을 남기는 경우는 1:N의 소통 결과에 대해 친구들이 N의 소통을 보여주는 방식입니다.

n의 소통 전체를 여러 개의 소그룹으로 나누고, 소그룹 내 구성원끼리 소통하는 방식입니다. 회사에서 회의를 하는 경우, 회식 자리에서 자연스레 집단이 나눠지며 대화가 분화되는 경우 등을 떠올리시면 됩니다.

1:1의 소통 말 그대로 단둘이 얘기하는 경우입니다. 둘만의 일회성 소통으로 끝나기도 하지만, 예를 들어 N이 6명이고 모든 구성원들이 1:1의 소통을 진행한다면 총 15번(6*5/2)의 1:1 소통이 발생합니다.

둘째, '소통 시 가면을 쓸 것인가, 말 것인가?'가 중요합니다. 소통을 익명, 실명 중 무엇으로 하느냐의 문제입니다. 아날로그 지구에서 우리가 하는 대부분 소통은 실명 기반입니다. 길거리에서 누군가를 만나서 길을 물어보는 상황도 깊게 보면 완전히 익명은 아닙니다. 상대방의 얼굴을 보고 목소리를 다 들었기 때문입니다. 그러나 디지털 지구, 메타버스에서의 소통은 익명의 비율이 확연히 높습니다. 같은 지역에 사는 분들끼리, 같은 취미를 가진 분들끼리 참여하는 온라인 커뮤니티를 보면 익명을 쓰는 경우가 많습니다. 게임 같은 가상 세계에서 자신의 실명을 사용하는 경우는 매우 드뭅니다. 아일랜드 출신의 극작가 오스카 와일드는 "가면을 씌워줘라. 그러면 진실을 말할 것이다."라는 명언을 남겼습니다. 메타버스에서 익명 소통이 가진 의미를 잘 보여주는 말입니다. 물

메타버스

론, 익명 소통은 많은 역효과, 문제를 일으키기도 합니다. 이 부분에 관해서는 다른 챕터에서 다시 얘기를 풀어보겠습니다.

셋째, '시간의 흐름을 실시간으로 할지, 비실시간으로 할지의 문제입니다. 아날로그 지구의 소통은 기본적으로 실시간을 중심으로 작동합니다. 앞서 얘기한 대로 사람들이 콜포비아 증상을 보이는 주요 이유 중 하나가 소통의 실시간성입니다. 메타버스에서는 아날로그 지구보다 실시간 소통의 비율이 많이 낮아집니다. 카카오톡에 절대 생기지 않기를 바라는 기능, 또는 없어지면 안 된다고 생각하는 기능이 무엇인가요? 대학생 대상으로 진행한 조사에서 '카카오톡 최종 접속 시간을 보여주는 기능이 안 생기면 좋겠다. 메시지 작성 중임을 보여주는 기능이 안 생기면 좋겠다. 메시지를 안 읽었음을 나타내는 숫자 1 표시기능은 사라지면 안 된다.' 등의 의견이 많았습니다. 실시간 소통에서 느끼는 피곤함을 대변하는 요구사항들입니다.

넷째, '나의 메시지를 어디에 담을 것인가?'입니다. 앞서 콜포비아를 설명하면서 얘기했던 음성통화 이외의 소통 방법인 문자, 메신저, 이모티콘, 투표, 보기 선택, 상태 메시지창, 채팅 등이 여기에 해당합니다. 소셜미디어에서 제공하는 좋아요, 싫어요, 슬퍼요, 힘내요 등의 이모티콘 버튼은 우리의 소통을 짧은 기호로 대신해주고 있습니다. 문자가 없던 원시 시대에 인류는 간략한 그림에 자신의 생각을 담았습니다. 언어가 서로 다른 사람들끼리는 몸짓으로 의사소통합니다. 문자가 있는 시대, 사용하는 언어가 같은 사람들끼리 기호로 의사소통하는 상황이 이상하게 여겨질 수 있습니다. 그러나 축하한다는 말, 힘내라는 말을 적자니 조금 귀찮을 때 버튼 클릭 한 번으로 편하게 메시지를 보내고, 메시지를 받는 사람은 더 많은 이들로부터 축하와 격려를 받을 수 있습니다. 메타버스에서는 다양한 소통 방법을 통해 소통의 양과 질을 높이고 있습니다.

CHAPTER 5

디지털 지구,
메타버스에 올라타라

●●●●● 여기까지 읽고 어떤 느낌이 드시나요? 이제 당신은 디지털 지구, 메타버스에 올라타실 기본 준비를 하셨습니다. 당신에게 총 네 장의 티켓을 드리려고 합니다. 첫 번째 티켓은 현실에 판타지와 편의가 덧입혀진 증강현실 세계로 당신을 안내합니다. 두 번째 티켓은 현실의 내 모습과 생활을 디지털 공간에 기록하고 공유하면서 커지고 있는 라이프로깅 세계로 안내합니다. 세 번째 티켓은 현실 세계를 디지털 공간에 복제하면서 새로운 비즈니스 모델이 쏟아지고 있는 거울 세계로 안내합니다. 마지막 티켓은 앞서 얘기한 세 개의 메타버스와 비교할 때 현실과 가장 멀리 있는 듯 보이지만, 미래에 가장 거대해지리라 예상되는 가상 세계로 안내합니다. 네 개 디지털 지구로의 여행, 신나게 즐기시길 바랍니다. 조금 현기증이 나실 수 있으나, 생소한 것을 처음 접할 때의 설렘 같은 자연스러운 현상이니 두려워 마시고, 메타버스를 끝까지 여행하시기 바랍니다.

PART 2

증강현실 세계:
현실에 판타지&
편의를 입히다

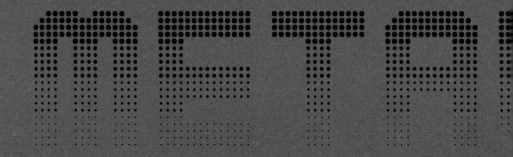

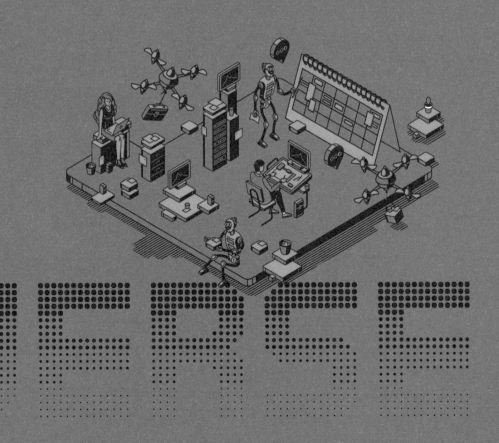

CHAPTER 1

현실 세계 + 판타지 + 편의 = 증강현실 세계

●●●●● 증강현실이란 개념은 1990년대 후반에 처음으로 등장했습니다. 현실 세계의 모습 위에 가상의 물체를 덧씌워서 보여주는 기술이 증강현실의 시작이었습니다. 몇 년 전 국내에서도 엄청난 인기를 끌었던 포켓몬고가 대표적 케이스입니다. 거리를 지나갈 때, 특정 상점을 들어갈 때, 스마트폰 포켓몬 앱을 보면 현실 세계의 모습에 포켓몬이 나타나고 그런 포켓몬을 수집하는 단순한 놀이였습니다. 현실 세계에 가상의 물체가 덧씌워진 모습을 처음 접하는 이들이 가장 강하게 느끼는 감정은 신기함입니다. 스마트폰을 통해 보면, 눈에 보이지 않던 이미지가 현실의 배경 위에 오버랩되어서 나타나는 마법 같은 모습에 놀라워합니다. 예를 들어 친구가 보내준 생일카드에 인쇄된 마커를 스마트폰 증강현실 앱으로 스캔하면, 애니메이션 캐릭터가 등장하는 축하

영상이 생일카드 위에 입체적으로 재생되는 식입니다.

증강현실 세계의 개념을 좀 더 세분화해서 보겠습니다. 첫째, 앞서 설명한 대로 스마트폰, 컴퓨터를 통해 보는 현실의 모습 위에 가상의 물체를 입혀서 보고, 상호작용하는 방식입니다. 이번 챕터에서 얘기할 알함브라 궁전의 추억, 나이앤틱의 지구 땅따먹기 등이 여기에 해당합니다. 둘째, 현실의 물리적 공간에 어떤 기계장치, 설치물을 놓고 그런 것들을 통해 현실에 존재하지 않는 판타지를 현실 공간에서 보여주는 방식입니다. 코카콜라가 만들어낸 눈 내리는 싱가포르가 이 케이스입니다. 셋째, 현실 세계를 배경으로 새로운 세계관, 스토리, 상호작용 규칙을 만들고 그런 것들을 참가자들이 서로 지키고 소통하며 즐기는 방식입니다. 아트 시리즈 호텔의 스틸 뱅크시(도둑질을 장려해서 대박 난 호텔), 야외로 나온 방탈출 카페 등이 여기에 해당합니다. 지금 얘기한 알함브라 궁전의 추억, 나이앤틱, 코카콜라, 아트 시리즈 호텔, 방탈출 등 각각에 관해서는 잠시 후에 자세히 말씀드리겠습니다.

중강현실 콘텐츠를 경험해 보면, 마치 현실 공간을 배경으로 평행 우주 속 다른 지구에서 살아가는 것 같은 느낌이 듭니다. 중강현실은 크게 두 가지 가치를 우리에게 줍니다. 첫째는 판타지입니다. 길거리를 다니다가 만화 속 포켓몬을 만나서 잡고, 현실에는 없는 애니메이션 캐릭터가 현실의 생일카드 위에 입체로 보이며, 내가 늘 지나다니는 익숙한 동네 골목에 공간을 지배하는 포탈이 열리고, 내가 도둑이 되어 미술작품을 훔치는 경험을 할 수 있습니다. 인간은 놀이를 통해 대략 20개의 감정을 느낀다고 합니다. 매혹, 도전, 경쟁, 완성, 통제, 발견, 에로티시즘, 탐험, 자기표현, 판타지, 동료의식, 양육, 휴식, 가학, 감각, 시뮬레이션, 전복, 고난, 공감, 전율입니다. 메타버스에서 우리는 이런 20개의 감정을 골고루 느낍니다. 다만, 중강현실 메타버스의 경우에는 현실에 가상의 물체, 실제 물체, 또는 픽션fiction의 세계관이나 이야기 등을 덧씌워서 보여주기 때문에 판타지가 대표적인 감정이라고 할 수 있습니다. 메타버스의 설계, 제작, 운영에 관심 있는 분이라면, 여기서 언급한 20개의 감정들을 잘 기억해두시기 바랍니다. 여러분의 메타버스에서 살아가는 사람들이 주로 어떤 감정을 느끼도록 설계할지, 실제로 그들이 메타버스에서 무엇을 느끼는지를 관찰하는 게 중요하기 때문입니다. 둘째는 편의성입니다. 자동차 앞 유리에 길 안내 이미지가 나타나는 HUD, 각종 예능 프로그램에서 필수적으로 제공하는 자막, 효과음, 이모티콘 등은 우리가 새로운 정보를 접하는 상황에서 주의를 많이 기울이지 않거나, 깊게 생각하지 않아도 우리에게 많은 정보를 편하게 전해주는 요소입니다. 현실에서는 놀라운 상황에서 실제 천둥 치는 소리가 들리거나, 해골마크가 나타나지는 않지만, 예능 콘텐츠에서는 현실 상황에 그런 시청각적 장치를 덧씌워서 우리의 감각을 증강시킵니다.

이번 챕터에서는 이런 내용을 얘기하려고 합니다. 인간은 왜 증강현실에 빠져들까요? 증강현실은 어떤 메타버스를 만들어내고 있을까요? 그 메타버스 속에서 인간은 무엇을 하며, 어떤 감정을 느끼고 있을까요?

CHAPTER 2

0.005%만 취하는 뇌: 게으른 뇌가 선택한 쾌락

우리 뇌는 우리가 인지하는 정보를 처리하고 저장하며 무언가를 결정하고 몸을 움직이게 하는 무거운 책임을 쉼 없이 수행하고 있습니다. 체중 66kg인 제 몸도 결국 두개골 속 1.5kg의 고깃덩어리인 뇌에 의해 움직이고 있습니다. 인간의 뇌는 오감을 통해 들어오는 정보를 초당 1,000만 비트 정도 받아들입니다. 너무 큰 숫자여서 이상하게 여길 수 있으나, 피부를 통해서 들어오는 신호만 따져도 초당 100만 비트가 넘습니다. 비트라는 단위에 익숙하지 않다면, 글자 수로 바꿔서 생각해봅시다. 1,000만 비트의 신호를 글자로 따지면 대략 100만 자가 넘는 어마어마한 양입니다. 그런데 불행인지, 다행인지 우리 뇌는 이런 정보를 다 처리하지는 못합니다. 대부분은 버립니다. 우리가 처리하는 정보량은 초당 50비트를 넘지 못합니다. 0.005%의 정보만 사용하고 나머지는 과감히 버리는 뇌, 어찌 보면 참 게을러 보이지만, 많은 정보를 쉼 없이 감당해야 하기에 어쩔 수 없는 선택입니다.

이런 게으른 뇌를 깨워내는 수단으로 등장한 게 증강현실입니다. 어차피 대부분의 정보는 버려지니, 버려지지 않도록 정리, 요약된 정보를 눈에 띄게 만들어서 던져주는 방식입니다. 이런 증강현실 장치는 정보를 효율적으로 전달하는 것과 동시에 특정 상황에서 우리에게 강한 실재감을 전해줍니다.

실재감은 무언가가 실제로 존재하거나 발생한다고 느끼는 감정입니다. 연인과 여름휴가 계획을 짜고 있습니다. 당신은 바닷가에 가고 싶은데, 연인은 산으로 가자고 합니다. 당신은 연인에게 눈을 감아보라고 하고 바닷가에 가면 파도 소리가 들리고, 시원한 바닷바람도 있으니 정말 좋지 않겠냐며 상상해보라고 합니다. 연인의 반응이 시큰둥할까요? 그렇다면 이렇게 하면 어떨까요? 연인에게 눈을 감아보라고 하고는 스마트폰 앱으로 파도 소리를 들려줍니다. 그리고는 부채를 펼쳐서 잔잔하게 바람을 일으킵니다. 마지막으로 모래를 한 줌 준비해서 손 위에 올려주고 만져보라고 합니다. 일단 당신의 연인은 꽤 감동했을 겁니다. 그리고 이야기만으로 바닷가를 상상했을 때보다는 더 실재감을 느꼈을 겁니다. 물론, 이런 시각, 청각, 촉각적 요소가 늘 실재감 개선에 도움이 되는 것은 아닙니다.

CHAPTER 3

후퇴하는 호모 사피엔스: 자막 없는 영상의 몰락

뇌과학과 관련된 기사, 기고문에 잘 실리는 사진이 있습니다. 반투명 색상으로 찍힌 입체적인 뇌 사진입니다. 예를 들면, "게임하는 우리 아이, 뇌는 괜찮을까?" 이런 기사에는 게임을 하는 아이 모습과 뇌 사진이 함께 올라가곤 합니다. 그런 기사에 딸려있는 뇌 사진에 어떤 부위가 전두엽이고 뇌섬엽이고, 이런 설명은 없습니다. 그저 호두 모양의 뇌 사진일 뿐입니다.

그런 사진을 왜 보여줄까요? 기사에 관한 신뢰도를 높이기 위해서입니다. 실제 실험을 해보면 그런 기사에 단순한 뇌 사진이라도 함께 올린 경우와 그렇지 않은 경우, 독자들은 단순 뇌 사진이라도 올린 경우에 기사 내용을 더 신뢰한다고 응답했습니다. 또한 텍스트보다는 사진을 먼저 인식하고, "이 글은 뇌와 관련된 글이구나. 중요하겠네." 이런 생각을

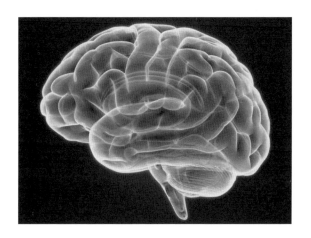

가지고 텍스트를 마저 읽게 만드는 효과도 있습니다. 즉, 내용을 더 신뢰하게 만들고, 내용의 특정 부분에 더 집중하도록 유도하는 장치인 셈입니다.

각종 온라인 콘텐츠에서 자막, 이모티콘 등은 이제 필수 요소가 되었습니다. 개인이 만든 영상과 전문 제작사가 만든 영상의 큰 차이점 중 하나가 얼마나 자막, 이모티콘을 적절하게 잘 사용했는가라고 말하기도 합니다. 자막 없는 영상이 몰락하는 상황입니다. 그런데 이런 자막, 이모티콘 등에 좋은 점만 있을까요? 앞서 예시한 사례인 연인에게 바닷가의 느낌을 증강시켜 전해주는 방법에 좋은 점만 있을까요? 이런 증강 요소들은 우리가 많은 주의력을 기울이지 않아도 우리에게 적절한 정보를 제공해주고, 우리의 이해와 감정을 콘텐츠 제공자가 의도한 방향으로 손쉽게 이끌어갑니다. 정보와 콘텐츠를 접했을 때 나의 인지, 판단보다는 콘텐츠 제공자의 의도를 무비판적으로 따라가게 합니다. 지역, 공간에 새로운 스토리, 상호작용 규칙을 입히는 방식도 비슷합니다. 원래 그 지역, 공간이 품고 있는 배경, 거기서 살아가는 사람들을 무시한 채 메타버스 창작자가 보여준 스토리, 상호작용에만 몰두하여, 그 지역과 공간에서 느낄 수 있는 본래의 감정을 잊게 만들지도 모릅니다. 예를 들어 도서관을 배경으로 살인 사건을 추리하거나, 외계 생명체의 비밀을 파헤치는 식의 증강현실 메타버스를 구현한 경우, 자칫 참가자들은 그 도서관이 원래 갖고 있던 특색을 제대로 파악하지 못할 수 있습니다.

바로 이 부분에 주목해야 합니다. 주의를 조금만 기울여도 정보를 받아들이고, 콘텐츠 제공자의 의도대로 지역과 공간을 이해하는 것, 이 상황은 자칫 인간의 고유한 능력인 상상력을 퇴화시킬 수도 있습니다. PART 1에서 인류의 주요 특성은 호모 사피엔스를 시작으로 호모 파베르, 호모 루덴스, 호모 데우스로 확장되고 있다고 얘기했습니다. 증강현실 메타버스가 잘못 구현된다면, "너는 직접 상상하지 마. 네가 상상을 잘못해서 내가 전달하려는 의도와 조금이라도 다르게 이해하는 게 나는 싫어. 네가 머릿속에 그릴 이미지, 네가 상상할 소리와 감정 등을 모두 내가 던져줄 테니 너는 그대로 받기만 해."라는 세상, 콘텐츠 제공자가 메타버스 속 사람들의 호모 사피엔스적 상상력까지 주무르는 통제된 세상이 될지 모릅니다. 참으로 무자비한 호모 데우스가 창조한 메타버스가 아닐까요?

CHAPTER 4

현빈 & 박신혜가 보여준 메타버스: 알함브라 궁전의 추억

• • • • •   '알함브라 궁전의 추억'은 2018년에 tvN에서 16부작

으로 방영한 드라마입니다. 증강현실을 배경으로 만든 최초의 드라마라

는 점에서 방영 전부터 많은 관심을 받았습니다. 제이원홀딩스의 유진우

대표(현빈)가 스페인 그라나다에 출장을 가서 정희주(박신혜)가 주인인 호

스텔 보니따에 묵으면서 생기는 미스터리한 사건에 관한 이야기입니다.

제이원에서는 눈에 착용하는 증강현실 렌즈를 개발하고, 그 렌즈를 바탕으로 넥스트라는 증강현실 게임을 발표합니다. 드라마에서 등장인물들은 각자 눈에 렌즈를 낀 채 현실 위에 오버랩되는 적과 싸워나가는데, 그 실재감이 100점에 가깝습니다. 알함브라 궁전의 추억에 등장하는 넥스트 게임의 실재감이 100점이라고 하면, 앞서 언급한 포켓몬고의 실재감은 10점도 주기 어려운 수준입니다.

물론, 드라마에 등장한 제이원의 증강현실 렌즈가 실제로 구현되기는 현실적으로 요원합니다. 세계적인 조사기관인 가트너Gartner Inc.는 미래 기술의 발전 추세를 보여주는 하이프 사이클Hype Cycle을 매년 발표하고 있습니다. 최근 발표된 하이프 사이클을 놓고 보면, 증강현실 기술이 향후 5~10년 정도의 시간 내에 안정화되리라 예상하고 있으나, 드라마처럼 실시간으로 실제 공간과 이질감 없이 3차원적으로 완벽하게 매핑mapping되는 영상을 눈앞에 보여주기는 어렵습니다. 하이프 사이클에서 예상하는 5~10년 후 증강현실은 제이원의 렌즈보다는 훨씬 낮은 수준의

기능과 성능에 대한 안정화를 의미합니다. 또한, 드라마 속 등장인물들이 증강현실 렌즈를 낀 채 가상의 칼을 부딪치며 칼싸움을 하는데, 칼이 부딪칠 때마다 등장인물들이 몸을 휘청거립니다. 실제 존재하는 칼이 아니라 렌즈로만 보이는 칼인데, 그런 물리적 반동이 생길 리 없습니다.

드라마 속 제이원의 렌즈를 보면서 2012년 8월에 유튜브에 올라온 영상이 떠올랐습니다. 이스라엘의 디자인 학교Bezaleal Academy of Arts 학생들이 졸업 작품으로 제작한 영상입니다. 사이트 시스템즈Sight Systems라고 명명된 이 영상은 증강현실 렌즈가 일반화된 미래에 우리 생활이 어떻게 바뀔지를 매우 흥미롭게 예측하고 있습니다. 아직 보지 않으신 독자께서는 유튜브에서 꼭 찾아보시길 바랍니다.

사이트 시스템즈 영상에서 주인공은 증강현실 렌즈를 끼고 슈퍼맨이

라는 운동을 합니다. 마룻바닥에 배를 붙인 채 팔과 다리를 앞으로 쭉 펴고 누워서, 살짝 들어 올리는 운동입니다. 코어 근육 강화에 좋다고 하는데, 막상 해보면 꽤 힘들고 지루한 운동입니다. 그런데 렌즈를 낀 주인공의 눈에는 하늘을 나는 슈퍼맨 같은 자신의 모습이 보입니다. 마룻바닥에 배를 붙인 채 버둥거리는 자신보다는 하늘을 날고 있는 자신의 모습이 훨씬 더 매력적이지 않을까요? 요리하는 장면에서는 주인공이 사용하는 도마와 칼 위로 재료의 어떤 부분을 자르고, 프라이팬의 어떤 위치에 재료를 올려서 조리할지 가이드 이미지가 나타납니다. 이 역시 주인공의 눈에는 자신이 사용하는 도마, 칼, 프라이팬 위에 가이드 이미지가 매핑되어서 입체로 보입니다. 가이드 이미지에 따라서 조리를 잘 하면 포인트를 주면서 축하해줍니다. 영상의 마지막 부분에 좀 더 주목할 필요가 있습니다. 주인공은 이성과 만나 레스토랑에서 데이트를 즐깁니다. 이성의 호감도를 높이기 위해 증강현실 렌즈가 제공하는 여러 가지 미션을 수행하고, 렌즈가 제공해주는 정보를 참고하면서 대화를 이어갑니다. 운동, 요리까지는 괜찮았으나, 사람과의 교감까지 이런 증강현실 렌즈의 도움을 받는 상황이 괜찮을지는 여러분이 직접 유튜브에서 영상을 마저 보시고 생각해보시면 좋겠습니다.

다시 알함브라 궁전의 추억으로 돌아가 보겠습니다. 드라마를 보면서 좋았던 점은 증강현실 메타버스의 미래를 시각적으로 매우 아름답고 몰입감 있게 그려낸 부분이었습니다. 그러나 아쉬움도 컸습니다. 알함브라 궁전의 추억에 등장한 증강현실 메타버스인 넥스트, 그 속에서 등장인물들은 처음부터 끝까지 전투만 합니다. 특별한 이유 없이 조선 시대 무사, 테러리스트, 탈영병 등과 싸우고, 포인트와 무기만 모읍니다. 넥스트 정도의 미래형 증강현실 메타버스가 목적성, 구성원 간의 관계, 개연성 등이 전혀 없이 그저 싸우기만 하는 세계로 묘사된 점이 아쉽습니다. 메타버스에 사는 인물들이 왜 전사가 되었고, 무엇과 싸우는 것이며, 어디를 향해 가는 것인지 알 수 없습니다. 메타버스는 하나의 또 다른 세계입니다. 그런데 알함브라 궁전의 추억 속 증강현실 메타버스인 넥스트에는 등장인물, 무기, 전투만 존재합니다. 총과 칼이 등장하지만, 메타버스 넥스트 속 등장인물들의 삶은 생존을 위해 물리적 싸움만 벌이는 원시인류와 다를 바 없습니다. 윤리, 질서, 법, 문화, 사회 시스템이 존재하지 않습니다.

알함브라 궁전의 추억에 등장한 제이원의 증강현실 렌즈, 그리고 그 렌즈를 활용한 넥스트라는 콘텐츠는 현실에 없습니다. 유튜브의 사이트 시스템즈도 아직은 없습니다. 현실에 존재하는 신기한 증강현실 메타버스에 대해서는 21세기 봉이 김선달로 보이는 나이앤틱의 지구 땅따먹기 이야기에서 풀어보겠습니다.

CHAPTER 5

21세기 봉이 김선달 :
나이앤틱의 지구 땅따먹기

●●●●● 나이앤틱^{Niantic Inc.}은 미국 캘리포니아주 샌프란시스코에 위치한 IT기업입니다. 구글의 사내 스타트업으로 시작했다가, 2015년에 분사하여 설립한 기업입니다. 앞서 언급했던 포켓몬고는 나이앤틱의 대표작품입니다. 나이앤틱은 포켓몬고 이외에 인그레스^{Ingress}라는 증강현실 콘텐츠를 운영하고 있습니다.

인그레스 메타버스에서 참가자들은 계몽군과 저항군의 두 팀으로 나뉘서 땅을 뺏는 전쟁을 벌입니다. 참가자들은 인그레스 안에서 요원^{agent}의 신분을 맡습니다. 팀을 이뤄서 경쟁하거나, 혼자서 마음대로 행동해도 됩니다. 인그레스는 스마트폰 GPS정보에 기반하여 참가자가 있는 지역의 구글 지도와 연동해서 진행됩니다. 스마트폰을 가지고 자신의 동네를 돌아다니다 보면 포탈이라는 거점이 나옵니다. 포탈에 특정한 장

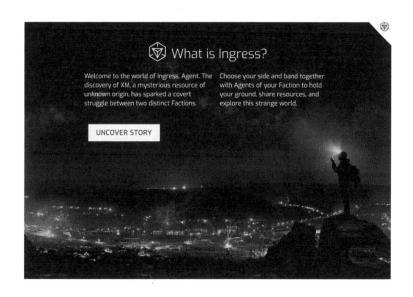

치를 설정하면 그 포탈은 내 소유가 됩니다. 지도 안에 있는 포탈 세 개를 점령하면 삼각형 모양의 땅이 만들어지고, 그 땅이 내 것이 되는 규칙입니다. 인그레스는 기본적으로 땅을 빼앗는 경쟁 규칙으로 운영되는 메타버스입니다. 다시 한번 더 말씀드리지만, 이런 놀이를 컴퓨터 앞에 앉아서 하는 것이 아니라 실제 우리 동네를 돌아다니면서 스마트폰 인그레스 앱으로 지도를 보고, 실제 공간에 포탈이 나타나면 그 포탈을 내 것으로 만드는 방식입니다. 어린 시절 운동장에서 친구들과 즐겼던 땅따먹기 놀이를 전 지구를 대상으로 즐기는 셈입니다.

실제 공간을 움직이면서 진행하는 방식이어서, 인그레스에서는 GPS 정보를 매우 중요하게 다룹니다. GPS정보를 조작해서 규칙에 어긋나게 땅을 점령한 요원이 발견될 경우, 인그레스에서 영원히 추방됩니다. 영

원한 추방은 매우 무서운 벌입니다. 자신이 생활했던, 계속 생활하고 싶은 메타버스로 다시는 돌아가지 못하는 상황이 되니까요.

국내에서 인그레스 메타버스를 즐기는 분들이 있지만, 해외에 비해서는 매우 적은 규모입니다. 그리고 인그레스는 기본적으로 구글 맵 정보를 바탕으로 작동되는데, 국내에는 구글 맵에 제한되는 지역이 아직 적잖아서 특정 공간에 도착하면 지형을 제대로 볼 수 없고, 검은색 화면만 나오기도 합니다.

인그레스에서 사람들은 물리적 공간을 돌아다니면서 그들만의 규칙으로 땅을 차지하고 뺏습니다. 현실의 물리적 공간을 활용하는 상황에서 생각할 부분이 두 가지 있습니다. 첫째, 요원 간에 물리적인 접촉이 생기는 경우입니다. 예를 들어 우리 동네 피자가게에 포탈이 열려서 그 포탈을 내가 점령했는데, 잠시 뒤에 누가 스마트폰을 들고 그 앞을 어슬

렁거리더니 그 포탈의 주인이 바뀌었다고 뜹니다. '저 사람도 인그레스를 하는구나. 저 사람이 내 포탈을 뺏어간 요원이구나.'라고 생각하게 됩니다. 실제 외국에서는 이런 상황에서 요원끼리 물리적으로 충돌한 경우가 있습니다. 자신의 현실 속 신분을 드러내지 않고 즐기는 증강현실 메타버스이지만, 현실 공간을 돌아다니는 상황에서 익명성이 완전히 보장되지 않는 문제가 발생한 상황입니다. 또한, 땅따먹기를 하기 위해 멀리까지 이동해야 하는 과정에서 차를 태워주겠다면서 다른 이성 요원에게 이상한 행동을 한 사건도 있었습니다. 현실과 분리된 메타버스이지만, 현실을 기반으로, 현실을 증강한 메타버스이기에 의도치 않게 현실 세계와의 충돌이 발생하는 상황입니다.

둘째, 소유권에 관한 문제입니다. 당연한 얘기지만, 인그레스의 지도에 등장하는 땅은 현실 세계에서 다른 이가 소유한 사유지이거나 국가가 소유한 공유지입니다. 그런데 그런 사유지와 공유지의 주인에게 아무런 동의를 받지 않고 그 땅을 이용해서 메타버스를 구현한 게 인그레스입니다. 이런 상황, 어떻게 생각하시나요? 조금 다른 이야기를 해보겠습니다. 1967년 발효된 UN의 우주천체조약에는 '어떤 정부, 기관도 우주를 소유하지 못한다.'라는 규정이 있습니다. 그런데 미국인 데니스 호프는 1980년부터 달, 화성 등에 대한 소유권이 자신에게 있다고 주장해왔습니다. UN 조약이 천체에 관한 국가와 기관의 소유권을 금지할 뿐 개인의 소유권은 제약하지 않는 맹점을 이용했습니다. 호프는 1980년 11월 샌프란시스코 법원에 달에 대한 자신의 소유권을 인정해달라는 소송

을 제기했고, 말도 안 되는 소송이라고 많은 사람들이 조롱했지만, 놀랍게도 이런 주장은 법적으로 인정받아서, 달은 데니스 호프의 소유가 됩니다. 호프는 이후 루나 엠버시Lunar Embassy라는 회사를 설립하고, 축구장 절반 정도의 크기를 20달러 정도에 팔기 시작했습니다. 대략 축구장 하나 정도의 달 면적을 우리 돈 5만 원 정도에 구매하는 셈입니다.

루나 엠버시는 현재까지 최소 1억 달러 이상의 매출을 기록했습니다. 루나 엠버시로부터 달의 토지를 분양받은 이 중에는 유명 정치인, 연예인들도 많습니다. 다른 나라에서 비슷한 장사를 하려던 호프는 여러 소송에 휘말린 상황입니다. 그렇다면, 현실 세상을 바탕으로 만들어진 증강된 세상, 증강현실 메타버스의 소유권은 누구에게 있을까요? 인그레스를 운영하기 위해 필요한 소프트웨어, 서버 및 관련된 지적재산권이

메타버스

나이앤틱의 소유물임은 확실하지만, 인그레스 메타버스 전체를 나이앤틱의 소유물이라고 봐도 될까요? 현재까지 이와 관련된 대규모 분쟁이 발생된 사례는 보고되지 않았습니다. 그런데 이런 경우는 있습니다. 모 기업이 특정 지역을 배경으로 증강현실 메타버스를 구현했습니다. 원래 그 지역은 오래된 단독주택이 많은 주택가인데, 메타버스를 즐기려는 외부인들의 왕래가 잦아지면서 늦은 시간까지 시끄럽게 구는 경우가 많아서 지역 주민들이 메타버스 운영기업에 집단으로 항의한 것입니다. 증강현실 메타버스가 성장하면 이런 분쟁이 더 잦아지리라 예상합니다.

CHAPTER 6

코카콜라의 텔레포트:
싱가포르에 눈을 뿌리다

• • • • • 알함브라 궁전의 추억, 나이앤틱의 인그레스는 렌즈나 스마트폰 앱을 활용한 증강현실 메타버스 사례입니다. 실제 존재하지 않는 것을 눈에 낀 렌즈나 스마트폰 화면으로 보여주는 방식입니다. 그렇다면 실제 존재하지 않지만, 실제 존재하게 만드는 방법은 없을까요? 코카콜라 이야기를 잠시 해보겠습니다. 2014년 겨울, 코카콜라는 전 세계인을 연결한다는 목표를 세우고 매우 흥미로운 홍보 이벤트를 진행했습니다. 핀란드와 싱가포르를 연결하는 프로젝트였습니다.

싱가포르의 일 년 평균 기온은 대략 30도입니다. 겨울이 있지만, 따뜻한 바람이 불고 짧게 지나갈 뿐입니다. 이런 싱가포르에 눈 내리는 크리스마스를 선물하기 위해 새로운 장치(윈터 원더랜드 머신)를 제작했습니다. 커다란 자판기 모양의 기계를 두 대 만들어서 하나를 핀란드 라플란드의 산타마을에 설치하고, 다른 하나를 싱가포르 래플스 시티에 설치했습니다. 두 기계에는 공통적으로 카메라와 커다란 모니터가 설치되어 있습니다. 핀란드에 설치한 기계 앞에 누군가 다가가면 그 모습이 동영상으로 촬영되어서 인터넷을 통해 실시간으로 싱가포르에 설치한 기계의 모니터에 나타납니다. 반대로도 작동합니다. 싱가포르 기계 앞에 누군가 다가가면 그 모습도 핀란드 기계에 달린 모니터에 나타납니다. 여기까지 보면 길거리에 설치된 대형 화상통화 장치쯤으로 보입니다.

그다음이 신기합니다. 핀란드 산타마을에 설치한 자판기 모양의 기계 아랫부분에는 눈을 퍼서 담는 투입구가 있습니다. 곁에는 눈을 풀 때 쓰는 큰 삽이 함께 있습니다. 지나가던 이가 삽으로 눈을 퍼서 기계의 투입구에 넣으면 어떤 일이 벌어질까요? 싱가포르에 설치한 자판기 모양의 기계 윗부분에는 인공 제설기가 달려있는데, 그 제설기에서 눈을 뿌려줍니다. 핀란드 산타마을에서 눈을 퍼서 담아주는 사람, 싱가포르 길거리에서 내리는 눈을 처음 보는 사람, 이들은 서로 알지 못하는 이들입니다. 그러나 지구 반대편의 낯선 이가 나를 위해 눈을 퍼서 담아주고, 그 눈이 실시간으로 내게 내립니다. 정말 로맨틱한 판타지 아닌가요? 그런데 이런 판타지를 키보드, 마우스, 스마트폰 등으로 보여주지 않고, 실제 삽으로 눈을 푸고, 제설기로 눈을 뿌린 점이 흥미롭습니다.

코카콜라는 인류 최초로 텔레포트 장치를 만들어서 사람들에게 선물한 셈입니다. SF영화 속 텔레포트는 물건의 원자, 분자 정보를 데이터화하고, 이를 네트워크를 통해 먼 곳으로 보낸 후 그곳에서 3D프린팅처럼

물건을 다시 만드는 식으로 보여주고 있습니다. 지극히 과학, 공학적인 접근입니다. 코카콜라는 현존하는 기술, 그리 어렵지 않은 기술을 바탕으로 핀란드와 싱가포르를 연결한 메타버스를 구현했습니다. 메타버스 구현에 과학, 공학적 요소가 필요하기는 합니다. 그러나 코카콜라가 만들어낸 메타버스를 볼 때 과학, 공학적 요소가 메타버스의 전부가 아님을 잊지 말아야 합니다. 인문학적 감수성과 철학이 담겨있지 않다면 증강현실 메타버스는 단순히 신기술의 전시장이 될 뿐입니다.

CHAPTER 7

도둑질 대회:
대박 난 호텔의 비결

알함브라 궁전의 추억에 등장한 메타버스인 넥스트 같이 어마어마한 몰입감을 주었던 증강현실 사례를 소개합니다. 호주 멜버른에 있는 고급 호텔 체인인 아트 시리즈 호텔Art Series Hotels이 만든 메타버스입니다. 아트 시리즈 호텔 체인은 각 호텔별로 테마가 있으며, 유명 예술가의 작품을 전시하는 특징이 있습니다.

아트 시리즈 호텔 체인은 여름철이 비수기라고 합니다. 이런 비수기에 호텔 객실 1,000개를 판매하기 위해 그들은 자신의 호텔을 배경으로 매우 독특한 세계관을 제시합니다. 그들이 독특한 메타버스를 만들고 운영하는 데 소요한 비용은 8만 달러 정도였습니다. 1990년대부터 활동하고 있는 영국의 익명 미술가, 그래피티 아티스트graffiti artist인 뱅크시Banksy의 작품을 활용한 이벤트를 기획했습니다. 뱅크시의 작품은 사회

와 정치를 풍자하는 주제를 담고 있으며, 여러 도시의 건물 외벽, 다리, 거리 등에 제작되었습니다. 호텔 측은 뱅크시의 작품 중 'No Ball Games'를 1만 5천 달러에 구매하여, 호텔 체인 중 한 곳에 전시했습니다. 그리고는 고객들에게 그 그림을 훔쳐 가라고 공지했습니다. 총, 칼로 위협하거나 물리적인 폭력을 행사하는 것은 금지했고, 다른 방법으로 훔쳐 가면 그림은 훔쳐 간 손님의 소유가 되는 단순한 규칙이었습니다. 무려 1만 5천 달러의 그림을 공짜로 얻을 수 있는 대박의 기회였습니다. 단 한 가지 규칙이 더 있었는데, 도둑질을 하려면 아트 시리즈 호텔에 숙박해야 한다는 조건이었습니다.

　소셜미디어를 통해 이런 이벤트를 대중에게 알리고, 그림에 관한 힌트도 제공했습니다. 이벤트 기간 동안 뱅크시의 작품은 아트 시리즈 호텔 체인을 오가며 전시되었고, 어느 체인의 어느 곳에 전시되는지 구체적으로 밝히지는 않았습니다. 수많은 사람들, 심지어 유명 연예인까지 그림을 훔쳐 가려는 시도를 했으며, 호텔 측은 그런 시도가 담긴 CCTV 영상을 고객 동의하에 소셜미디어에 공유했습니다. 그림을 훔치다가 붙잡힌 사람들 스스로가 자신의 소셜미디어에 이런 일들을 유쾌하게 퍼트리기 시작했습니다. 이 이벤트는 호주 언론을 비롯해서 CNN, LA타임즈 등의 다양한 외신에 보도되었습니다. 결국 뱅크스의 그림은 어떻게 되었을까요?

그림을 훔치는 데 성공한 이는 메건 애니와 모라 투이, 두 명의 여성이었습니다. 그들은 그림을 훔치는데 첨단기술이나 군사 작전같이 복잡한 방법을 사용하지 않았습니다. 뱅크시 작품이 아트 시리즈 호텔의 블랙맨 체인에서 올슨 체인으로 곧 옮겨진다는 점을 알게 된 그들은 자신들이 올슨 체인의 직원인 척 행세했습니다. 'No Ball Games'를 올슨 체인

으로 옮길 것이니 그림을 달라고 거짓말을 했고, 블랙맨 체인의 직원들은 이 말에 속아 넘어가서 그림을 넘겨주었습니다. 스틸 뱅크시 이벤트가 시작된 지 4일 만의 일입니다. 그 후 호텔 측은 새로운 작품을 준비해서 이 이벤트를 이어나갔습니다. 메건 애니와 모라 투이가 그림을 훔쳐낸 소식은 소셜미디어에서 더 빠른 속도로 퍼져갔습니다.

아트 시리즈 호텔의 이 이벤트는 클리오 광고제에서 인터랙티브 부분 동상, 칸 국제 광고제에서 PR부문 황금 사자장을 받기도 했습니다. 처음에 호텔 측은 8만 달러를 투자해서 1,000개의 객실을 판매하려고 이 일을 꾸몄는데, 결과는 어떻게 되었을까요? 전체 객실 1,500개가 다 판매되어, 투자금의 3배에 달하는 수익을 얻었습니다. 이 이벤트가 소셜미디어에 공유된 횟수는 무려 700만 회에 달했습니다. 이 정도면 아트 시리즈 호텔이 창조한 합법적 도둑질 메타버스인 스틸 뱅크시는 대성공한 셈입니다.

범죄 심리학의 격언 중 이런 말이 있습니다. "나쁜 사람은 좋은 사람이 꿈속에서만 생각하는 것을 실행한다Bad men do what good men dream." 우리는 소설, 영화 등을 통해 예술 작품을 교묘하게 훔쳐내는 멋진 도둑의 이야기를 많이 접해왔습니다. 물론, 현실에서 그런 도둑질은 엄연한 범죄이지만, 한 번쯤은 꼭 비싼 물건을 훔쳐서 부자가 되겠다는 목적이 아니더라도 그런 스릴 넘치는 일을 내가 해보면 어떨까하는 망상을 하기도 합니다. 아트 시리즈 호텔은 바로 그 부분을 메타버스로 구현했습니다. 예술 작품을 훔치지만, 훔치다 걸리거나 훔쳐 가도 처벌받는 위험부담이 없는 세상, 그리고 도둑질할 물건은 복제품이 아니라 실제 세상에서 고가에 거래되는 진짜 예술 작품, 이렇게 현실과 판타지를 교묘하게 잘 버무려냈습니다. 스틸 뱅크시의 몇 가지 착안점을 정리해보면 이렇습니다. 첫째, 증강현실이라고 해서 꼭 렌즈, 스마트폰 앱 같은 하이테크를 동원하지 않아도 됩니다. 중요한 것은 어떻게 하면 현실에 무언가를 덧씌워서 사람들의 감각, 경험, 생각을 증강하거나 다른 곳으로 이끌 수 있는가입니다. 스틸 뱅크시는 이벤트 정보, 힌트를 알리는데 소셜미디어를 사용했지만, 그 외의 전반적 이벤트 운영은 모두 아날로그적으로 진행했습니다. 물론, 디지털의 힘을 빌렸으면 보다 더 넓은 반경에서 더 많은 사람들이 참여하는 거대한 메타버스를 형성할 수 있었을 겁니다. 둘째, 증강현실 메타버스가 현실 세계의 규칙, 법을 그대로 따르지 않아도 괜찮습니다. 현실의 규칙, 법에 반하더라도 증강현실 메타버스 세상 속 구성원 모두에게 득이 되도록 작동하면 됩니다. 다만, 증강현실 메타버스 속에서 벌어진 일들이 현실 세계에 피해를 주지 않으면 됩니다.

CHAPTER 8

돈 내고 감옥에 갇히는 Z세대: 방탈출 카페

방탈출 카페에 가보신 적이 있으신가요? 2007년쯤 일본 기업 SCRAP이 최초로 만든 방탈출 카페 문화는 유럽과 미국 등으로 먼저 전파된 후 싱가포르를 중심으로 아시아 전역으로 확산되었습니다. 한국에는 2015년 4월 서울 이스케이프룸이 홍대 지역에 오픈된 후에 서울 강남과 전국으로 퍼져갔습니다.

방탈출 카페를 운영하는 업체마다 조금씩 차이가 있지만 기본 운영방식은 비슷합니다. 방문자는 2~4만 원 정도의 비용을 지불하고 방탈출 카페에 있는 여러 탈출 테마 중 하나의 방에 들어갑니다. 개인 또는 단체로 참여할 수 있으며, 방문자가 방에 들어가면 운영자가 방문을 걸어 잠그고 바로 플레이가 시작됩니다. 방문자는 방 안에 있는 여러 단서를 찾고, 추리를 해서 방 안에 있는 각종 기계식, 전자식 자물쇠를 열어나가며 옆

방으로 이동하거나, 다음 스테이지로 움직입니다. 제한 시간 내에 모든 자물쇠를 풀고 정해진 공간에 도달하면 우승하는 규칙입니다. 제가 모기업 임원분들을 대상으로 Z세대 문화 체험 행사를 진행한 적이 있습니다. 행사 프로그램 중 임원분들이 3~4명 팀을 이뤄서 방탈출 카페를 방문했습니다. 그런 놀이 문화가 있다는 것 자체를 대부분 모르셨던 분들이었는데, 크게 두 가지 반응이 나왔습니다. 탈출에 성공하지는 못했지만 동료들과 힘을 합쳐서 꽤 재미있게 탈출을 즐긴 경우, 연출된 가상의 상황이지만 방에 갇혔다는 상황에 당황하고 자물쇠를 풀어가는 방식을 이해하지 못해서 초반에 구조를 요청한 경우입니다. 후자의 경우에서, 머리에 뒤집어쓰는 VR^{가상현실} 기기가 처음 나왔을 때, 박람회장에서 VR 기기를 착용하고 좀비가 등장하는 영상을 보다가 기겁해서 VR기기를 던져버리던 사람이 생각났습니다.

국내 방송에서 방탈출 카페 운영방식을 응용해서 프로그램을 제작한 사례가 많습니다. tvN 문제적 남자의 '밀실 특집, 방탈출 프로젝트'가 있었고, MBC 마이 리틀 텔레비전과 JTBC 아는 형님 등에서 방탈출 게임이 사용되었습니다. tvN은 대규모 방탈출 게임을 테마로 해서 2018년 7월 시즌 1을 시작으로 시즌 3까지 '대탈출'이란 콘텐츠를 제작했습니다.

아날로그적 장치만으로 방탈출 카페를 거대한 메타버스로 성장시키기는 어렵습니다. 최근에는 국내외 몇몇 기업을 중심으로 방탈출 카페를 건물 내부에 꾸며진 공간에서 소규모로 즐기는 방식이 아니라 야외에서 대규모로 즐기도록 구현한 사례들이 나오고 있습니다. 국내의 경우 플레이더월드^{www.playthe.world}가 대표적 사례입니다.

스마트폰으로 해당 사이트에 접속하면 지역, 공간적 제약 없이 즐길 수 있는 게임과 함께 특정 지역으로 이동해서, 해당 공간에 물리적으로 존재하는 여러 단서를 조합해서 즐기는 야외형 방탈출 게임을 제공하고 있습니다. 플레이더월드에서는 정동을 배경으로 한 '백투더정동 Part 2', 광화문을 배경으로 한 '광화문 김부장 프로젝트', 서울로를 배경으로 한 '제2의 시간', 홍대 지역을 배경으로 한 '마지막 독자' 등의 야외형 방탈출 게임을 무료로 제공하고 있습니다(2020년 9월 기준). 방탈출 카페에서 어떤 일이 벌어지는지, 특히 야외형 방탈출 게임이란 게 무엇인지, 이런 설명만 읽어서는 제대로 이해하기 어렵습니다. 언제 한번 시간을 내서 친

구, 가족들과 플레이더월드 게임을 앞서 설명한 지역에 가서 직접 즐겨 보시기 바랍니다. 가끔 이런 지역들을 지나다 보면 스마트폰으로 플레이더월드 사이트에 접속한 채 길거리를 다니면서 무언가 퍼즐을 풀어나가는 사람들과 마주치게 됩니다. 그들은 우리와 같은 공간에 있지만, 플레이더월드 콘텐츠를 즐기는 순간만큼은 우리와는 다른 방탈출 메타버스에 머무는 셈입니다.

야외로 나가시기 불편하다면, 구독경제 서비스를 이용해보는 방법도 있습니다. 정기적으로 물건을 상자에 담아 배달해주는 구독 기반 서비스가 급성장하고 있습니다. 그 중 헌트어킬러Hunt A Killer는 방탈출 메타버스를 구독경제로 구현한 사례입니다. 헌트어킬러는 2019년 패스트 컴퍼니Fast Company가 선정한 가장 혁신적인 엔터테인먼트 회사 10위에 올랐고, 2020년 INC가 선정한 가장 빠르게 성장하는 비상장사 6위에 올랐습니다. 헌트어킬러의 월 구독료는 30달러입니다. 홈페이지에서 원하는 사건을 선택하면, 사건에 관한 단서를 풀 수 있는 물건들을 담은 상자가 집으로 배달됩니다.

자신의 추리를 헌트어킬러에 보내서 용의자를 줄이고, 다시 상자를 받는 과정을 반복해서 최종적으로 범인을 잡아냅니다. 헌트어킬러 메타버스에서 구독자들은 가상의 탐정협회에서 장기간 미제 사건으로 보관 중인 케이스들을 해결하는 탐정의 삶을 살게 됩니다. 통상 하나의 사건 해결에 6개월의 시간이 걸린다고 합니다. 어린 시절 누구나 한 번쯤 꿈꿨을 셜록 홈즈 같은 명탐정의 삶을 살아보는 셈입니다. 헌트어킬러의

사업 모델과 시장의 평가를 눈여겨볼 필요가 있습니다. 혹시 당신이 스타트업을 운영하고 있다면, 헌트어킬러의 사업 모델을 참고해서 비교적 적은 투자로 구독경제 방식을 이용해 소비자들에게 증강현실 메타버스를 제공할 수 있으니까요.

CHAPTER 9

증강현실로 탄생한 또 다른 나: 스노우 & 제페토

10대, 20대들이 스마트폰에 꼭 설치하는 앱이 있습니다. 사진을 보정하는 앱인 스노우, 소다, 우타캠 등입니다. 젊은 세대들은 '앱으로 보정된 모습까지가 실제 내 모습'이라고 생각하고, 서로 인정해주는 문화입니다. 카메라 앱을 활용해 눈, 코 크기를 바꾸거나, 턱선을 날렵하게 만드는 것뿐 아니라, 피부 톤을 보정하고 다양한 화장 효과까지 연출합니다. 실제 자신의 모습을 자신이 바라는 이상적 외형으로 증강하는 셈입니다.

스노우 앱을 만든 스노우(주)가 새롭게 키우고 있는 서비스가 제페토입니다. 제페토는 증강현실에 라이프로깅과 가상 세계를 합친 플랫폼입니다. 라이프로깅과 가상 세계는 각각 다른 챕터에서 설명하겠으나, 간단하게 보면 라이프로깅은 소셜미디어, 가상 세계는 스마트폰이나 컴퓨

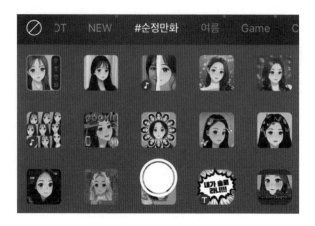

터 속에 만들어진 3차원 세계라고 생각하면 됩니다. 처음에 제페토는 스노우(주)의 사내 조직으로 시작했으나, 2020년 3월에 네이버제트라는 기업으로 분사한 상태입니다.

제페토에서는 매우 다양한 기능을 제공하고 있는데, 이를 크게 네 가지로 나눠서 설명하겠습니다. 첫째, 제페토는 3D기술과 증강현실을 접목한 강력한 아바타 서비스를 제공합니다. 아바타는 온라인 환경에서 나를 대신해주는 분신, 캐릭터를 의미합니다. 제페토에서 사용자는 자

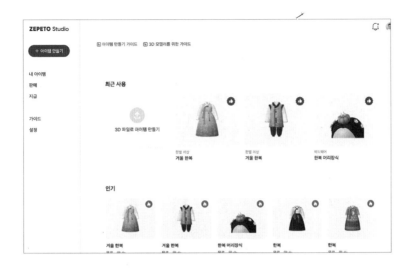

신의 모습을 본떠 만들어진 3D 아바타를 가지고, 소셜미디어 활동을 하고, 다른 사용자들과 가상 세계에서 어울려서 소통하거나 게임을 즐깁니다. 제페토에서 사람들은 자신의 아바타를 새로운 화장법으로 예쁘게 꾸미고, 최신 유행 헤어스타일과 패션 아이템으로 한껏 멋을 부립니다.

둘째, 마켓플레이스 플랫폼을 제공합니다. 제페토에서 제공하는 스튜디오 기능을 활용해서, 다양한 의상과 아이템을 직접 제작할 수 있습니다. 제작한 아이템을 자신이 사용하거나, 다른 이들에게 판매해서 수익을 올리는 것도 가능합니다.

셋째, 소셜미디어 기능을 제공합니다. 자신이 만들고 꾸민 아바타를 주인공으로 하여, 자신만의 소셜미디어 페이지를 운영하는데, 각자의 페이지를 방처럼 꾸밀 수 있습니다. 벽, 바닥, 소품 등의 디자인과 배치를 바꿔서 자신만의 개성을 표현합니다. 포토부스에서는 자신의 캐릭터

를 이리저리 움직여서 자신이 원하는 사진을 찍고 이를 인스타그램처럼 다른 이들에게 공유합니다.

넷째, 아바타들이 즐길 수 있는 게임과 이벤트 공간을 사용자가 직접 제작할 수 있습니다. 소셜미디어 형태의 소통이 비실시간, 1대N의 방식이었다면, 게임과 이벤트 공간을 통해 여러 사용자가 실시간으로 소그룹, 1대1일 소통을 하도록 경험을 확장해주고 있습니다. 사용자들은 이러한 기능을 활용해서 아늑한 카페, 방탈출 게임, 낚시터, 지하철역 등 매우 다양한 공간을 만들고 그 속에서 그들만의 소통과 놀이를 즐기고 있습니다.

제페토 서비스는 2018년 8월에 시작하여, 2020년 8월 기준으로 누적

가입자 1억 8천만 명을 돌파하였고, 이중 해외 이용자 비중이 90%, 10대 이용자 비중이 80% 정도에 달합니다. 10대들을 위한 글로벌 서비스로 성장하는 중입니다. 사용자들이 제페토에서 제작한 콘텐츠는 9억 건을 넘었습니다. 제페토는 글로벌 IP 사업자들과의 제휴에 적극적인 전략을 취하고 있습니다.

국내에서는 2020년 10월, 빅히트엔터테인먼트와 YG엔터테인먼트가 각각 70억 원, 50억 원을 제페토에 투자했습니다. 빅히트엔터테인먼트와 YG엔터테인먼트는 소속된 아티스트의 IP를 제페토에서 다양하게 활용한다는 방침입니다. 현실 세계에서 큰 영향력을 갖고 있는 아티스트들이 이제 메타버스에 본격적으로 진출하기 위한 발판 중 하나로 제페토를 선택한 셈입니다.

현실의 내 모습이 아닌 아바타로 사람들과 소통하는 이런 방식이 이상해 보이나요? 사람들은 화장실에서 손을 닦은 후에 습관적으로 거울을 보며 삐친 머리를 누르고, 옷매무새를 다듬고, 메이크업을 고칩니다.

좀 더 멋지고 아름다운 겉모습을 보여주고 싶기에 나타나는 이런 행동을 이상하다고 여기지 않습니다. 제페토는 이런 욕구를 판타지의 영역까지 확장한 셈입니다. 현실 속 자신의 모습을 모두 부정하고 제페토 속 판타지의 모습만 추구하는 게 아니라면, 판타지에 기반을 둔 새로운 소통 메타버스라 여기고 유쾌하게 즐기면 좋겠습니다.

CHAPTER 10

증강현실이 만들어낸 스마트 팩토리: 에어버스 & BMW

●●●●● 　　　　제품 생산 과정에 다양한 정보통신기술을 적용해서 생산 효율을 향상시킨 미래형 공장을 스마트 팩토리smart factory라 부릅니다. 증강현실은 제조 현장, 공장의 환경까지 변화시키며 스마트 팩토리를 현실화하고 있습니다.

　증강현실을 적용한 작업 현장에서 근로자들은 실물 위에 겹쳐서 보이는 이미지를 통해 작업 진행에 필요한 다양한 정보를 얻습니다. 작업에 필요한 각종 부품 정보, 재고 현황, 전체 조립도면, 공장 가동 현황, 리드 타임lead time, 제품의 생산 시작부터 완료까지 소요되는 시간 등을 손쉽게 파악할 수 있습니다. 이런 정보를 바탕으로 작업 과정의 오류를 최소화하고, 작업 중단을 큰 폭으로 예방하는 게 가능해졌습니다. 결과적으로 생산품의 품질 향상과 리드 타임 개선에 도움이 됩니다. 또한, 작업 과정에서 생기는

각종 사고를 예방하는 효과까지 있어서 안전 관리 수준도 높여줍니다.

예를 들어, 산업용 기계장치를 생산하는 공장이라고 가정합시다. 여러 작업자가 협력하여 2천 개의 부품을 순서에 따라 도면대로 조립해야 제품이 완성됩니다. 전통 작업장에서는 근로자들이 이런 내용을 문서나 파일 형태로 확인하면서 공정을 진행합니다. 그러나 증강현실을 쓰게 되면 근로자의 헤드셋을 통해 작업 과정에 맞춰서 필요한 부품과 도면 정보를 자동으로 제공합니다. 일례로 전투기 조립 공장은 조립 공정에 참여하는 엔지니어들의 교육에만 수년을 투자할 정도로 제작 공정이 복잡합니다. 그러나 조립 공정에 증강현실을 도입하면, 엔지니어들은 여러 부품 정보를 확인하고, 그 부품을 조립해야 하는 위치와 작업 방법까지 실시간으로 파악합니다. 전투기 조립과정에 증강현실을 도입한 사례에서 작업 정확도와 생산 속도는 각각 96%, 30% 향상되었습니다. 실제로 유럽의 항공기 제작 회사인 에어버스Airbus에서는 미라MiRA라는 증

메타버스

강현실 시스템을 통해 제작 중인 항공기의 모든 정보를 엔지니어들에게 3차원으로 제공하고 있습니다. 에어버스의 경우 미라를 통해 브래킷 검사에 필요한 소요 시간을 3주에서 단 3일로 단축한 사례가 있습니다. 보잉Boeing은 보잉 747-8 항공기의 배선 작업 공정에 증강현실을 적용하여, 작업 시간을 25% 단축하고, 작업 오류 비율 0%를 기록했습니다.

이런 방식은 제품 출하 이후에 제품을 유지 보수하는 과정에도 비슷하게 적용됩니다. 현장 작업자에게 헤드셋이나 태블릿을 통해 유지 보수가 필요한 부분을 정확하게 알려주고, 어떤 부분을 어떤 부품으로 어떤 작업 과정을 통해 고치면 되는가를 일목요연하게 제시합니다. 또한 작업자가 유지 보수가 필요한 공간으로 직접 이동하지 않고 문제를 해결하는 경우도 있습니다. 원격지의 고객이 보유한 설비에 문제가 발생한 경우, 작업자는 자신의 사무실이나 집에서 증강현실을 통해 고객의 설비에 발생한 문제점을 현장감 있게 파악하고, 대응책을 제시할 수 있습니다.

증강현실은 현장 근로자들에게 제조 과정에 필요한 각종 기술을 교육하는 데에도 폭넓게 쓰입니다. 실제 공장을 방문하지 않더라도, 교육과정에서 근로자가 공장에서 실습을 하는 듯한 상황을 연출하여 몰입감을 높입니다. BMW는 18개월 동안 진행되는 제작 엔지니어 교육에 증강현실을 도입했습니다. 증강현실을 도입하기 전에는 숙련된 교관이 엔지

니어와 1대1일 교육을 진행했으나, 증강현실을 도입하여 교관 한 명이 엔지니어 세 명을 동시에 교육하는 게 가능해졌습니다. 이 방식으로 교육 원가를 상당히 낮췄으나, 학습 성과에 대한 평가와 참가자들의 만족도 조사에서 기존 방식과 동일한 결과를 얻었습니다. 재규어랜드로버는 보쉬와 협력하여 증강현실을 활용한 교육 시스템을 구현했습니다. 일례로, 차량의 대시보드 수리에 관한 교육에서 엔지니어가 실제 차량의 대시보드를 분해하지 않고도 수리 과정을 익히는 방식입니다.

이렇듯 증강현실은 안전도 향상, 작업 시간 단축, 품질 개선, 교육 원가 절감 등의 다양한 효과를 보이며 생산 현장, 공장을 바꿔가고 있습니다. 어쩌면 머지않은 미래에 작업자들은 공장이 아닌 안락한 집이나 사무실에서 메타버스를 통해 모든 생산 공정을 진행할지도 모릅니다.

CHAPTER 11

메타버스의 미래 또는 그림자 #1: 증강현실 콩깍지

•••••　'증강현실 콩깍지'라는 증강현실 메타버스를 보여드리려고 합니다. 이 메타버스는 실제 구현되지는 않았습니다. 제가 집필한 초단편소설에 등장하는 메타버스 중 하나입니다. PART 3, 4, 5에서도 제가 메타버스를 주제로 집필한 소설에 관한 이야기를 조금씩 해드리려고 합니다.

　다음 이야기를 재밌게 읽어 보시고, 증강현실 메타버스가 야기할 문제는 무엇일지, 여러분이 기대하는 증강현실 메타버스는 어떤 모습인지, 미래에 어떤 증강현실 메타버스가 새롭게 등장할지를 호모 사피엔스적 상상력으로 각자 생각해보시면 좋겠습니다.

　# 증강현실 콩깍지 by 김상균, 2020년 6월 7일 발표

　"이렇게 서비스는 총 세 가지 타입이 있는데, 뭐 온라인에서 많이 알아

보고 오신 게 여기 있는 판타지 패키지, 그리고 이쪽에 있는 게 셀럽 패키지, 이렇죠."

성철과 미주는 휘둥그런 눈으로 홀로그램 카탈로그를 바라봤다. 조금 전에 대리점 매니저가 스캔한 성철의 얼굴 위로 롤플레잉게임 속 남자 주인공과 닮은 캐릭터의 얼굴이 덧씌워져 보였다. 옆쪽에는 미주의 얼굴에 일본 애니메이션 속 여자 주인공과 비슷한 얼굴이 덧씌워진 채 360도로 돌아가고 있었다.

"오늘 잘 오신 겁니다. 프로모션이 내일이면 끝나거든요. 신규 런칭 행사 중인데 벌써 가입자가 어마어마합니다. 10G 상품하고 결합해서 구매하시면, 1년 동안 증강현실 렌즈, 앱, 그리고 캐릭터 사용료까지 모두 무료로 써보시는 겁니다. 물론 약정 기간이 3년이기는 하지만……."

"그러니까 제가 이 증강현실 렌즈를 끼고 있으면 미주의 얼굴이 이 애니메이션 캐릭터로 보이는 거죠?"

"그렇죠. 홀로그램에서 보듯이 분간이 안 되게 완벽히 그렇게 보이는 거죠. 보통 자기 전에 빼셔도 되지만, 뭐 침대에서 끼고 주무셔도 괜찮아요. 보통 잠자리에서…… 하여튼 20시간 연속으로만 안 쓰시면 돼요. 빼셨을 때는 꼭 이 살균 램프에 넣어두시고요."

"저, 아까 체험도 된다고 하셨잖아요? 그럼 제가 렌즈 끼고 성철 오빠가 어떻게 보이는지 직접 해봐도 되나요?"

"네, 그럼요. 자, 홀로그램 카탈로그로 보신 건 판타지 패키지였고, 체험은 셀럽 패키지로 해보시죠. 어디 보자…… 선호하시는 타입이 영화

배우 김우주 씨라고 하셨네요. 그분으로 세팅해서 보여드릴게요."

대리점 매니저는 태블릿에 뭔가를 입력하면서 설명을 덧붙였다.

"판타지 패키지까지는 3년 약정 시 1년이 무료지만, 김우주 씨는 셀럽 패키지여서, 선택 시 매달 5만 원의 라이센스비를 내셔야 합니다. 자, 여기 써보시죠."

미주는 건네어 받은 렌즈를 양쪽 눈에 넣었다. 눈앞에서 옅은 푸른빛이 몇 번 깜빡거렸다.

"신랑분 쪽을 보셔야죠."

미주는 성철 쪽을 바라봤다. 성철의 모습은 영화배우 김우주로 바뀌어 있었다. 너무 신기해서 자리에서 일어선 채 주위를 두어 바퀴 돌며 성철을 바라봤다. 어느 쪽에서 봐도 영락없이 영화배우 김우주의 모습이었다.

"하하하, 다들 그렇게 신기해하세요."

미주의 입가에 감도는 미소를 바라보던 성철의 눈꼬리가 살짝 떨렸다.

"그런데 아까 서비스가 총 세 가지 타입이라고 하셨잖아요? 판타지랑 셀럽이면, 나머지는 뭐죠?"

"아, 그거요. 사실 그건 좀 비밀스러운 거여서, 친한 분들 아니면 보여드리지 않는 건데, 저희 점장님께서 후배분이라고 다 설명해주라고 하셔서 말씀드리는 겁니다. 셀럽이나 연예인들 중에서 라이센스비를 받고 셀럽 패키지 모델로 활동하는 이들도 있지만, 또 톱스타들은 아직 라이센스 안 된 분들이 더 많거든요. 그런데 뭐 기술적으로는 안 될 게 없죠. 톱스타일수록 이미 3D로 스캔된 자료가 넘쳐나는걸요. 그래서 정식 라이센스는 안 받았지만, 슬쩍 톱스타들 캐릭터를 심어서 쓸 수는 있어요."

"그럼 혹시 제가 얘기했던 그 여배우도……."

"어디보자. 아, 이분이요. 이분 데이터 많죠. 이분 콘텐츠 넣을 수 있어요. 그런데 어디 가서 저희 대리점에서 이 콘텐츠 받았다고 얘기하시면 큰일 납니다."

어느새 성철도 렌즈를 눈에 끼고는 미주의 주위를 둘러보고 있었다. 성철의 눈에 자신을 바라보며 행복해하는 미주의 모습, 아니 여배우의 모습이 들어왔다.

"어떻게 하실래요? 지금 바로 계약하실래요?"

성철과 미주는 렌즈를 뺀 채 서로를 곁눈질하며 뭐라 말을 꺼내지 못했다. 서비스 조건만 물어보며 시간을 끌다가 대리점 문을 나섰다.

"말씀드린 대로 프로모션 기간이 내일까지이니까 생각 잘 해보고 오세요."

그날 저녁, 잠자리에 누운 성철의 스마트폰에 문자가 들어왔다.

'낮에 봤던 대리점 매니저입니다. 신랑분과 신부분이 동시에 가입하지 않고 신랑분만 신부분 모르게 가입하는 것도 가능합니다. 프로모션 조건은 동일하고요.'

잠시 후 미주의 스마트폰에도 문자가 들어왔다.

'낮에 봤던 대리점 매니저입니다. 신랑분과 신부분이 동시에 가입하지 않고 신부분만 신랑분 모르게 가입하는 것도 가능합니다. 프로모션 조건은 동일하고요.'

PART 3

라이프로깅 세계: 내 삶을 디지털 공간에 복제한다

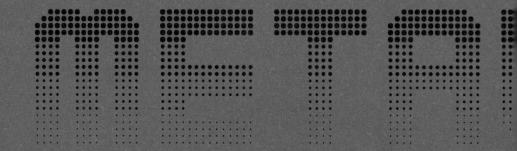

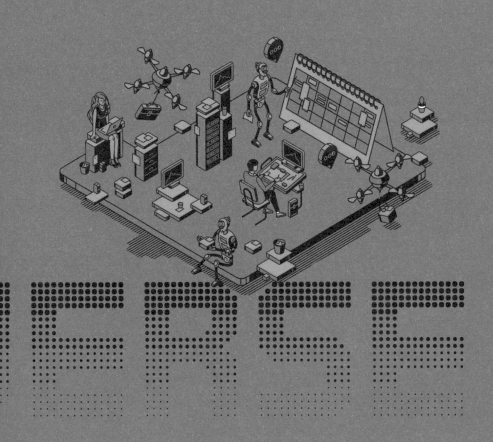

현실의 나 - 보여주고 싶지 않은 나 + 이상적인 나 = 라이프로깅 세계

•••••

　　자신의 삶에 관한 다양한 경험과 정보를 기록하여 저장하고 때로는 공유하는 활동을 라이프로깅이라 부릅니다. 우리가 자주 사용하는 소셜미디어, SNS인 페이스북, 인스타그램, 트위터, 카카오스토리 등이 모두 라이프로깅 메타버스에 포함됩니다. 라이프로깅에 참가하는 사람은 크게 두 가지 역할을 합니다. 첫째, 학습, 일, 일상생활 등 자신이 살아가는 다양한 모습, 자신에게 일어나는 모든 순간을 텍스트, 이미지, 동영상 등으로 기록하고 이를 온라인 플랫폼에 저장합니다. 자신에게 일어난 상황들을 기록하기 위해 자신의 기억에 의지하거나, 스마트폰 카메라를 사용하거나, 몸에 입거나 착용하는 웨어러블 디바이스를 통해 정보를 수집합니다. 둘째, 다른 사용자가 올려둔 라이프로깅 저장물을 보고 그에 관한 자신의 생각을 텍스트로 남기거나, 이모티콘으로 감정을 표시하고, 나중에 다시 보거나 공유하기 위해서 자신의 라이프로깅 사이트에 가져옵니다.

라이프로깅의 개념은 21세기 이전부터 존재했습니다. 아날로그적으로 보면 우리가 학창 시절에 썼던 일기가 대표적 라이프로깅입니다. 미국인 영어 교사 로버트 쉴드는 1972년부터 1997년까지 자신의 25년 삶을 5분 간격으로 기록했습니다. 그가 기록한 텍스트의 분량은 대략 3천 7백만 단어 정도인데, 책으로 보면 대략 400권은 되는 분량입니다. 인간이 만들어낸 단일 라이프로그 중 가장 긴 것으로 알려져 있습니다. 5분 단위로 자신의 삶을 기록하려면, 자신의 삶의 내용을 편집해서 기록하기는 거의 불가능했을 거라 짐작합니다. 1996년, 제니퍼 랭글리는 제니캠이라는 웹사이트를 개설하여, 자신의 대학교 기숙사에 웹캠을 달아 놓고 15초마다 자동으로 사진을 찍어서 전송했습니다. 이 서비스는 2003년까지 운영되었습니다.

그러면 21세기 인류는 자신의 삶에서 무엇을 기록할까요? 사람들이

소셜미디어에 주로 공유하는 내용은 자신의 생각, 자신이 하고 있는 활동, 자신이 추천하고 싶은 것, 알리고 싶은 뉴스 기사, 알리고 싶은 다른 사람의 라이프로그(다른 사람이 소셜미디어에 올린 글), 자신이 느끼는 감정, 자신의 미래 계획 순이라고 합니다. 제가 사용하는 소셜미디어에 저와 연결된 분들이 올리는 포스팅들도 대략 이런 순위와 크게 다르지 않습니다. 로버트 쉴드, 제니퍼 랭글리와 같은 케이스는 드문 편이고, 대부분은 자신이 알리고 싶은 것을 기록, 저장하여 공유합니다. 이 과정에서 방송의 편집과 같은 현상이 나타납니다. 자신의 실제 모습, 실제 삶 중에서 타인에게 알리고 싶지 않은 나의 모습은 대부분 삭제합니다. 삭제하고 남겨진 삶의 모습도 날것 그대로를 올리기보다는 조금은 다듬어진 내용으로 올리려고 합니다. 특히 소셜미디어를 기반으로 한 라이프로깅의 경우 사진을 올리는 경우가 30% 이상이라고 합니다. 그러다 보니 최신 스마트폰이 등장할 때마다 TV 광고에서는 그 스마트폰으로 얼마나 멋진 사진을 쉽게 찍고 편집할 수 있는가를 홍보하는 데 열을 올립니다. 스마트폰에 달린 여러 개의 고성능 렌즈가 하는 역할은 우리의 라이프로깅용 이미지 촬영입니다. 요컨대, 현실의 나에게서 보여주고 싶지 않은 나를 빼고, 이상적인 나의 이미지를 조금 추가해서 즐기는 라이프로깅이 대세인 셈입니다.

CHAPTER 2

메타버스 속 친구의 의미:
인생의 동반자 vs. 여행의 동반자

•••••

　　매일 15억 6천만 명(2019년 기준)이 페이스북에 접속하고 있습니다. 전년도와 비교할 때 8%가 증가한 수치입니다. 대략 세계 인구의 1/5은 페이스북을 매일 쓰는 셈입니다. 페이스북은 2018년에 558억 달러(한화로 대략 66조 원)의 매출을 올렸는데, 이는 2017년도에 대비하여 37.4%가 상승한 수치입니다. 더 놀라운 것은 영업이익률입니다. 2018년 기준으로 무려 44%(한화로 대략 29조 원)입니다. 2018년, 현대자동차는 매출액 97조 원, 영업이익 2조 4천억 원을 기록했습니다. 자동차 분야에서 세계 판매량 1위를 기록하고 있는 도요타의 2018년 영업이익은 24조 6천억 원 정도였습니다. 현실 세계에서 사람들은 누군가를 만나기 위해 자동차를 타고 다닙니다. 라이프로깅 메타버스에서는 와이파이를 타고 페이스북과 같은 소셜미디어를 통해 누군가를 만납니다. 자동차 제조사들과 페이스북의 영업이익을 비교해보면 라이프로깅 메타버스의 규모가 얼마나 큰 것인지를 알 수 있습니다.

라이프로깅을 대표하는 소셜미디어, SNS에서 여러분은 어떤 사람들과 연결되어 있나요? 공적인 관계이건 사적인 관계이건, 만난 적이 있는 사람이건 아니건, 당신과 관심 분야나 성향이 그리 크게 다르지 않은 사람이 친구 목록에 많을 겁니다. 소셜미디어에서 친구를 추천하는 알고리즘의 기본은 이미 나와 친구인 사람, 그중에서도 나와 서로 소통(댓글, 좋아요, 이모티콘 등)이 많은 사람의 친구를 내게 새로운 친구로 제안하는 방식입니다. 즉, 소셜미디어에서 우리는 비교적 비슷한 색상을 가진 사람끼리 모이는 편입니다.

그러면 당신은 어떤 경우에 소셜미디어에서 친구를 끊어내나요? 당신에게 상처 주는 말을 했을 때, 당신이 기대하는 반응을 보이지 않았을 때, 상대가 올린 피드가 당신의 생각과 너무 달라 당황스럽거나 화가 날 때 등일 겁니다. 이런 과정을 거쳐 우리는 라이프로깅 메타버스에서 점점 더 비슷한 색상의 이들을 내 곁에 두려 합니다.

여기서 갑자기 질문을 한 가지 드리겠습니다. 결혼을 했다면 당신의 배우자에 대해, 아니라면 당신의 연인이나 가장 친한 친구에 대해 생각해보시기 바랍니다. 당신은 그 사람을 인생의 동반자, 여행의 동반자 중 어느 쪽에 가깝다고 생각하시나요? 많은 이들을 대상으로 한 실험에서, 상대방과의 관계에서 행복감을 더 느끼는 집단은 상대방을 인생의 동반자보다는 여행의 동반자로 보는 집단이었습니다. 왜 이런 결과가 나왔을까요? 인생의 동반자로 상대를 바라보는 사람들은 상대의 세세한 부분까지 나와 일치하기를 희망합니다. 서로 다른 부분이 생기면 내가 변해서 그에게 맞추거나, 그가 변해서 내게 맞춰주기를 바랍니다. 그런데 다들 잘 아시겠지만, 사람은 쉽게 변하지 않습니다. 반면에 여행의 동반자로 상대를 바라보는 사람들은 큰 여정을 상대와 공유하지만, 그 과정에서 서로가 다른 곳을 바라보며, 다른 감정을 느낄 수 있음을 이해하는 편입니다. 내가 변하고자 하는 노력, 그가 변했으면 하는 바람을 크게 갖고 있지 않습니다. 그저 상대를 있는 그대로 받아들이는 편입니다. 소셜미디어 메타버스를 놓고 제가 인생의 동반자, 여행의 동반자 실험을 말씀드리는 이유는 이렇습니다. 이 책을 읽는 독자들은 서로 삶의 기록, 라이프로그lifelog를 공유하고 응원하는 라이프로깅 메타버스 속 친구들을 여행의 동반자로 바라보면 좋겠습니다. 그래야 여러분이 그 메타버스 속에서 여행의 동반자들과 서로 더 편하게 지내며, 더 행복해지기 때문입니다.

CHAPTER 3

메타버스 속 스키너 상자:
상처받은 뇌를 위한 안식처

●●●●● 　앞서 언급한 로버트 쉴드는 25년간 자신의 삶을 기록했습니다. 그의 기록 목적은 최근 우리가 사용하는 소셜미디어에 우리의 삶을 기록하고 공유하는 것과는 달랐으리라 예상합니다. 타인에게 공유하려는 목적보다는 자신의 삶을 세세하게 보관했다가 언제라도 타임캡슐처럼 열어보기를 원했으리라 추측합니다.

　그러면 우리는 소셜미디어 메타버스에 우리의 삶을 왜 기록하고 공유할까요? 자기 삶의 기록을 남기려는 목적도 있겠으나, 타인과 연결해 주는 소셜미디어의 기본 특성을 볼 때 자신이 겪은 좋은 일에 대한 인정이나 축하, 나쁜 일에 대한 위로나 격려를 받고 싶은 마음이라 생각합니다. 소셜미디어에 사진이나 글을 올리면 타인의 반응이 어떨지 궁금해하며 기대합니다. 이 부분에 인간의 보상기대시스템이 작용합니다. 소셜미디어에 무언가를 올리면, 타인이 내게 반응해주리라는 기대감에 도 파민이 분비되며, 실제 타인이 내가 기대했던 반응을 보여주면 엔도르 핀이 분비되면서 행복감을 느낍니다. 여기서 중요한 점이 있습니다. 우리가 이렇게 기록을 올리고 타인의 반응을 통해 행복해하는 순환과정에는 끝이 없습니다. 인간의 보상기대시스템에는 '이제 충분해요!'라는 완전한 만족이 없기 때문입니다. 인간은 영원히 만족하지 못하는 존재입니다. 그래서 더 많은 피드를 올리고 더 많은 반응을 기대합니다. 요컨대, 영원히 만족하지 못하는 인간의 특성이 페이스북, 트위터, 카카오스토리 등의 소셜미디어에 많은 이들이 끝없이 무언가를 올리고 반응하는 원동력이 되고 있습니다. 인간의 보상기대시스템의 근본 특성에 큰 변화가 없는 이상 소셜미디어 형태의 라이프로깅 메타버스는 계속 번성하리라 예측합니다.

추가적으로, 인간이 가진 또 하나의 특성인 쾌락 적응hedonic adaptation을 살펴볼 필요가 있습니다. 소셜미디어를 처음에 시작할 때는 10명의 친구, 5개의 좋아요, 3개의 댓글에도 행복을 느낍니다. 그러나 어느 순간 이 정도의 보상, 자극에는 만족하지 않습니다. 더 강한 보상, 자극을 원하게 됩니다. 따라서 소셜미디어 형태의 라이프로깅 메타버스가 지속적으로 성장하려면 참가자들의 이런 쾌락 적응을 넘어설 수 있게, 보상과 자극도 함께 올라가야 합니다.

소셜미디어 메타버스 속에서 타인의 반응, 소통에서 행복을 느끼는 사람들, 혹시 이상하게 보이시나요? 어른의 칭찬에 목마른 어린아이 같다고 생각하시나요? 작은 상처에도 위로받고 싶어 하는 소심한 사람이라 생각하시나요? 혹시 그런 생각이 조금이라도 드신다면, 칭찬과 위로에 관한 제 얘기를 좀 더 들어주시기 바랍니다. 1998년, 스탠포드대 설득기술연구소의 포그 박사는 재미난 실험을 했습니다. 사람들을 모아서 수행해야 할 과제를 부여합니다. 과제 하나를 마무리하면 칭찬을 해 줍니다. 그런데 여기서 과제 수행자에게 칭찬을 해주는 존재는 사람이 아니라 컴퓨터입니다. 컴퓨터가 칭찬 메시지를 과제 수행자에게 보내는 방식이었습니다. 과제 수행자는 이런 컴퓨터의 칭찬에 어떻게 반응했을까요? 실험 결과를 보면, 과제 수행자들은 인간이 아닌 컴퓨터가 보내주는 기계적 칭찬 메시지임을 알면서도 칭찬을 받을 때 과제 수행을 더 잘했습니다. 그렇다면 컴퓨터가 아닌 사람, 그것도 나와 소셜미디어로 연결된 사람이 나를 칭찬해주면 어떨까요? 컴퓨터가 보내주는 칭찬에 비할 바 없이 우리를 더 행복하게 만들어 줄 겁니다.

소셜미디어에서 받는 칭찬에 행복해하는 이들이 그래도 이상해 보인다면, 한 가지 이야기를 더 들어주시기 바랍니다. 케이스 웨스턴 리저브대의 로이 바우마이스터 교수는 인내심이 인간에게 어떤 영향을 주는지 흥미로운 실험을 진행했습니다. 바우마이스터 교수는 의지력, 자기조절, 자유 의지 등을 주로 연구하는 심리학자입니다. 바우마이스터 교수는 참가자를 두 그룹으로 나눈 후 각 그룹에게 6분 동안 예능 프로그램을 시청하게 했습니다. A그룹 참가자들은 아무런 통제 없이 예능 프로그램을 편하게 시청했으며, B그룹 참가자들은 예능 프로그램을 보는 동안 웃지 못 하도록 통제를 받았습니다. 시청이 끝난 후 두 그룹 참가자들을 모아서 악력(손아귀의 쥐는 힘) 테스트를 했습니다. 결과를 보니, A그룹 참가자들의 평균 악력이 B그룹에 비해 20% 높게 나타났습니다. 다른 실험에서는 참가자들에게 어려운 과제를 수행하면서 초콜릿과 쿠키를 먹지 못하고 참아야 하는 경우와 그렇지 않은 경우를 비교했습니다. 간식을 못 먹고 참아야 하는 경우, 사람들은 어려운 과제를 훨씬 더 빨리 포기했습니다. 이런 실험이 의미하는 바가 무엇일까요? 무언가를 참고 넘기는 상황이 우리에게 어떤 영향을 주는가를 보여주고 있습니다. 좋은 일에 칭찬을 듣고, 나쁜 일에 위로를 받고 싶은 자연스러운 마음을 너무 억누르지 않으면 좋겠습니다. 외적인 보상, 자극 또는 타인과의 소통 없이 스스로 다독이는 능력도 중요하지만, 하루도 평온하지 않은 21세기를 살아가는 우리에게는 더 큰 인내력보다 좀 더 충분한 칭찬과 위로가 필요하지 않을까 생각합니다.

직장인들은 스트레스를 받을 때 담배나 칼로리 높은 군것질거리를 더 찾는 경향이 있습니다. 왜 그럴까요? 스트레스로 이미 인내심이 바닥났기 때문입니다. 그래서 금연이나 다이어트를 고민하던 마음이 순간 사라져버립니다. 금연이나 다이어트가 내게 줄 장기적 보상보다는 담배와 군것질거리가 줄 단기적 행복을 찾는 것입니다. 어려운 프로젝트나 시험을 마친 후 2~3차까지 회식을 이어가며 폭식, 폭음을 하는 것도 같은 이유입니다. 흡연, 폭식, 폭음을 생각해보면, 그런 것들을 조금이라도 대신해서 소셜미디어 메타버스가 우리에게 주는 단기적 보상이 결코 나쁜 게 아닙니다.

CHAPTER 4

뇌의 전속 질주: 40% 더 빨라지는 시간

메타버스의 대부분 콘텐츠, 플랫폼은 디지털의 힘에 의지하고 있습니다. 그런데 이런 디지털 기반의 메타버스는 우리 뇌를 조금은 다르게 작동시키는 경향이 있습니다.

동일한 텍스트를 출력해서 읽는 경우, 파일 형태로 태블릿으로 읽는 경우, 우리 뇌는 다르게 반응합니다. 뇌파 검사를 해보면 출력물을 읽을 때 우리 뇌의 뇌파는 여유 있는 안정 상태를 보이지만, 디지털로 읽을 때 우리 뇌는 흥분 상태가 됩니다. 디지털 메타버스에 있을 때 우리 뇌가 더 각성한다는 의미입니다. 각성, 뇌가 더 활발하게 깨어있으니 꼭 좋은 걸까요? 일단 확실한 것은 디지털 메타버스에서 우리 뇌는 무언가를 받아들이고 판단하는 데 소요하는 시간이 아날로그 세상보다 40% 정도 짧아집니다. 이런 빠른 처리에는 긍정과 부정, 양면의 얼굴이 있습니다.

내가 라이프로그를 올리면 메타버스 속 친구들은 빠른 속도로 내 라이프로그를 읽고 반응해줍니다. 반대로 메타버스 속 친구들이 라이프로그를 올리면 나도 내용을 빨리 읽고 반응을 남겨줍니다. 서로서로 빠르게 많이 움직이면서, 반응에 목마른 서로를 위로할 수 있습니다. 그런데 때로는 친구들이 올린 라이프로그를 대충 읽고 댓글을 남겨서 나중에 수정한 적이 없나요? 한 명의 친구가 내가 일주일 동안 올린 10개의 포스팅을 제대로 읽지도 않고 한꺼번에 좋아요를 눌러서 황당했던 적은 없나요? 디지털 지구, 메타버스에서 살아갈 때 혹시 내가 누군가의 메시지를 너무 빠른 속도로 읽고 넘어가다가 무언가를 놓치지 않는지 조심할 필요가 있습니다. 읽고 판단하는 시간이 40% 줄었지만, 우리의 뇌가 그만큼 빨리 움직이는 것은 아니기 때문입니다.

CHAPTER 5

우리는 서로를 돕는 멍청한 개미이다

라이프로깅 메타버스에 올라오는 글들은 말 그대로 누군가의 라이프로그, 생활에 관한 기록입니다. 신중하게 내용을 다듬어서 올리는 이들도 있지만, 대부분은 그리 길지 않은 글을 약간 정리해서 올립니다. 그런 포스팅 글을 보고, 라이프로깅 메타버스에 처음 오신 분들은 '이런 사람들과 어울려서 무슨 득이 될 게 있다고 이런 걸 하지? 소셜미디어를 쓰는 건 역시 인생 낭비야.'라고 말하기도 합니다. 만약, 당신이 가입한 소셜미디어에서 당신의 친구로 등록된 이들이 세계적 기업의 경영자, 저명한 학자라면 어떨까요? 당신의 생각은 많이 달라질 겁니다. 그렇다면 유명한 경영자나 학자가 아닌 라이프로깅 메타버스 속 친구는 아무런 의미가 없는 존재일까요?

히로시마대 수학과 니시모리 히라쿠 교수의 실험을 잠시 들여다보겠습니다. 히라쿠 교수는 화학, 생물, 사회과학적 영역에서 다양한 현상을 확률과 통계분석으로 규명하는 연구를 하며 150편이 넘는 논문을 발표했습니다. 히라쿠 교수의 연구 중 개미집단의 이동을 시뮬레이션하는 실험이 있습니다. 개미가 집단을 이뤄서 한 지점에서 다른 지점으로 이동하는 것을 관찰하는 시뮬레이션 실험입니다. 늘 그렇지만 큰 집단이 방향성을 잡고 한쪽으로 이동하는 게 그리 쉬운 일은 아닙니다. 리더를 잘 따르는 개미, 옆으로 빠지는 개미, 심지어 왔던 길로 다시 돌아가는 개미까지 있을 수 있겠네요. 히라쿠 박사는 바로 이 부분을 궁금해 했습니다. 길을 잘 찾지 못하는 개미들이 포함된 집단, 그렇지 않은 집단, 이렇게 두 그룹을 비교할 때 어떤 그룹이 목표 지점에 빠르게 도착하는가를 관찰했습니다. 결과는 의외로, 길을 잘 찾지 못하는 개미들이 포함된 집단이 더 빠르게 도착했습니다. 물론 실험을 여러 번 반복해서 얻은 평균값이 그렇다는 의미입니다. 왜 이런 결과가 나왔을까요? 멍청한 개미가 집단에 어떤 긍정적 영향을 주었을까요? 멍청한 개미는 때로 샛길로 빠지기 일쑤입니다. 얼핏 보면 샛길로 빠지는 개미가 내게 별 도움이 안된다고 여겨지지만, 그 빠진 샛길이 때로는 지름길이 되거나, 그 길에서 내가 전혀 생각하지 못했던 무언가를 배우기도 합니다. 그래서 오랜 시간을 두고 보면, 우리에게 샛길로 빠지는 조금 멍청한 개미는 의미 있는 동반자입니다. 라이프로깅에서 당신이 보는 누군가의 포스팅 또는 당신의 포스팅에 남겨진 누군가의 피드백이 때로는 멍청한 개미의 흔적처럼 보일 수 있습니다. 반대로 누군가는 당신의 포스팅이나 피드백을 그렇게 여길지 모릅니다. 그래도 괜찮습니다. 라이프로깅 메타버스에서 우리는 때로 서로에게 멍청한 개미 역할을 해줘도 좋습니다. 그래야 그 메타버스에서 우리는 장기적으로 더 많이 성장합니다.

멍청한 개미 따위의 의견, 그런 개미와의 소통은 필요하지 않다고 생각하신다면 얘기를 좀 더 들어봐 주시기 바랍니다. 비행기를 운항할 때 조종실에는 기장과 부기장이 함께 있습니다. 장거리를 한 명이 끝까지 조종하기는 어려워서, 이 둘은 서로 번갈아 가며 조종 책임을 맡는다고 합니다. 부기장에서 기장으로 승진하기 위해 보통 4~10년 정도의 기간이 필요하다고 합니다. 그만큼 기장은 부기장보다 더 많은 비행 경력을 갖고 있습니다. 그런데 기장과 부기장 이 둘 중에 누가 조종 책임을 맡은 상황에서 항공기 사고가 더 많이 발생했을까요? 답은 의외로 기장이었습니다. 기장은 더 오랜 비행 경력과 다양한 경험을 갖고 있지만, 부기장보다 사고를 많이 냈습니다. 왜 이런 결과가 나왔을까요? 그리 특별한 이유는 아니었습니다. 현실 세계, 아날로그 지구에서 우리는 나보다 경험이 많은 이, 나이가 많은 이에게 쉽게 자신의 의견을 제시하지 못하는 경우가 많습니다. 이런 문화 때문에 기장이 조종간을 잡았을 때 부기장은 자신의 의견을 잘 말하지 못합니다. 비행 시뮬레이터를 활용한 실험의 결과는 더 충격적입니다. 기장이 조종간을 잡고 활주로에 착륙하는 도중 정신을 잃은 듯이 행동한 상황에서, 부기장 중 1/4은 기장의 조종간에 손을 대지 못했습니다. 1999년 12월 22일에 발생했던 대한항공 8509편의 추락사고도 같은 맥락입니다. 밀라노를 향해 런던 스탠스테드 공항을 출발한 비행기는 이륙 1분 만에 숲으로 추락했습니다. 당시 기장이 조종간을 쥐고 있었고, 부기장은 사고 징후를 감지했으나, 기장은 부기장의 의견을 무시했습니다. 반대 상황에서는 어떨까요? 조종간을 잡은 부기장에게 기장은 옆에서 이런저런 말을 합니다. 그런 조언이 부기장의 사고 확률을 낮추는 데 큰 도움이 됩니다. 기장 입장에서 부기장은 자신보다 덜 성숙한 개미로 생각될지 모르지만, 개미들이 서로의 의견을 들어줬듯이 기장은 부기장의 의견에도 귀를 기울여야 합니다.

이런 상황은 교실에서도 비슷하게 발생합니다. 우리는 학교에서 교사로부터 무언가를 배웁니다. 그런데 나와 같이 공부를 하는 친구들은 내 학습에 별 도움이 안 될까요? 두 방법을 비교해봅시다. 첫 번째 방법은 모든 설명을 교사만 하는 경우입니다. 두 번째 방법은 교사로부터 설명을 듣고, 배운 내용을 친구들과 서로 바꿔가며 설명해보거나, 모르는 내용을 친구에게 물어보는 방법입니다. 이 둘의 학습 성과를 비교한 다양한 연구에서 두 번째 방법의 효과가 더 높게 나타났습니다. 잘 정돈된 지식을 체계적으로 설명하는 교사의 지도 방법이 나쁘다는 의미가 아닙니다. 좀 어설프더라도 나와 감정적으로 연결된 내 친구들이 자신의 의견을 섞어서 다양한 표현으로 설명하는 것을 듣다 보면 더 깊게 이해할 수 있다는 뜻입니다. 뉴잉글랜드대의 몰리너와 알레그리가 10대 초중반 학생 376명을 대상으로 수학 교과목에서 진행한 실험에서도 친구들로부터 배우는 동료 학습에서 학습 성과가 13.4% 높게 나타났습니다. 이런 효과는 교사로부터 한번 설명을 들었으나 제대로 이해하지 못한 상황에서, 두 번째 설명을 다시 교사에게 들을 것인지, 아니면 그 내용을 이해한 친구에게 들을 것인지와 관련된 비교 연구에서 좀 더 두드러지게 나타납니다. 아직 그 내용을 깊게 이해하지 못했더라도, 친구의 설명을 듣는 경우에 그 효과가 더 높게 나타났습니다.

현실 세계의 관계와 소통 방식을 그대로 메타버스에 옮겨놓으려고만 한다면, 그 메타버스가 우리에게 어떤 의미가 있을까요? 메타버스에서 여러 개미를 만나고, 부기장의 의견도 세심하게 들어보시기 바랍니다.

CHAPTER 6

21세기 지킬과 하이드: 멀티 페르소나

●●●●● 페르소나persona는 연극을 할 때 사용하는 탈, 가면을 뜻하는 라틴어에서 유래한 말입니다. 사람person, 성격personality의 어원이 페르소나입니다. 사회학적으로 보면 페르소나는 집단으로 살아가는 세상에서 개인이 겉으로 드러내는 모습을 의미합니다. 우리는 누구나 혼자 있거나 집에서 가족들과 있을 때와 밖에서 사회생활을 할 때의 모습이 조금은 다릅니다. 심리학자 구스타프 융은 페르소나를 개인과 사회적 집합체 사이의 일종의 타협이라 정의했습니다. 원래의 내 모습과 사회에서 기대하는 나, 이 둘 사이의 어딘가라는 의미입니다. 그렇다면 현실 사회에서 당신의 모습과 라이프로깅 메타버스, 소셜미디어에서 활동하는 당신의 모습은 거의 같은가요? 아니면 꽤 다른가요?

저는 매년 한두 차례 우리 대학 학생들을 대상으로 '고민 콘서트'라는 특강을 2시간 진행합니다. 보통 200~300명 정도의 학생들이 참여합니다. 첫해에 특강을 했을 때는 강의 시작 후 10분 정도 오프닝 인사를 한 후에 학생들에게 고민거리가 있으면 말하거나 질문하라고 했습니다. TV 프로그램에서 유명한 연예인, 종교인 등이 나와서 현장에서 바로 묻고 답하는 식으로 강연을 진행하고자 했습니다. 결과는 어땠을까요? 그 많은 학생 중에서 입을 여는 친구가 없었습니다. 결국 그날 저는 평소에 학생들이 보낸 상담 이메일 중에서 많이 봤던 고민거리를 끄집어내서 강연을 이어갔습니다. 두 번째 강연부터는 강당 앞쪽 대형 화면에 카카오톡 오픈채팅방을 올려놓고, 접속하고 싶은 학생들은 들어오라고 했습니다. 실명 말고 닉네임으로 들어와서 가진 고민을 올려보라고 했습니다. 올릴 내용이 없는 친구들은 가만히 있으면, 옆에서 글 올리는 친구가 어색해할 테니 5분 동안 소셜미디어라도 보라고 시켰습니다. 이렇게 해보면 고민이 몇 개나 올라올까요? 제가 했던 여러 번의 이런 특강마다 대략 40~50개의 고민이 순식간에 올라왔습니다. 학생들이 올려준 고민 중에 겹치는 것들을 추려서 이야기하다 보면 2시간이 순식간에 지나갔습니다. 올해는 이 특강을 유튜브로 했습니다. 진행 방식은 비슷했습니다. 학생들이 닉네임으로 접속하고 채팅창에 고민을 올려주면 제가 답변했습니다. 그런데 대강당에 물리적으로 모인 상태에서 오픈채팅방을 통해 소통할 때와 물리적으로 모이지 않은 상태에서 유튜브 채팅창으로 소통할 때, 비슷했을까요? 학생들이 더 활발하게 소통에 참여한 것은 유튜브 채팅창이었습니다. 어떤 고민거리에 제가 답변하고 있으면, 함께 의견을 채팅창에 올려주거나, 그 고민에 관한 추가적인 질문을 올리기도 했습니다. 강의실에서보다 좀 더 익살스런 댓글도 많이 올라왔습니다. 10년 넘게 교수 생활을 해오며, 강의실에서 제가 매년 만났던 학생들의 일반적 특성은 서로 크게 다르지 않았습니다. 그런데 강의실 오픈채팅방과 유튜브 채팅창에서 만난 두 집단의 학생은 꽤 다르게 느껴졌습니다. 유튜브 채팅창 속 학생들이 훨씬 더 외향적, 적극적이며 유머러스한 느낌이 들었습니다.

한 명의 사람이 현실 세계와 여러 개의 메타버스를 동시에 살아가면서, 여러 개의 페르소나를 보여주는 세상입니다. 가정에서의 나, 직장에서의 나, 익명의 소셜미디어에서의 나, 온라인 게임에서의 나 등 각각에서 겉으로 나타나는 성격이 서로 다른 경우가 흔합니다. 이런 멀티 페르소나는 한 사람이 상황, 메타버스마다 다른 성향을 나타내어서 자신의 고유한 인격을 형성하는 데 좋지 않다고 우려하는 의견이 있습니다. 내가 누구인지, 어떤 사람인지를 의미하는 정체성을 파편화하여 붕괴시킨다는 걱정입니다. 심지어 이를 디지털 세상에서 나타나는 다중인격이라 비판하기도 하지만, 해리성 정체감 장애를 의미하는 다중인격과는 큰 차이가 있습니다. 해리성 정체감 장애 환자의 경우 한 명의 사람이 상황에 따라 여러 개의 상반된 인격을 보입니다. 문제는 한 인격이 등장해서 했던 행동과 기억을 다른 인격이 공유하지 못하는 경우가 많고, 여러 인격 중에 극도로 폭력적인 성향을 나타내는 경우가 많다는 것입니다. 그러나 여러 메타버스에서 조금씩 다른 성향을 보여주는 사람이 있다고 해서, 그가 이런 정신과적 문제를 안고 있지는 않습니다.

여러 메타버스에서 나타나는 서로 다른 나의 모습들을 다 합친 게 진정한 내 모습입니다. 강당에 모였을 때 수줍어했던 나, 오픈채팅방에서 고민을 솔직하게 털어놓은 나, 유튜브 채팅창에 올라온 모르는 학우의 고민에 위로의 말을 건넨 나, 이 모두가 다 나입니다.

이런 멀티 페르소나가 오히려 주목받는 시대입니다. 최근 방송인 김신영 씨의 둘째 이모이며 트로트 가수로 활동하는 김다비 씨가 화제를 몰고 다닙니다. 망원 시장에서 구매한 붉은색 골프 패션에 굵은 뿔테 안경을 쓴 70대(1945년생 컨셉) 중반의 여성, 그러나 이는 허구의 인물입니다. 김다비 씨는 김신영 씨의 부캐(보조 캐릭터), 멀티 페르소나입니다. 랩퍼 매드클라운이 만든 마미손, 방송인 유재석 씨가 만든 유산슬도 모두 같은 맥락입니다. 여러 메타버스에서 멀티 페르소나로 살아가는 현대인들은 방송에 대놓고 등장한 멀티 페르소나, 부캐에 열광합니다. 기업들은 앞으로 이런 멀티 페르소나에 주목해야 합니다. 제품 개발, 마케팅, 판매 단계에서 기업들은 제품, 서비스를 구매하는 소비자의 특성을 페르소나로 정의하고, 그 페르소나의 취향에 자사 상품이 얼마나 잘 맞는지 고민합니다. 예를 들어 기능성 원단을 사용한 고가의 운동복을 새로 출시한다고 가정하면, 그 제품을 주로 소비할 고객의 대표적 연령, 성별, 직업, 소득, 생활패턴, 성격 등을 몇 개의 가상 인물로 설정하고 어떻게 하면 그 가상의 소비자가 우리 제품을 더 좋아하게 만들지 고민하는 식입니다. 그런데 이제는 한 명의 사람이 멀티 페르소나를 갖고 있습니다.

하나의 운동복이라 할지라도 그가 직장인일 때, 휴가 중일 때, 소셜미디어 메타버스에서 놀고 있을 때, 각기 다른 페르소나가 등장함을 잊지 말고, 서로 다른 페르소나가 보이는 취향을 맞춰줄 전략을 짜야 합니다.

CHAPTER 7

메타버스에는
외톨이가 없다

••••• 당신이 외톨이가 되고자 굳게 마음먹은 게 아닌 이상 메타버스에서 외톨이가 될 가능성은 정말 낮습니다. 우리는 현실 세계보다 메타버스에서 서로 쉽게 친해집니다. 왜 그럴까요? 카페, 술집들은 조명을 조금 어둡게 하는 경우가 많습니다. 인간은 어두운 곳에서 누군가를 만나면 상대의 표정을 제대로 읽지 못하고 심리적 경계를 낮추는 경향이 있습니다. 상대의 반응을 내게 유리한 쪽으로 해석하면서, 상대에게 쉽게 다가가게 됩니다. 이런 특성을 암흑효과라 부릅니다. 소셜미디어 메타버스에는 현실 세계와 비슷한 암흑효과가 존재합니다. 상대방의 프로필 사진은 보통 웃고 있는 표정, 맑은 날씨의 풍경 등입니다. 상대가 내게 남겨주는 감정 이모티콘은 주로 긍정적 이미지를 보여 줍니다. 따라서 소셜미디어 메타버스에서 우리는 상대가 내게 품은 감정

을 내게 유리한 쪽으로 해석하는 경향이 있습니다. 메타버스에서 만난 이들끼리 서로 이렇게 생각하니, 메타버스에서 외톨이가 되기란 쉽지 않습니다.

소셜미디어 메타버스에서만 오래 알고 지내던 사람을 현실 세계에서 처음 만나면 주로 어떤 기분이 드시나요? 오래전부터 잘 알고 지낸 사람, 이미 현실 세계에서 여러 번 만난 사람 같은 느낌이 드셨을 겁니다. 두 가지 이유가 있습니다. 첫째, 암흑효과가 존재하는 메타버스에서 이미 알고 지낸 사람이기에 상대방을 현실 세계에서도 역시 가깝게 느낍니다. 둘째, 노출 빈도가 가져오는 친밀감에 관한 착시현상이 있습니다. 시드니대의 마셜 교수는 사람들의 선호도에 관한 실험을 진행했습니다. 미리 여러 사진을 준비하고, 그중 일부를 참가자들이 오랫동안 바라보게 합니다. 그런 후에 참가자가 봤던 사진과 보지 않았던 사진을 섞어서 참가들에게 무작위로 보여주면서, 각 사진을 얼마나 좋아하는지 체크하게 했습니다. 실험 결과를 보면, 참가자들은 실험 진행자에 의해 강제적으로 오래 봤던 사진을 더 좋아한다고 응답했습니다. 심리학자 로버트 자욘스도 유사한 실험을 했습니다. 미국 대학생들에게 뜻을 알려주지 않은 채 한자漢字를 반복해서 보여줬습니다. 한자를 여러 번 보게 한 후에 학생들에게 보여줬던 한자와 처음 보는 한자를 섞어서 제시하고, 각 한자가 어떤 뜻일지 추측해보게 했습니다. 학생들은 실험 진행자가 여러 번 보여줬던 한자의 뜻에 긍정적인 의미가 담겨있을 것으로 생각했습니다. 소셜미디어 메타버스에서 우리는 다른 사람의 사진, 이름, 글을 빠른 속도로 넘기면서 반복적으로 보게 됩니다. 꼼꼼하게 보지는 않더라도 우리에게 노출 빈도가 높아지는 셈입니다. 따라서 마셜, 자욘스의 실험에서처럼 상대방에 대한 호감도가 나도 모르는 사이에 높아집니다. 암흑효과나 노출 빈도 효과에 의해 실제 처음 만난 이를 가깝게 느끼는 현상, 여러분은 어떻게 생각하시나요? 우리 사이에 존재하는 마음의 벽을 낮춰주는 점은 좋지만, 내가 메타버스에서 마주쳤던 상대의 페르소나가 현실의 그와는 조금 다를 수도 있음을 명심해야 합니다.

CHAPTER 8

'인간극장'에서부터
'나 혼자 산다'까지

••••• 급변하는 대중의 입맛에 맞춰 TV 프로그램의 수명 주기가 몇 개월로 짧아진 세상에서 20년째 장수하는 프로그램이 있습니다. KBS에서 방영하는 인간극장은 2000년 5월 1일 첫 방송 이래 20년 넘게 이야기를 이어오고 있습니다. 그 비결은 무엇일까요? 방송사에서 공지한 프로그램의 제작 의도는 이렇습니다.

"드라마 같은 삶의 무대에 당신을 초대합니다. 보통 사람들의 특별한 이야기, 특별한 사람들의 평범한 이야기를 비롯한 치열한 삶의 바다에서 건져 올린 우리 이웃들의 이야기를 전달하는 프로그램. 보통 사람들의 실제 삶을 밀착 취재하여 제작한 휴먼다큐 프로그램. 타인의 삶에 대한 공감의 폭을 넓히고, 자신의 삶을 성찰할 수 있는 계기를 줌."

프로그램의 정체성을 매우 잘 보여주는 설명입니다. 보통 사람의 특별한 일상과 특별한 사람의 보통 일상을 다루고 있습니다. 그들의 일상의 모습 속에서 타인의 삶에 대한 이해와 자신의 삶에 대한 성찰을 목표로 한 콘텐츠입니다.

인간극장을 시청하셨다면, 이 프로그램이 다큐멘터리와 예능 프로그램 중 어느 쪽에 가깝다고 생각하시나요? 화려한 자막과 효과음으로 콘텐츠 전체를 도배하는 요즘 예능 프로그램의 특성을 생각해보면, 대화 전달이 잘 안 되는 부분에만 자막을 사용하고 효과음을 넣지 않는 편집 특성은 다큐멘터리에 가깝습니다. 그렇다고 다큐멘터리처럼 주제 의식이 뚜렷하거나, 내용을 분석하고 정리해서 보여주는 방식도 아닙니다. 인간극장은 라이프로깅을 방송 프로그램의 문법으로 보여준 예입니다. 메타버스 방식이 아니어서 라이프로그를 제공하는 사람과 그 로그를 보는 이들이 서로 소통할 수는 없지만요.

2013년부터 7년째 방영 중인 MBC의 예능 프로그램 '나 혼자 산다'는 유명인을 주인공으로 한 인간극장을 보여주고 있습니다. 인간극장이 예능과 다큐멘터리의 양쪽 문법에서 모두 벗어났다면, 나 혼자 산다는 예능 프로그램의 문법을 따라가고 있습니다. 효과음, 화려한 자막, 출연진들끼리 의도적으로 만들어낸 이벤트 등이 그렇습니다. 나 혼자 산다는 주기적으로 PPL Product Placement Advertisement, 방송 프로그램에 특정 기업의 협찬을 대가로 그 기업의 브랜드를 노출하거나 상품을 소도구로 사용하며 보여주는 광고 기법 논란에 휩싸이기도 합니다. 1990년대에 활동했던 모 아이돌 그룹의 멤버가 나 혼자 산다에 출연하고 싶다는 의사를 밝힌 적이 있습니다. 그런데 자신의 실제 집을 공개하기는 싫고, 작은 원룸을 하나 빌려서 거기서 사는 모습을 찍고 싶다고 말했다가 나 혼자 산다 출연진들로부터 장난 섞인 질타를 받았습니다. 나 혼자 산다가 보여주는 유명인들의 라이프로그를 보면 어디까지가 그들의 보통 일상이고, 어느 부분이 가공된 일상인지 구분하기 애매한 면이 있습니다.

인간 극장과 나 혼자 산다는 둘 다 10%대의 꽤 높은 시청률을 보여주고 있습니다. 그만큼 대중이 누군가의 라이프로그에 많은 관심을 갖고 있다는 의미입니다. 인간극장과 나 혼자 산다 이외에도 온앤오프, 1호가 될 순 없어 등의 관찰 프로그램들은 라이프로깅을 방송용 포맷으로 만든 사례입니다. 그러나 방송 주인공만 라이프로그를 제공하고, 그 라이프로그에 대해 실시간으로 다른 이들이 의견을 제시하며 교감하지는 못한다는 점에서 메타버스라고 할 수는 없습니다.

CHAPTER 9

사생활 판매 경제: 방학 일기는 안 썼지만, 브이로그는 꼭 한다

●●●●● 동영상을 뜻하는 비디오video와 블로그blog를 합친 개념이 브이로그vlog입니다. 유튜브, 인스타그램, 페이스북 등의 소셜미디어에 자신의 일상을 동영상으로 찍어서 공유하는 것을 의미합니다. 1993년, 영국 BBC방송의 비디오 네이션이라는 프로그램에서는 시청자들이 자신의 일상을 찍은 영상을 보내면 방송에서 보여줬습니다. 이것이 최초의 브이로그라 합니다. 지금처럼 브이로그가 대중에게 퍼지기 시작한 시기는 2010년대 중반부터입니다. 인터넷 속도가 비약적으로 빨라지고, 별도의 카메라 없이 스마트폰만으로 보기 좋은 동영상을 쉽게 찍게 되면서 브이로그 문화가 급속도로 퍼졌습니다.

직장에서 일하는 자신의 모습, 다섯 시간 동안 독서실에 앉아서 공부하는 모습, 식당에서 밥 먹는 모습, 여행하는 모습 등, 예전 같으면 저런 특별하지 않은 영상을 누가 볼까 싶었던 주제들을 담은 콘텐츠가 급증하고 있습니다. 2018년과 대비하면 2019년에 유튜브 이용자들이 다른 사람의 브이로그를 검색한 횟수가 20배 넘게 증가했다고 합니다. 15~64세 인구의 45% 정도가 자신의 일상을 기록하는 영상을 찍고 있으며, 20~30대의 젊은 층을 중심으로 그런 영상을 소셜미디어에 업로드 하는 비율이 매우 높게 나타납니다.

하버드대의 제이슨 미첼 교수는 사람들이 어떤 이야기를 하고 싶어 하는가를 실험으로 조사했습니다. 예를 들어 다음과 같이 세 유형의 질문을 준비합니다.

1) 개인적 질문, "당신은 어떤 음악을 왜 좋아하세요?"

2) 타인에 관한 질문, "당신이 생각하기에 김상균 교수는 어떤 음악을 좋아할까요?"

3) 지식에 관한 질문, "올해 가장 많이 다운로드 된 음원은 무엇일까요?"

실험에서 참가자들은 자신이 응답하고 싶은 질문을 선택해서 이야기했습니다. 자신이 선택한 질문에 따라 받는 참가 보수가 달랐는데, 참가자들은 1번 질문을 선택할 경우 받는 보수가 가장 적었지만 자신에 관한 이야기를 하는 1번을 가장 많이 선택했다고 합니다. 우리는 직장에서 주로 고객에 관한 이야기, 경쟁 업체와 산업에 관한 정보를 이야기합니다. 학교에서는 이론으로 정리된 지식, 역사적 사실 등을 이야기합니다. 현대인은 많은 이야기를 나누고 소통하지만, 자신에 관해 이야기하는 기회는 의외로 적습니다. 그러나 우리는 나의 이야기를 하고 싶어 합니다. 그래서 내 이야기를 담은 브이로그를 공유하는 메타버스가 급성장한다고 생각합니다.

브이로그를 찍는 시간과 공간의 스펙트럼이 넓어질수록 브이로그에 관한 문제점도 많이 제기되고 있습니다. 첫째, 외부 공간에서 브이로그를 찍을 때 자신을 중심으로 영상을 기록해도, 그 배경에 타인의 모습이 함께 촬영되는 경우가 있습니다. 이 경우 타인의 초상권을 침해하게 되고, 특히 영상에 함께 기록된 타인의 사생활이 의도하지 않게 공유되는 문제가 생깁니다. 둘째, 직장에서 일하는 모습을 찍는 브이로그의 경우, 직장에서의 업무 활동이 노출되면서 기업의 업무 기밀이 외부에 알려지는 문제가 있습니다. 또한, 직장에서 급여를 받고 일하는 시간인데, 그 시간에 하는 활동을 기록해서 개인 소셜미디어에 공유하면, 근무 시간을 사적인 목적으로 사용하는 셈일지도 모릅니다. 셋째, 타인의 자유, 재산권을 침해하는 경우가 있습니다. 브이로그를 찍는 행위는 공익을 위한 공적 활동이 아닙니다. 그런데 도서관, 식당 등의 공공장소에서 브이로그를 찍으면서 촬영 공간을 확보하기 위해 자리를 넓게 차지하고 다른 사람의 통행을 방해하는 경우가 있습니다. 넷째, 브이로그를 소셜미디어에 공유해서 수입을 얻을 경우, 겸직 금지를 위반하는 문제가 있습니다. 유튜브에서 '달지'라는 채널을 운영하는 초등학교 교사 이현지 씨는 학교 교실에서 랩하는 동영상을 유튜브에 올린 후 랩하는 선생님으로 화제를 모았습니다. 조회 수가 300만 회를 넘었습니다. 이현지 선생님 외에도 브이로그를 올리는 교사들이 적잖습니다. 이런 상황에서 청와대 국민청원 게시판에는 교사들이 유튜브를 통해 수익을 얻는 행위는 겸직 금지를 위반한 것이니 처벌해달라는 청원이 올라왔습니다. 이현지 선생님의 경우는 수익을 얻지 않았다고 본인이 해명한 후에도 겸직 자체가 금지라는 반박에 시달렸습니다. 논란 끝에 교육부에서는 '교원 유튜브 활동 복무지침'을 만들었고, 교육 관련 유튜브 활동을 장려하는 쪽으로 가닥을 잡기는 했습니다. 다만, 광고 수익이 발생하게 되면 겸직 허가를 받아야 하는 상황입니다. 공무원이 아닌 일반 기업의 직장인들의 경우는 소속된 기업마다 서로 입장이 좀 다릅니다. 수익을 올리는 겸직 활동이라며 강하게 제재하는 기업이 있는 반면에 아모레퍼시픽, LG전자 등은 직원의 브이로그 활동에 참견하지 않는 입장입니다. 노동법을 놓고 보면 브이로그를 통해 수익을 올려도 문제 될 소지는 별로 없습니다. 브이로그를 하느라 본업을 소홀히 하거나, 업무와 관련된 내용으로 앞서 얘기한 기업 기밀을 누출하는 등의 문제가 없다면 기업에서 뭐라고 이의를 제기할 근거는 없습니다. 마지막으로, 윤리나 예의와 관련된 문제가 있습니다. 할아버지의 장례식장에서 브이로그를 찍던 손주가 가족들에게 혼나고 밖으로 쫓겨난 사건이 있었습니다. 손주는 할아버지를 보내는 마지막 날의 모습을 혼자 간직하고 싶어서, 기록을 남기고자 영상을 촬영했다고 합니다. 그런 기록을 남기는 게 예의에 어긋난 행동이라는 생각을 못 했다고 합니다. 이 소식이 언론에 보도되자, 장례식장에서까지 브이로그를 찍은 건 '선을 넘었다'라는 댓글이 많이 달렸습니다. 그런데 여기서 궁금해지는 부분이 있습니다. 많은 이들이 생각하는 그 선은 어디쯤일까요? 그리고 그 선의 기준이 앞으로 어떻게 변화할지가 궁금합니다. 조심스럽게 예측해보자면, 미래에는 지금보다 더 다양한 주제, 상황에서 브이로그가 기록되고 공유되지 않을까 생각합니다.

우리는 다른 이가 공유하는 삶의 기록을 왜 열심히 찾아보거나, 의견을 남길까요? 첫째, 정보를 얻고 싶어서입니다. 내가 취업하고 싶은 기업의 직장인들은 어떤 일을 하는지, 내가 입학하고 싶은 대학교의 학생들은 어떤 모습으로 생활을 하는지 등이 궁금해서입니다. 둘째, 대리만족입니다. 호기심이 생기고 원하는 마음이 있지만, 내가 직접 해보기는 어려운 활동을 하는 누군가를 보면서 거울을 보는 듯한 만족감을 얻습니다. 셋째, 공감과 소통을 위해서입니다. 나는 혼자가 아니라는 감정, 누군가와 정서적으로 연결되어 있음을 느끼고 싶어서입니다. 실제 외로움의 감정은 브이로그 시청률과 밀접한 관계가 있습니다. 외로움을 많이 느낀다고 응답한 사람의 48.6%, 외로움을 많이 느끼지 않는다고 응답한 사람의 40.4%가 브이로그를 시청했습니다. 외로움을 많이 느낄수록 누군가의 브이로그에 좀 더 관심을 보이는 셈입니다.

우리는 라이프로깅 메타버스에 일상을 세세하게 기록하고 있습니다. 예전에 올렸던 내 일상 기록에 누군가의 피드백이 달리면 다시 그 기록을 읽게 됩니다. 나는 타인의 일상 기록에 피드백을 남기며, 누군가의 기록과 기억을 단단하게 붙잡아줍니다. 삶을 기억하고 되돌아보는 과정, 꽤 중요하다고 생각합니다. 그러나 한편으로는 라이프로깅이 망각의 선을 넘어오고 있지는 않나 하는 우려가 듭니다. 독일의 철학자 프리드리히 니체는 창조적 인간에게는 상기, 기억보다 망각이 더 중요하다고 말했습니다. 망각은 능동적, 적극적으로 자신의 의식을 일시적으로 닫는 저지 능력이라 했습니다. 보다 고차원적이고 새로운 무언가를 만들기 위해 일시적으로 의식의 자리를 백지상태로 비우는 것이라 했습니다. 그런데 브이로그는 어쩌면 이런 망각, 능동적 백지화와는 반대의 길로 우리를 이끄는 듯 내 일상을 끊임없이 기록하고 다시 보며, 의식의 빈틈에는 다른 이의 일상을 담고 있는 상황입니다. 정보를 나누고, 대리 경험을 하며, 따듯한 공감과 소통으로 우리를 위로하는 활동이지만, 망각의 의미를 짚어준 니체의 조언도 잊지 않아야겠습니다.

CHAPTER 10

흥한 페이스북, 유튜브 vs. 망한 싸이월드

●●●●●　　　현재 소셜미디어 서비스하면 어떤 게 먼저 떠오르나요? 네이버 블로그, 다음 블로그, 페이스북, 인스타그램, 텀블러, 밴드, 빙글, 링크드인, 트위터, 카카오스토리 등 연령대, 선호도에 따라 다양한 플랫폼을 얘기하실 겁니다.

그럼 지오시티, 더글로브, 트라이포드는 어떤가요? 아마도 들어본 분이 거의 없으실 듯합니다. 1990년대 중반에 생겼던 소셜미디어 서비스입니다. 이후에 식스 디그리(1997년), 메이크 아웃 클럽(2000년), 허브 컬처(2002) 등 다양한 소셜미디어가 등장했으나, 이들을 기억하는 이는 거의 없습니다. 이런 서비스들의 특징은 스마트폰, 와이파이가 아닌 컴퓨터, 유선 인터넷을 통해 접속하는 방식이었습니다.

국내에서는 1999년에 싸이월드가 탄생했습니다. 초반에는 큰 호응

을 얻지 못했으나, 2002년 프리챌(포털, 커뮤니티 중심) 서비스가 일부 유료
화 되면서 많은 사용자들이 싸이월드로 넘어갔습니다. 싸이월드의 대표
서비스인 미니홈피가 소셜미디어의 특성을 갖고 있었습니다. 미니홈피
는 인터넷 개인 홈페이지와 비슷했지만, 꾸미고 관리하기가 훨씬 쉽다
는 장점이 있었습니다. 싸이월드에서는 도토리라는 사이버머니를 사용
했습니다. 구매한 도토리를 가지고 싸이월드에서 자신의 캐릭터와 미니
홈피를 꾸몄습니다. 미니홈피 스킨(배경 그림), 배경 음악, 폰트 등을 구매
할 수 있었는데, 대부분 이런 아이템에 사용 가능한 기간이 제한되어 있
어서 지속적으로 도토리를 지출해야 했습니다. 싸이월드는 페이스북이
국내에 퍼지면서 2010년 이후로 사용자가 급감하기 시작했으며, 현재는
서비스가 종료된 상태입니다.

　싸이월드가 사라지고, 페이스북이 급성장한 이유는 무엇일까요? 몇
가지 이유를 살펴볼 만합니다. 첫째, 접근성입니다. 싸이월드는 기본적

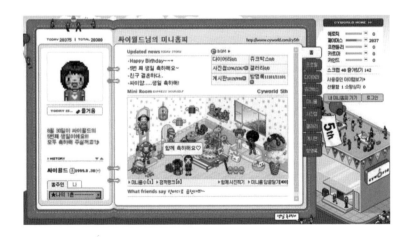

으로 컴퓨터를 통해 접속하는 방식입니다. 그런데 2007년 아이폰이 등장하면서 컴퓨터를 켜서 소셜미디어에 접속하기보다는 스마트폰으로 소셜미디어에 빠르게 접속하는 게 일반화되었습니다. 페이스북은 스마트폰을 통한 편리한 접근성을 제공했으나, 싸이월드는 이를 신속히 지원하지 못했습니다. 둘째, 사용자 메뉴의 편리성입니다. 싸이월드도 기존 인터넷 홈페이지에 비해서는 메뉴 구성이 단순하고 운영하기가 쉬운 편이었지만, 페이스북은 메뉴 구성을 훨씬 더 단순하고 직관적으로 구성했습니다. 페이스북에 비하면 싸이월드의 UI User Interface, 사용자 메뉴 환경는 더 많은 기능을 복잡하게 제공하는 편이었습니다. 셋째, 플랫폼적 특성입니다. 싸이월드는 도토리를 바탕으로 자신들이 제공하는 아이템만 사용자들이 구매하게 했습니다. 이렇게 보면 싸이월드는 운영하는 기업과 소비자들, 이렇게 두 집단으로 구성됩니다. 그런데 페이스북은 봉봉 Von Von 퀴즈 앱 같은 외부 서비스들이 페이스북 안에 자연스럽게 녹아들게 했습니다.

또한, 사용자들이 페이스북 계정을 가지고 외부 서비스에 로그인하여 다양한 웹사이트, 앱들을 편하게 쓰도록 연결해주면서, 페이스북의 문을 여러 기업들에게 열어줬습니다. 페이스북이라는 플랫폼 안에서 사용자들은 여러 지인을 만들고, 소통할 뿐만 아니라 다양한 웹, 앱 서비스를 편리하게 사용하게 되었습니다. 일례로 슈퍼셀(Supercell)의 게임 앱인 클래시오브클랜은 페이스북 계정을 연결할 경우, 페이스북에 등록된 친구들과 함께 게임을 즐길 수 있습니다. 여기서 그치지 않고 기업, 조직들의 마케팅 용도로 쓰이는 페이지 서비스를 제공하여 플랫폼의 활용성을 확장했습니다. 즉, 페이스북에는 일반 개인 사용자들만 들어온 게 아니라, 그런 사용자들과 연결해서 비즈니스를 확장하려는 다양한 기업들이 모여들면서, 점점 더 거대한 플랫폼으로 진화했습니다. 요컨대, 싸이월드는 플랫폼 내부의 생태계를 자신들이 좌우하려 했으나, 페이스북은 사용자와 기업 양측에 문을 열어주면서 판을 키운 셈입니다.

라이프로깅을 위한 소셜미디어 메타버스가 성장하려면, 누구나 빠르게 접근할 수 있어야 합니다. 그리고 복잡하게 익히는 과정 없이 쉽게 쓸 수 있어야 하며, 다양한 개인과 기업이 메타버스에 녹아들도록 문을 활짝 열어줘야 합니다.

CHAPTER 11

나는 널 언제라도
자를 수 있어!

●●●●● 페이스북, 인스타그램 등을 사용하다 보면 마음에
안 드는 친구들이 보일 겁니다. 특정 정치 성향이나 종교색을 강요하는
글, 누군가를 원색적으로 비난하는 글, 허풍이 가득한 자기과시 글 등이
우리를 불편하게 하는 경우가 있습니다. 이런 글을 보면, '이번에 이 친
구를 끊어버릴까?' 하는 마음이 들기도 합니다. 한 번에 끊어버리지는 않
아도, 어느 순간 그 불편한 감정이 끊어 넘치면 '친구 끊기' 버튼을 누르
게 됩니다.

그런데 현실 세계에서 친구나 동료가 당신을 불편하게 만드는 말을
할 때는 어떤 생각을 하시나요? '불편한 말을 하니까 인간관계를 확 끊어
버릴까?'라는 생각보다는 '불편해도 내가 참아야지 별수 있냐?'라는 생각
을 더 많이 하게 됩니다.

우리는 소셜미디어 메타버스에서 발생하는 인간관계와 소통에서 현실 세계와는 다른 통제감controllability을 느낍니다. 소셜미디어에서는 보기 싫은 글, 보기 싫은 사람이 생겨도 '내가 결정하면 언제라도 끊어버릴 수 있어.'라는 강한 통제감을 갖고 있습니다. 그러나 현실 세계에서는 그런 통제감을 느끼기 어렵습니다. 소셜미디어와 현실 세계에서 보기 싫은 글, 보기 싫은 사람을 똑같이 마주한다면, 현실 세계의 나는 마음이 몹시 불편하지만 소셜미디어 메타버스에서의 나는 내가 갖고 있는 통제감, '언제라도 내가 버튼만 누르면 그를 자를 수 있어!'라는 생각으로 마음의 평화를 찾습니다. 이를 통제감 효과라 부릅니다. 불편한 상황에 직면했을 때 무조건 참기만 해야 하는 경우와 지금은 좀 참아주지만 내가 원하면 언제라도 중지할 수 있는 경우의 차이입니다. 통제감 효과를 바탕으로 메타버스에서 마음의 평온을 느끼는 이들을 보면, 이 시대의 우리가 현실 세계 인간관계를 너무 무겁게 짊어지고 사는 건 아닌가 하는 생각이 들기도 합니다.

메타버스를 관찰하다 보면 통제감 효과가 독특하게 나타나는 지점이 있습니다. 인스타그램 같은 소셜미디어에서 한 명이 여러 계정을 운영하는 경우가 있는데, 계정마다 용도가 서로 다릅니다. 예를 들어 대학생의 경우, 학교에서 공부하는 내용을 올리는 계정, 일상생활을 공유하는 계정, 연인과의 연애 기록을 남기는 계정을 별도로 운영합니다. 연애 기록을 남기는 계정을 연인끼리만 공유하거나, 세 계정 모두를 전체 공개로 쓰기도 합니다. 전체 공개로 연애 기록을 남길 거면서 군이 왜 계정을 분리해서 사용할까요? 다른 이유도 있겠으나, 연인과 이별했을 경우 그 사람과의 모든 기록을 일괄적으로 삭제하거나, 계정을 비공개로 전환해서 다른 이들이 보지 못 하게 하기가 쉬워서입니다. 자신의 삶을 편하게 기록하고, 큰 거리낌 없이 많은 이들과 공유하지만, 여차하면 기록을 삭제하고 공유를 막는 게 라이프로깅 메타버스의 문화입니다. 이렇게 내 마음대로 기록과 공유를 통제할 수 있어서 편리하고 안심도 되겠지만, 가끔은 우리가 관계의 무게를 너무 가볍게 여기지는 않는지 돌이켜보면 좋겠습니다.

CHAPTER 12

세계인의 운동 기록을 삼킨 나이키 메타버스

나이키는 2006년도에 애플과 손잡고 나이키 플러스 서비스를 만들었습니다. 나이키 센서를 신발에 붙이고 달리기를 하면, 애플 아이팟iPod에 달리기 기록이 넘어가고, 나중에 컴퓨터에 아이팟을 연결하여 기록을 업로드해서 다른 친구들과 달리기 경쟁을 하는 서비스였습니다.

2012년에는 나이키 플러스 퓨얼밴드Nike + Fuelband라는 팔찌 형태의 장치를 출시했습니다. 특별한 운동을 하지 않아도 팔찌를 차고 있으면 일상생활에서 자신이 칼로리를 얼마나 소모하는지 알려줬고, 소모된 칼로리는 나이키 퓨얼 포인트로 점수화해서 제공했습니다. 나이키는 나이키 플러스와 나이키 플러스 퓨얼밴드를 통해 하드웨어를 많이 판매하려 했던 것은 아닙니다. 사람들이 어떻게 운동하고, 언제 얼마나 움직이는가 등에 관한 대량의 소비자 정보를 파악하여, 기존 운동용품의 수요를 높이기 위해서였습니다.

그러나 나이키는 이렇게 하드웨어를 추가하여 사람들의 운동 기록을 확보하는 전략을 포기하게 됩니다. 몸에 착용해서 운동 기록을 관리하는 웨어러블 디바이스wearable device를 여러 업체에서 경쟁적으로 만들기 시작하면서 소비자가 흩어지기 시작했고, 소비자들이 별도로 구매하고 착용해야 하는 방식으로는 그들의 운동 기록을 많이 확보하기 어렵다는 결론을 내렸습니다.

나이키는 하드웨어가 아닌 앱을 기반으로 소비자들이 더 빠르고 쉽게 나이키가 만든 운동 메타버스로 빨려들도록 전략을 수정했습니다. 나이키는 몇 번의 서비스 개선을 통해 현재는 크게 두 가지 서비스를 운영하고 있습니다. 달리기를 위한 앱인 나이키 플러스 러닝Nike+ Running과 종합적인 운동을 관리하는 앱인 나이키 트레이닝 클럽Nike Training Club입니다. 나이키 플러스 러닝에서는 자신의 달리기 경로, 기록을 소셜미디어에 공유하고 친구들과 서로 격려하며, 경쟁합니다. 나이키 트레이닝 클럽에서는 유명 스포츠 스타의 트레이닝 프로그램을 따라 할 수 있고, 자신이 달성한 트레이닝 기록을 역시 소셜미디어에 공유하는 방식입니다.

언택트 환경에서 사람들이 물리적으로 모여서 운동을 하지 못하면서, 나이키 플러스 러닝과 나이키 트레이닝 클럽의 사용자 수는 큰 폭으로 증가하고 있습니다. 나이키 플러스에서 시작된 운동 메타버스는 세계인들을 나이키 세상으로 이끌고 있습니다. 나이키는 이런 메타버스를 통해 세계의 그 어떤 기업이나 연구소보다 많은 사람의 세세한 운동기록

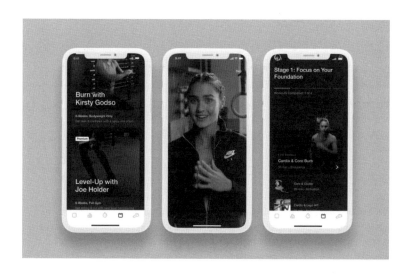

을 보유하고 있습니다. 나이키 메타버스의 팽창과 함께 나이키의 기업 가치도 꾸준히 올라가고 있습니다. 나이키의 시가총액은 198조 원(2020년 9월 기준)을 기록하며 최근 5년간 두 배 가까이 성장했으며, 아디다스의 시가총액 69조 원을 크게 앞서고 있습니다. 나이키의 운동 메타버스가 성장할수록 나이키는 현실 세계의 우리들이 어떻게 움직이고 운동하는지를 점점 더 깊게 이해할 것이고, 현실 세계 나이키의 기업가치도 꾸준히 성장하리라 예상합니다.

CHAPTER 13

메타버스의 미래 또는 그림자 #2: 유튜브 다음은 뷰튜브

'뷰튜브 ViewTube'라는 메타버스를 보여드리려고 합니다. 이 메타버스는 실제 구현되지는 않았습니다. 제가 집필한 초단편 소설에 등장하는 메타버스 중 하나입니다. 뷰튜브는 유튜브의 라이프로깅이 앞으로 진화할 여러 방향 중 하나의 시나리오 정도가 되겠습니다. 다음 이야기를 재밌게 읽어 보시고, 라이프로깅 메타버스가 야기할 문제는 무엇일지, 여러분이 기대하는 라이프로깅 메타버스는 어떤 모습인지, 미래에 어떤 라이프로깅 메타버스가 새롭게 등장할지를 호모 사피엔스적 상상력으로 각자 생각해보시면 좋겠습니다. 참고로 이야기 내용중에 등장하는 뷰튜브용 뷰센더 장치에 대한 특허를 실제 제가 등록하여 보유하고 있습니다.

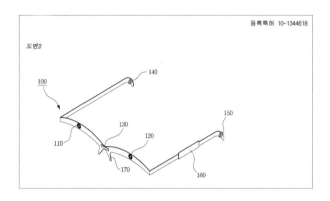

등록특허 10-1344618

도면2

100
110
140
130
120
150
170
160

타인의 시선 by 김상균, 2020년 6월 14일 발표

김지수(MC, 이하 '김'): 시청자 여러분, 안녕하세요? 10분 핫토론입니다. 사회를 맡은 김지수 인사드립니다. 먼저 오늘 패널분들부터 소개해드리겠습니다. 제 오른쪽은 미디어 평론가인 민서진 박사님이시고요. 제 왼쪽에는 뷰튜브ViewTube의 박연우 이사님, 그리고 그 옆으로 뷰튜브 마니아 중 한 분인 대학생 강희수 씨가 함께하셨습니다.

민서진(이하 '민'), 박연우(이하 '박'), 강희수(이하 '강'): 안녕하세요. 반갑습니다.

김: 뭐 이제 유튜브YouTube의 시대는 가고 뷰튜브의 시대가 왔다. 최근에 이런 기사들도 많이 나오는데요. 그래도 아직 뷰튜브보다는 유튜브에 익숙한 장년층이 있으실 테니, 먼저 박 이사님께서 뷰튜브에 대해 짧게 소개해주실까요?

박: 뷰튜브는 말 그대로 타인의 뷰view, 즉 시선을 그대로 엿본다는 데서 따온 서비스 명칭입니다. 요즘 뷰튜브에서 가장 핫한 게 데이트를

보여주는 뷰크리에이터view creator들인데요. 예를 들어 남자 뷰크리에이터의 콘텐츠를 시청하는 사람, 즉 뷰어viewer는 그 남자가 어떤 여성분과 데이트하는 모습, 소리를 그 남자의 두 눈, 두 귀로 그대로 보고 듣는 것같이 즐길 수 있죠.

김: 그렇죠. 그래서 뷰튜브의 기본 디바이스가 바로 여기 있는 뷰크리에이터용 뷰센더 그리고 뷰어용 뷰리시버 장치죠. 뷰센더는 안경과 비슷하고, 뷰리시버는 VR 고글같이 생겼네요. 뭐, 뷰센더와 뷰리시버는 시중에 수십 종이 나와 있고요. 그런데 처음에 이런 서비스는 뷰튜브에서 어떻게 시작한 거죠?

민: 많은 분들이 뷰튜브의 시작을 뷰튜브에서 했다고 오해하시는데요. 사실은 김상균 교수가 뷰튜브를 먼저 디자인하기는 했습니다. 제가 김 교수님이 특허청에 등록했던 최초의 뷰튜브용 뷰센더 사진을 가져와 봤습니다. 뭐, 지금의 뷰센더처럼 세련된 느낌은 아니지만, 바로 이 장치가 뷰튜브의 시작이었습니다. 양쪽 눈에 있는 카메라가 두 눈이 바라보는 장면을 입체로 촬영하고, 양쪽 귀에 달린 마이크가 소리를 입체로 잡고요. 또 진동도 측정합니다. 그래서 뷰센더가 바라보는 영상, 듣는 소리, 느끼는 진동을 모두 입체적으로 변환해서 실시간으로 뷰어들에게 전송하는 방식입니다.

박: 맞습니다. 이 장치에 관한 특허를 저희가 인수하면서 뷰튜브 플랫폼이 시작된 셈입니다.

김: 처음에는 주로 어떤 콘텐츠가 뷰튜브에 많이 올라왔나요?

강: 저는 뷰튜브를 초창기부터 꾸준히 봤는데요. 초창기에는 주로 국내 아이돌 그룹들이 무대에서 공연하면서 뷰센더 장치를 착용하고 뷰크리에이터 역할을 많이 했습니다. 저도 뷰튜브에 처음 가입하게 된 게 걸그룹 팬클럽 활동하다가, 멤버들이 무대에서 무엇을 보고 듣는지 궁금해서 뷰튜브를 쓰기 시작했거든요.

김: 그렇군요. 저도 아이돌 그룹 뷰크리에이터들의 콘텐츠를 뷰리시버로 몇 번 봤는데. 참 신기하고 재밌더군요. 자, 근데 최근에는 이런 아이돌 그룹보다 일반인들이 뷰크리에이터로 더 많이 활동하고 있죠?

박: 그쵸. 연예인들이 자신의 시선을 실시간으로 송출하고 판매하던 게 시작이었는데, 그다음에는 스포츠 스타들이 뷰크리에이터로 참여하기 시작했고요. 유럽리그 축구선수들의 콘텐츠만 보려고 뷰리시버를 구매한 구독자들도 꽤 많습니다. 그런데 최근에는 앞서 예시한 대로 일반인들의 데이트, 회사생활, 취미활동, 일상 등, 종류를 헤아릴 수 없이 거의 모든 시선이 뷰튜브에서 실시간으로 송출되고 있죠.

김: 모든 것들이 송출된다. 바로 그 부분에서 뷰튜브의 성장에 관한 우려의 목소리도 큰데요. 그 부분에 대해선 어떻게 생각하십니까?

민: 네, 최근에 '은밀한 시선'이라는 뷰튜브 채널을 운영하는 뷰크리에이터가 이슈가 되고 있죠. 클럽, 카페를 돌아다니고, 대중교통을 이용하면서 여성들을 힐끗힐끗 쳐다보는 뭐 그런 콘텐츠입니다.

김: 힐끗힐끗인데, 그게 어떤 문제가 있는 거죠?

민: 이 채널이 명칭부터 그렇지만, 좀 관음증적 성격이 있거든요. 물론

대놓고 뚫어지게 쳐다보거나 옷 속을 들여다보는 건 아닙니다. 뷰크리에이터는 그저 거리의 풍경을 송출한다는 건데, 이게 좀 애매한 면이 있죠.

박: 공개된 공간에서 누군가가 자신의 눈으로 무엇을 보고 듣는다고 해서 그게 타인의 권리를 침해했다고 하기는 어렵습니다.

민: 에이, 그건 아니죠. 송출하잖아요. 그러면 뷰리시버로 그걸 보는 이들이 있고.

박: 뷰튜브는 아시다시피 영상, 소리가 저장되는 것을 기술적으로 완벽하게 차단하고 있습니다. 그래서...

김: 아, 죄송하지만, 그 부분은 일단 좀 접어두고요. 대학생 강희수 씨에게 궁금한 게 있습니다. 대학생들이 뷰튜브를 얼마나 사용하나요?

강: 제 주변 친구들을 보면 하루에 대략 6~7시간은 쓰는 것 같아요. 제 친구들은 연예인이나 스포츠 스타들 콘텐츠보다는 일반인들 콘텐츠를 더 많이 보는 편이고요.

김: 하루에 6~7시간이면, 잠자고 수업 듣거나 공부하는 시간을 빼면, 뭐 밥 먹는 시간 말고는 거의 뷰튜브를 보는 셈 아닌가요?

민: 그게 문제입니다. 내 눈이 아닌, 타인의 시선을 빌려서 세상을 보는 세대가 되어가고 있어요. 내 눈으로 본다고 그게 다 내가 보는 게 아닌데...

김: 아, 말씀 중에 죄송한데요. 10분이 다 되었네요. 늘 그렇지만, 저희는 딱 여기까지 10분으로 이야기를 마무리하겠습니다. 10분 핫토론

김지수였습니다.

〈방송 카메라 Off〉

김, 민, 박, 강: 모두 고생하셨습니다.

김: 앗, 잠시만요. 민 박사님 지금 혹시 뷰센더 끼고 계신 건가요? 뷰센더 끼고 방송하신 거죠? 방송 중에 뷰센더 끼시면 안 된다고 사전에 말씀드렸는데, 아 나 참.

민: 아, 그게 아무래도 구독자들이 있다 보니, 죄송합니다.

CHAPTER 14

메타버스의 미래 또는 그림자 #3: 브레인 투어

'브레인 투어'라는 메타버스를 보여드리려고 합니다. 이 메타버스는 실제 구현되지는 않았습니다. 제가 집필한 초단편 소설에 등장하는 메타버스 중 하나입니다. 2020년 8월, 뉴럴링크Neuralink, 테슬라의 창업자인 일론 머스크가 2016년에 설립한 기업는 뇌에 전극 칩을 심은 돼지를 일반에 공개했습니다. 뇌에 컴퓨터 칩을 심은 채 2개월째 살고 있는 '거트루드'라는 이름의 돼지를 유튜브로 보여줬습니다. 머스크가 설립한 뉴럴링크는 인간 뇌와 컴퓨터를 연결하여, 인간의 생각을 컴퓨터가 직접 읽는 기술을 개발하고 있습니다. 거트루드에게 이식한 칩 '링크 0.9'는 가로 23mm, 세로 8mm 크기의 동전 모양입니다. 링크 0.9는 무선 충전 방식으로 전원을 공급받고, 초당 10메가비트 속도로 뇌파를 무선으로 전송합니다. 거트루드가 코를 킁킁대며 냄새를 맡자 활성화되는 뇌의 신호가 컴퓨터에 나타났습니다. 뉴럴링크는 인간의 뇌에도 칩을 심고자 계획하고 있습니다. 소설 속 브레인 투어가 기술적으로 가능한 날이 곧 올지도 모르겠습니다. 라이프로깅으로 우리가 무엇까지 기록하고 공유할지 사회적인 합의가 먼저 필요한 시점입니다.

브레인 투어 by 김상균, 2020년 6월 19일 발표

"시우야, 이번 기회에 한몫 챙기고, 다 접자."

"싫다니까! 내 머릿속을 남들이 헤집고 돌아다니게 내가 놔둘 것 같아?"

"내가 이런 말까지 안 하려고 했는데, 너 광고도 이제 다 끊겨가고, 팬클럽 멤버 수도 뚝뚝 떨어지고 있어. 솔직히 이번에 낸 싱글도 반응 엉망인 건 너도 알잖아?"

한물 간 아이돌 시우와 소속사 대표 사이의 대화를 듣고 있던 주식회사 브레인 투어의 정 실장이 입을 열었다.

"대표님께서 대략적인 수익을 얘기해주셨겠지만, 제가 한 번 더 정리해드리면 대략 이렇습니다. 1시간을 여행할 수 있는 골드티켓은 한 장에 29만 원, 시간당 50명분의 티켓을 판매하는데, 하루에 8시간을 자니까 하루에 총 400명에게 판매합니다. 30분을 여행하는 실버티켓은 한 장에 19만 원, 시간당 100명, 하루에 8시간을 자니까 하루에 총 800명에게 판매하고요. 이렇게 한 달 동안 여행을 돌리면 총 매출이 대략 80억 원 정도 됩니다."

"그래 시우야. 80억을 브레인 투어와 반씩 나누고, 거기서 회사 몫으로 10억 떼고 나면, 네가 한방에 30억을 당기는 거야. 이런 장사가 어디 있냐? 너는 그저 한 달 동안 하루에 8시간씩 편하게 잠만 자면 되는 건데."

잠든 사이, 누군가의 머릿속에 접속해서 그의 과거 기억을 낱낱이 둘러보며 탐험하는 브레인 투어가 시작된 지 일 년여가 되었다. 탐험 대상자의 건강을 고려해서 동시접속을 100명까지로 제한하고 있으며, 하루에 8시간 동안 운영이 가능하다. 통상 1시간 탐험이 가능한 골드티켓, 30분 탐험이 가능한 실버티켓으로 나눠서 판매되고 있다.

"그게 문제라고! 그 말대로면 하루에 1,200명, 한 달이면 3만 6천 명이 내 머릿속을 다 뒤지고 다니면서 내 기억을 죄다 들여다보는 거잖아."

"시우야, 그래그래 네 말이 다 맞아. 근데 뭐 그게 대수냐? 네 개인정보나 일상생활은 이미 관찰카메라다 뭐다 해서 팬들에게 다 공개됐잖아. 거기에 네 기억을 좀 얹어서 보여주는 게 뭐 어때서 그래?"

"말이면 다야. 형이면 자기 머릿속을 생판 모르는 남들에게 다 까발릴 수 있겠어?"

"아니 무슨 말을 그렇게 하냐? 나라고 꼭 이게 좋아서 그러겠냐? 아, 그리고 그 뭐야 메모리 커튼이라고 했나요? 일부 기억을 못 보게 막을 수 있다고 하셨죠? 그것 좀 설명해주세요."

"네, 시우 씨께서 분명 팬들에게 보여주고 싶지 않은 기억들이 있으실 겁니다. 그런 부분을 메모리 커튼으로 가릴 수 있습니다. 대략 이렇게 생각하시면 됩니다. 브레인 투어 준비 단계에서 저희가 시우 씨의 뇌를 스캔할 텐데 그때 시우 씨가 감추고 싶은 기억에 관한 단어를 집중해서 떠올리시면 됩니다. 단순하게 보자면, 그때 활성화되는 부분을 체크했다가 저희 쪽에서 여행객들이 접근하지 못하게 막아주는 식입니다."

"그래 시우야. 너 지난번에 마약 스캔들 터졌으니, 마약 관련된 기억을 팬들이 들춰보지 못하게 막으면 되지 않겠어?"

"뭔 소리야! 나 마약한 적 없다는데, 형도 나를 못 믿고 있었어?"

"아니, 내 말은 그게 아니라……."

"얼마 전에 저희 브레인 투어에서 히트했던 여배우 J 씨의 경우는 부모님에 관한 기억을 메모리 커튼으로 막으셨었어요. 시우씨도 그런 식으로 막아두시면 됩니다. 무엇을 막으시는지는 저희도 알 수 없으니 안심하시고요."

"그래 시우야, 그렇게 하자. 네 건강에는 문제가 없다잖아. 이번 기회에 네 빚도 다 해결하고, 너도 그냥 나랑 헤어져서 너 하고 싶은 음악 편하게 하고 그렇게 지내면 좋잖아."

"……."

한 달 뒤

"대표님, 티켓은 예상대로 다 판매되었습니다."

"아이고 다행이네요. 그나저나 VIP 티켓은 어떻게……."

"그 부분은 걱정 안 하셔도 됩니다. 말씀드렸던 대로 한 장당 2억, 총

10명에게 판매되었고요. 저희 측과 대표님이 반반 나눠서 10억씩 가져가면 됩니다."

"와, 그게 팔리네요. 아니 어떤 사람이 시우의 기억을 한 시간 동안 들여다보는 데 2억이나 낸 거죠?"

"뭐 그건 말씀드릴 수 없습니다. 다만, 메모리 커튼으로 가려진 기억까지 은밀하게 다 들춰본다는 게 큰 매력이죠. 그래서 저희와 대표님이 이면으로 비밀 계약을 한 거고요. 물론 VIP 티켓은 100% 현찰로만 판매하고, 구매한 고객분들도 저희 브레인 투어와 거래한 사실은 비밀로 하실 겁니다. 안 그러면 저희도 그렇지만 그 고객분들도 골치가 아프게 되니까요. 그리고 당연한 얘기지만, 이면 계약 내용은 시우 씨에게 절대로 말하시면 안 됩니다."

"아, 그야 당연하죠. 그런데 지난번에 얘기했던 그 여배우 J는 VIP티켓이 더 비싸게 팔렸다면서요?"

"네, 그때는 좀 경쟁이 붙어서 한 장당 3억씩 나갔습니다."

"대체 J가 감췄던 게 뭐길래……. 하긴 나는 우리 시우가 뭘 감췄는지도 모르겠어요."

"그 부분은 다음 주에 브레인 투어가 시작되면 알 수 있겠죠. 늘 그래왔지만, VIP투어에는 제가 동행하거든요."

정 실장의 눈가에 무겁고 서늘한 미소가 어둡게 감돌았다.

한 달 뒤

"이 대표님, 입금된 건 확인하셨죠? 이제 다 정리되었네요."

"아이고 고맙습니다. 정 실장님 덕분에 그래도 시우나 저나 한몫 잡았네요."

짙게 깔린 구름에 가려 달빛 한 점 없는 어두운 밤이었다. 45층 스카이 라운지, 아이돌 시우의 소속사 이 대표와 브레인 투어 정 실장은 둘만의 마지막 인사를 나누고 있었다.

"아, 그런데 실장님, 지난번에 얘기하신 VIP 투어는 어떻게......"

"아무래도 그게 궁금하셨나 보네요. 말씀드릴까요?"

"......"

정 실장은 팔짱을 낀 채 소파 깊숙이 몸을 묻었다. 고개를 조금 돌려 초점 없는 눈빛으로 창밖을 내려다보며 VIP 투어, 시우의 메모리 커튼에 가려진 이야기를 들려주었다.

###

8년 전, 시우의 데뷔 무대는 엉망으로 끝났다. 생방송의 압박 때문이 었는지 어렵게 얻은 큰 무대에서 시우는 노래 가사와 안무를 끝까지 연결하지도 못했다. 방송이 끝난 늦은 저녁. 강남 모 술집의 밀실에 시우, 소속사 이 대표, 그리고 시우의 데뷔 무대를 허락했던 방송사의 안미정 국장이 앉아있었다. 시우는 몇 잔의 양주를 받아먹고는 정신을 잃은 듯 테이블에 엎드려있었다. 안 국장의 화는 쉽게 누그러지지 않았다. 눈치를 살피던 이 대표는 곁눈질로 잠든 시우를 보더니, 안 국장 앞에 무릎을 꿇었다. 안 국장은 꼬았던 다리를 풀고는 몸을 숙여 이 대표의 뺨을 여러 차례 세차게 때렸다. 이 대표의 양쪽 볼이 벌겋게 달아올랐다. 안 국장은 비아냥대는 표정으로 이 대표의 얼굴에 얼음물을 끼얹었다. 이 대표는 고개를 푹 숙인 채 안 국장의 발밑에 머리를 조아렸다. 잠시 후 안 국장은 이 대표가 내민 봉투를 받아서 핸드백에 넣고는 룸을 나갔다. 이 대표는 잠든 시우를 보며 깊은 한숨을 쉬고는 시우 곁에 앉았다. 안주로 내어진 견과류와 과일을 삼키듯 입에 쑤셔 넣었다. 정신없었던 데뷔 무대 날, 이 대표는 밤 10시까지 아무것도 먹지 못한 상태였다.

###

"아, 시우가 그걸 어떻게 알았는지…… 그때 분명 시우는 안 국장, 그 마녀가 주는 양주를 스트레이트로 몇 잔 먹고 뻗어있었는데요."

"시우 씨가 메모리 커튼으로 가렸던 기억 속 이야기입니다. 시우 씨는 잠든 척하고 있었을 겁니다. 다 알았던 거죠. 그러니 VIP와 제가 그 상황을 볼 수 있었던 거고요."

"그, 그렇군요. 시우 녀석, 그게 뭐 대단한 거라고, 그걸 그렇게 가려두려고, 이 바닥에서 뭐 그런 일이야……"

"음, 이 대표님, 이야기가 거기서 끝난 건 아닙니다."

"네? 그다음에는 제가 시우를 집에 데려다준 게 다인데요."

정 실장은 탁자 위에 놓인 잔에 맺힌 이슬을 잠시 바라봤다. 맺힌 이슬을 한 손으로 움켜쥐듯 닦아내고는 한입에 쭉 들이마셨다.

"시우 씨가 취한 척을 했었잖아요. 이 대표님이 시우 씨를 숙소에 내려주고 떠난 뒤, 시우 씨는 전화를 한 통 하고는 다시 숙소에서 나왔습니다. 그리고 어디론가 갔습니다. 아마도 그걸……"

"네? 시우가 그 밤에 혼자 어디를 갔는데요?"

"안미정 국장에게 갔습니다. 안 국장이 혼자 있는 오피스텔로요."

"아니, 시우가 왜, 그 시간에 안 국장에게 왜……"

아무런 대꾸 없이 정 실장은 자리에서 일어서서 이 대표의 오른쪽 어깨를 가볍게 한번 두드리고는 멀어져갔다. 정 실장이 떠난 것도 모른 채 멍해져 있던 이 대표는 시우에게 전화를 걸었다. 시우는 전화를 받지 않았다, 다시 전화를 걸어도 시우는 받지 않았다. 이 대표는 소파에 몸을 구겨넣은 채 멍한 눈빛으로 창밖을 내려다봤다. 굽이진 한강을 따라 수많은 불빛이 영롱하고 평화롭게 무언가를 찾아 떠가고 있었다.

METAVERSE

라이프로깅 세계: 내 삶을 디지털 공간에 복제한다

거울 세계:
세상을 디지털 공간에
복제한다

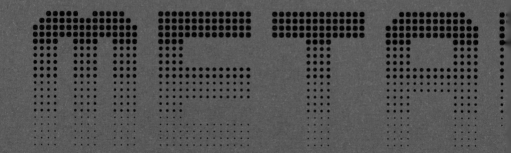

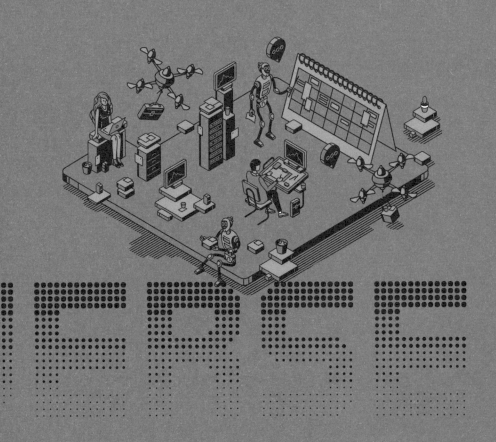

CHAPTER 1

현실 세계 + 효율성 + 확장성 = 거울 세계

●●●●●　　실제 세계의 모습, 정보, 구조 등을 가져가서 복사하듯이 만들어 낸 메타버스를 거울 세계라고 합니다. 현실 세계에 효율성과 확장성을 더해서 만들어집니다. 예를 들어 배달의민족 앱을 살펴봅시다. 배달의민족 앱에서 보이는 식당들은 모두 현실 공간 어딘가에 있습니다. 그 식당 중에는 오프라인 매장을 운영하는 곳도 있고, 배달만 전문으로 하는 식당도 있습니다. 그런 식당에 직접 전화로 배달 주문을 해도 될 텐데 우리는 왜 배달 앱을 즐겨 쓸까요? 첫째, 전화를 걸면 통화 중일지 모르고, 어떤 메뉴가 있는지 잘 모르며, 주소와 메뉴를 통화로 알려주는 과정이 꽤 번거롭습니다. 이런 과정을 배달 앱 내에서 터치 몇 번으로 끝내는 게 효율성입니다. 둘째, 식당마다 별점, 고객 후기 등이 다양하게 올라옵니다. 식당 위치, 특징 등도 소개되고요. 이런 정보의 확장성

이 큰 장점입니다.

구글 어스Google Earth, 네이버 맵Naver Map 등에서 제공하는 서비스도 거울 세계에 해당합니다. 인터넷 지도 서비스에서는 이미지로 표현된 도로, 건물들의 모습과 주소를 포함하여, 거리의 모습을 사람의 눈높이에서 찍은 사진과 높은 곳에서 찍은 항공사진 등을 제공해줍니다. 현실 세계의 지도를 데이터화한 자료는 거울 세계 구현에 있어 매우 중요한 기초 자료가 되고 있습니다. 이런 지도 서비스들은 주기적으로 지도 정보를 업데이트하면서 현실 세계의 변화를 최대한 빨리 반영하려고 노력합니다.

거울 세계는 우리에게 현실 세계를 그대로 보여주는 것 같지만, 하나의 거울 세계가 현실 세계의 전체를 다 담고 있지는 않습니다. 예를 들어 집 근처 골목길에 식당과 세탁소가 있다고 가정합시다. 현실 세계에서는 식당에서 밥을 먹다가 국물이 점퍼에 튀었다면, 옆에 있는 세탁소에 바로 맡기면 됩니다. 그러나 음식 배달 앱에는 이런 즉각적 연결성이 없습니다. 현실 세계에서는 식당 바로 옆에 세탁소가 있을지라도, 음식 배달의 효율성과 확장성을 위해 만들어진 음식 배달 메타버스에는 세탁소가 아예 없습니다. 현실 세계를 거울로 비춘듯한 거울 세계이지만, 현실과는 다른 모습도 많습니다. 거울 세계는 앞서 언급한 효율성, 확장성을 바탕으로 비즈니스, 교육, 교통, 유통, 문화 콘텐츠 등 다양한 영역에서 폭넓게 사용되고 있습니다.

CHAPTER 2

땅콩 먹는
원숭이의 뇌

●●●●● 　　　이탈리아의 신경심리학자인 자코모 리촐라티는 짧

은 꼬리 원숭이와 관련된 실험에서 뇌에 있는 신기한 신경 세포를 발견

했습니다. 연구자들은 원숭이가 땅콩을 손으로 집기 전에 전두피질의

특정 영역 뉴런이 활성화되는 현상을 관찰했습니다. 다음에는 연구원이

땅콩을 집어 드는 모습을 볼 때 원숭이의 뇌가 어떻게 반응하는가를 관

찰했더니, 원숭이 뇌 속의 동일한 뉴런이 활성화되었습니다. 자기가 땅

콩을 집을 때와 땅콩을 집는 사람을 볼 때, 원숭이의 뇌는 동일하게 반응

했습니다. 추가적인 실험에서 다른 원숭이가 땅콩을 먹는 모습을 보거

나, 땅콩을 까는 소리를 들어도 원숭이 뇌의 같은 영역이 활성화되었습

니다. 연구팀은 유사한 실험을 사람에게도 했습니다. 다른 사람의 얼굴

표정과 손동작을 볼 때와 자기가 직접 표정을 짓고 손을 움직일 때 활성

화되는 뇌의 영역이 같았습니다. 리촐라티는 이런 실험을 통해 발견한 뉴런에 '거울 신경 세포'라는 이름을 붙였습니다.

거울 신경 세포는 우리의 활동에 많은 영향을 줍니다. 다른 사람의 행동을 보고 따라 하며 배우는 과정, 다른 사람의 이야기만 듣고 그가 처한 상황을 이해하는 능력 등이 거울 신경 세포와 깊게 관련되어 있습니다. 거울 신경 세포를 통해 우리는 내가 직접 하는 행동이 아니거나, 내 눈으로 보지 못하는 상황에 대해서도 이해하게 됩니다. 영화나 드라마를 보면서 주인공이 처한 상황에 공감하는 것, 소설을 읽으면서 머릿속에 이미지를 그려가며 등장인물들을 실존하는 존재처럼 인식하고 함께 이야기를 따라가는 것도 모두 거울 신경 세포와 관계됩니다.

배달 앱으로 음식을 주문할 때 우리 머릿속에서는 어떤 일이 발생할까요? 주소, 지도상의 위치를 보고 실제 그 식당이 어디쯤 있는지를 생각합니다. 진짜 음식을 보고 주문하지는 못하지만 음식에 관한 설명과 많은 리뷰를 살펴보면서 음식 맛을 머릿속에 떠올립니다. 주문한 후에는 배달 앱에 음식이 도착할 때까지 남은 시간이 나타나는데, 그 시간을 보면서 배달 오토바이가 대략 어디쯤 있을지 짐작합니다. 음식 냄새가 가득한 매장에 가서 음식을 주문하고, 주방에서 나오는 음식을 볼 때와 비슷한 감정을 배달 앱 화면만 보고도 느끼는 이유는 바로 거울 신경 세포가 있기 때문입니다.

CHAPTER 3

구글은 왜
지도를 만들까?

••••• 구글은 지도 서비스를 2005년 2월에 발표한 후 지금
까지 지속적으로 업데이트하면서, 서비스를 확장하고 있습니다. 구글이
직접 지도 정보를 제작하기도 하지만, 미국에서는 일반인들이 참여하여
지도 정보를 수정하거나 내용을 추가할 수 있습니다. 구글 지도는 네이
버 맵과 유사하게 대중교통, 자동차, 도보 등으로 이동하는 경로를 검색
해주거나, 실시간으로 교통 상황을 알려줍니다. 스트리트 뷰Street View 서
비스에서는 360도 파노라마 이미지를 제공하여 거리의 여러 지점에서
주변을 사진으로 둘러볼 수 있습니다. 구글의 항공사진은 공중에서 45
도 정도 기울인 각도로 촬영한 사진을 제공하고 있습니다. 또한, 구글은
지상뿐만 아니라 일부 바닷속의 모습을 파노라마 이미지로 만들기도 했
습니다.

구글은 자사의 지도 서비스를 다른 기업들이 사용하게 허용하고 있습니다. 예를 들어 PART 3에서 소개한 나이키 플러스 러닝은 구글 지도를 활용해서 내가 어디를 달리고 있는지 보여주고, 달린 거리를 측정합니다. 이외에도 헤아리기 어려울 정도로 많은 기업들이 거울 세계 구현에 구글의 지도 데이터를 사용하고 있습니다. 구글의 지도 데이터를 사용하는 기업은 하루 접속량이 적을 경우에는 별도로 요금을 내지 않아도 되지만, 2018년에 구글이 지도 데이터에 관한 가격 정책을 변경하면서 점점 더 요금을 올리는 쪽으로 정책이 바뀌고 있습니다. 따라서 구글 지도 데이터를 활용해서 거울 세계 메타버스 서비스를 운영하는 여러 기업들은 앞으로 비용 부담이 증가하리라 예상합니다.

지금도 그렇지만, 거울 세계 메타버스를 만들고 활용하는 기업, 국가가 늘어날수록 구글이 갖고 있는 지도 데이터의 영향력은 실로 막강해질 겁니다. 구글이 지도 서비스를 공개적으로 제공한 초창기, 사람들은 구글이 왜 많은 비용을 투자해서 지도를 만들고 그것을 무료로 공개하는지 의아해했습니다. 그리고 그런 지도를 가지고 돈을 벌 수 있는 방법도 별로 없다고 생각했습니다. 그러나 거울 세계 메타버스가 활성화되면서, 구글은 이제 여러 거울 세계의 밑그림을 쥐고 있는 거대한 권력자가 된 셈입니다.

그렇다고 해서 거울 세계의 모든 밑그림, 전체 패권을 구글이 다 갖고 있다고 걱정하거나 낙담할 필요는 없습니다. 거울 세계 메타버스에 필요한 정보는 지도만이 아닙니다. 지도 위에 존재하는 여러 건물, 그 속에 있는 기업과 조직들, 사람들에 관한 인구통계학적 정보 등이 더욱더 중요합니다. 만약 여러분이 거울 세계를 만든다면, 여러분이 만들 거울 세계를 구현하기 위해 현실 세계에 관한 정보 중 무엇이 가장 중요할지 한 번 생각해보시기 바랍니다. 예를 들어 화장품을 판매하는 기업이라면, 구글 지도 위에 소비자들의 화장품 소비 패턴을 매핑해서 화장품 소비 메타버스를 만들 수 있습니다. 그런 정보를 바탕으로 버스 정류장에 실시간으로 변화하는 화장품 광고를 게시하거나, 지역별로 화장품 매장 내의 상품 진열과 할인율에 차등을 둘 수도 있습니다.

CHAPTER 4

마인크래프트 세상을 3조 원에 사들인 마이크로소프트

●●●●● 　　마인크래프트가 세상에 처음 선보인 시기는 2011년 입니다. 마인크래프트를 해보시지 않은 분들은 이게 무엇인지 쉽게 이해하기 좀 어려울 수 있습니다. 마인크래프트는 레고 같은 네모난 블록을 마음대로 쌓아서 자기만의 세상을 만드는 놀이입니다. 블록의 종류가 매우 다양하며, 블록마다 흙, 돌, 나무, 전자석 등 독특한 특성을 갖고 있습니다. 마인크래프트의 가장 중요한 특징이자 장점은 마인크래프트가 샌드박스게임sandbox game이라는 점입니다. 샌드박스는 말 그대로 모래상자를 의미합니다. 나무로 만들어진 큰 상자에 모래가 담겨있고, 거기에 여러 장난감을 함께 넣어서 아이들이 마음대로 갖고 놀 수 있는 놀이터를 생각하면 됩니다. 모래로 이것저것 만들며 쌓아서 놀다가 부셔서 다시 만드는 식입니다.

　마인크래프트를 처음에 만든 기업은 마르쿠스 페르손, 칼 매네, 야콥 포르세르가 설립한 스웨덴의 게임회사인 모장스튜디오^{Mojang Studios}입니다. 마이크로소프트는 2014년 9월에 모장스튜디오를 우리 돈 3조 원에 인수하여 마인크래프트 메타버스를 손에 넣었습니다. 마이크로소프트가 모장스튜디오를 인수하던 당시에는 인수가가 너무 높은 게 아니냐는 의견도 있었으나, 결과적으로 마이크로소프트 입장에서는 성공적인 인수라 평가합니다. 마인크래프트 메타버스에 접속하기 위해 필요한 소프트웨어 판매량이 이를 보여주고 있습니다. 마인크래프트는 컴퓨터, 스마트폰, 비디오게임기 등에서 모두 접속이 가능한데, 비디오게임기용 소프트웨어는 2019년 기준으로 누적 판매량이 1억 7천 6백만 장을 넘어서, 역대 비디오게임 판매량 1위를 달성했습니다. 실로 어마어마한 인기를 누리고 있습니다. 2019년을 기준으로 한 달 평균 유저 수가 1억 1천만 명을 넘어섰습니다. 쉽게 말하자면 우리나라 인구의 두 배가 넘는 인원

이 마인크래프트 메타버스를 즐기고 있습니다.

저도 그랬지만, 마인크래프트를 처음 본 사람들, 특히 성인들은 꽤 의아해합니다. 마인크래프트의 캐릭터와 배경 이미지는 최근에 유행하는 멋진 게임들과는 비교가 안 되게 조악합니다. 효과음 역시 형편없습니다. 대체 이런 게임을 사람들은 왜 좋아할까요? 마인크래프트를 가장 좋아하는 연령대는 초등학생입니다. 우리 아이들은 마인크래프트에서 대체 무엇을 할까요? 앞서 마인크래프트의 대표적 특성으로 샌드박스게임을 언급했는데, 우리 아이들이 마인크래프트를 좋아하는 이유가 바로 그것입니다. 마인크래프트 안에는 불국사, 경복궁, 첨성대, 타지마할, 에펠탑 등 세계의 주요 건축물들이 거의 모두 만들어져 있습니다.

아이들뿐만 아니라 어른들이 만든 작품도 많습니다. 2020년에는 코로나19가 퍼지면서 미국의 여러 대학이 학생들의 등교를 제한했습니다. 펜실베이니아대학교University of Pennsylvania, 버클리음악대학Berklee School of

Music, 오벌린 칼리지Oberlin College 등의 학생들은 마인크래프트 소프트웨어를 가지고, 마인크래프트 메타버스 안에 자신이 다니는 대학을 똑같이 만들기 시작했습니다. 학교 운동장, 도서관, 강의실은 물론이고 기숙사와 푸드트럭까지 재현했습니다.

현실 세계에 모이지 못하니, 마인크래프트로 실제 대학의 모습과 똑같은 거울 세계를 만들고, 그 메타버스 안에 모여서 대화하고 놀며 졸업식도 하겠다는 취지입니다. 일본에서는 역시 코로나19로 등교가 금지된 초등학생들이 마인크래프트 안에 교실을 만들고 가상 졸업식을 진행하며, 이를 라이프로깅 메타버스인 트위터에 공유했습니다. 거울 세계와

라이프로깅 세계를 연결한 것입니다. 주목할 부분은 이런 과정을 학교나 선생님이 이끈 게 아니라 초등학생들이 자발적으로 나서서 진행했다는 점입니다.

혹시 이 책을 읽는 독자 중에 초등학교를 졸업한 지 20~50년 정도 되시는 분들, 즉 마인크래프트 비슷한 것도 없던 시절에 초등학교를 졸업하신 분들이 있다면 한번 상상해보시기 바랍니다. 만약 우리가 초등학교를 졸업하던 당시에 코로나19처럼 무서운 전염병이 퍼지고 있었다면, 우리 스스로 나서서 다른 형태의 졸업식을 계획하고 진행할 수 있었을까요? 일단 제 경우를 생각해보면, 아무것도 못 했으리라 생각합니다.

제 주변에는 마인크래프트 안에 학교를 만들고 아이들을 들어오게 해서, 그 메타버스 안에서 아이들에게 역사, 과학, 사회 등을 가르치는 선생님들이 계십니다. 해외에도 비슷한 사례가 매우 많은데, 좀 특별한 이야기를 하나 풀어보겠습니다. 스웨덴을 여행하던 크리스와 에밀라는 스웨덴 중부지역에 거주하는 3천 명 정도만 사용하는 고대 스칸디나비아 언어인 엘프달리아어를 접하게 됩니다. 일부 지역에 고립되어 살아가는 유목민들이 사용하는 언어인데, 사용하는 인구가 점점 더 줄어들고 있었습니다. 크리스와 에밀라는 엘프달리아어가 사라지지 않게 하기 위해 마인크래프트를 활용하고 있습니다. 중부지역 소수 민족의 문화, 역사, 그들이 사용하던 엘프달리아어를 마인크래프트 안에서 가르치는 퀘스트를 만들어서 운영하고 있습니다. 제 주변의 선생님들, 그리고 크리스와 에밀라는 왜 군이 마인크래프트 메타버스 안에 거울 세계를 만들까요? 현실 세계를 거울에 비춘 듯이 똑같이 보여주면서, 학습에 필요한 정보와 기능을 효율적으로 확장해서 넣을 수 있기 때문입니다. 이번 챕터의 시작 부분에서 거울 세계의 특징을 효율성과 확장성이라 했던 설명을 상기해주시기 바랍니다. 얼핏 보면 현란하고 화려한 게임이 아닌데, 그런 게임에 세계인이 열광하는 이유, 특히 우리 아이들이 좋아하고, 교육에 활용되는 경우가 점점 더 많아지는 이유를 깊게 생각해봐야겠습니다.

아이들 입장에서 그 이유를 좀 더 이야기해보겠습니다. 사람은 누구나 자신이 노력해서 만든 것을 더 높게 평가하는 경향이 있으며, 이를 노력정당화효과effort justification effect라고 부릅니다. 남이 만든 것, 이미 완성된 것보다 내 상상과 노력으로 직접 만든 것을 우리는 더 값지게 여기고 좋아합니다. 마인크래프트 메타버스를 좋아하는 아이들을 보면서, 우리가 아이들 스스로 무언가를 만들 수 있는 기회를 현실 세계에서 충분히 주지 못했다는 미안함, 어른이 만들어 놓은 세상을 그저 망가트리지 말고 따라오라고 지시만 하지 않았나하는 반성이 들었습니다. 사실 이런 노력정당화효과는 어른들에게도 똑같이 적용됩니다. 이케아에서 무거운 박스를 집으로 옮겨와서, 혼자 가구를 조립하고 매우 행복해하는 어른의 모습은 마인크래프트 메타버스 안에서 자신의 세계를 만드는 아이의 마음과 같습니다. 오죽하면 이런 어른들의 성향을 지칭하는 이케아 효과라는 용어가 생겼겠습니까?

마인크래프트 메타버스에서 신나게 뛰어놀고 공부하면서, 우리 아이들은 우리보다 훨씬 더 거울 세계를 잘 이해하고 있습니다. 우리 아이들이 미래에 어떤 거울 세계를 만들지 함께 기대하고, 응원해주면 좋겠습니다.

CHAPTER 5

방 없는 호텔:
에어비앤비

●●●●● 에어비앤비Airbnb는 2008년, 미국 샌프란시스코에서 시작된 숙박 중개 서비스입니다. 시작은 매우 단출했습니다. 샌프란시스코에 이사 온 동갑내기 친구인 브라이언 체스크와 조 게비아는 직장을 그만두게 됩니다. 샌프란시스코의 비싼 임대료를 감당하기 어려워진 두 친구는 자신의 집에 에어베드를 몇 개 깔고, 아침을 제공하는 숙박 서비스를 해보면 어떨까 하는 생각을 합니다. 마침 2007년 10월, 대규모 콘퍼런스가 샌프란시스코에서 열리면서 호텔 방을 예약하지 못한 사람들이 넘쳐났습니다. 이들에게 잠시 집을 빌려주고 1,000달러를 벌고, 이를 사업화하기로 결심합니다. 그래서 탄생한 회사가 Airbed & Breakfast에서 따온 Airbnb입니다.

에어비앤비의 서비스 모델은 비교적 단순합니다. 개인이 보유한 아파

트, 오피스텔, 주택 등을 에어비앤비에 등록하고, 본인이 사용하지 않는 기간에 다른 사람에게 임대하는 방식입니다. 숙박객 입장에서는 호텔이 아닌 개인의 집에 잠시 머무는 셈입니다. 숙박객 입장에서 가장 중요한 것은 내가 가려는 지역의 어느 위치에 어떤 집들이 있는지, 그 집안의 침대, 부엌, 욕실 등은 어떨지 등입니다. 에어비앤비는 이런 정보를 데이터베이스로 구축해서 손쉽게 찾아보게 제공하고 있습니다. 집주인의 프라이버시 보호를 위해 정확한 집 주소는 예약이 성사된 후에 주고받지만, 집의 대략적인 위치와 함께 집 내부 구조, 숙박객이 쓸 수 있는 집기,

가전제품 등이 무엇인지를 꼼꼼하게 공개하고 있습니다. 앞서 얘기했던 구글 지도가 현실 세계에서 사람들이 공유하는 외부 공간을 주로 거울 세계에 옮겼다면, 에어비앤비는 개인이 사는 가정집 내부를 거울 세계 메타버스에 복사했습니다.

2019년 10월을 기준으로, 에어비앤비에서는 매일 2백만 건 정도의 예약이 성사되고 있었습니다. 이는 매일 2백만 명에게 2백만 개의 객실을 제공하는 호텔이라는 의미입니다. 정말 어마어마하게 큰 호텔, 지구상에서 가장 큰 호텔을 거울 세계 메타버스에 만든 셈입니다. 에어비앤비는 집을 빌려주는 사람, 빌리는 사람 모두에게 일정 비율의 수수료를 받

Courtesy Airbnb

Rions, France

This recently renovated castle 40 minutes from Bordeaux has three bedrooms, a living room with a fireplace, and a private terrace. Almost every room in the house offers stunning views of the vineyards and valley below—in fact, the castle has its own organic vineyard on site. The hosts live in an annexed part of the castle, and are available should you need an additional help.

Book Now: $339 per night, airbnb.com

고 있습니다. 매우 저렴한 숙소부터 고급 저택까지 다양한 숙소가 올라 와 있는데, 실제로 유럽 지역의 오래된 성까지 숙소로 올려져 있습니다.

에어비앤비가 숙소를 일일이 관리하는 방식이 아니다 보니, 여러 가 지 문제도 등장하고 있습니다. 등록된 내용과 실제 숙소에 차이가 크거 나, 고객이 숙소의 물건을 훼손하거나 훔쳐 가는 등의 사고가 발생하기 도 합니다. 숙박업소 임대사업자로 정식 등록되지 않은 상태에서 개인 의 주택을 빌려주다 보니, 많은 국가에서 법률 위반의 문제가 지적되고 있으며, 임대 소득에 대해 세금 납부를 하지 않는 문제가 있습니다.

혁신을 나누는 여러 방법 중 핵심역량약화, 핵심역량강화 분류가 있 습니다. 보통 기업들은 가지고 있는 핵심역량을 더 강하게 하고, 독점하 면서 경쟁력을 높이고자 합니다. 호텔 체인이 자신의 시장 점유율을 높 이려면, 더 많은 호텔을 건설하거나, 경쟁 업체의 호텔을 인수하면서 영 역을 확장하는 게 일반적입니다. 그러나 때로는 역발상으로 핵심역량에 대한 집착을 버리면서 새로운 돌파구를 찾게 됩니다. 핵심역량약화는 기업이 제품, 서비스를 생산, 운영하는 데 있어, 일반적으로 핵심적이라 여겨지는 역량을 오히려 약화하면서 이뤄내는 혁신입니다. 에어비앤비 는 자체적으로 거대한 호텔, 아파트 등을 보유하고 있지 않습니다. 전통 적 숙박 사업자의 핵심역량이 자체적으로 보유한 거대한 호텔, 아파트 등이었다면, 에어비앤비는 이 부분을 포기하고, 개인과 개인을 연결해 주는 부분에만 집중했습니다. 전통적 호텔 사업방식의 핵심역량을 약화 하고, 거울 세계에 거대한 숙박 세계를 만들어냈습니다.

그러나 여기서 잊지 말아야 할 점이 있습니다. 에어비앤비처럼 현실 세계의 인프라와 연동된 거울 세계는 현실 세계의 유동성, 위기로부터 영향을 많이 받습니다. 코로나19가 세계적으로 확산한 후 2020년 5월을 기준으로 에어비앤비의 매출은 반 토막이 났으며, 7,500의 임직원 중 1,900명을 감원했습니다. 시장에서 높게 평가받던 에어비앤비의 기업 가치도 급락한 상황입니다. 에어비앤비가 만들어 놓은 거울 세계 속 호텔 메타버스는 현실 세계의 이동, 여행이 제한되면서 직격탄을 맞았습니다.

CHAPTER 6

요리 안 하는 식당: 배달의민족

배달의민족은 우아한형제들에서 운영하는 음식 배달 서비스입니다. 2010년 6월에 서비스가 시작되었습니다. 배달의민족은 서비스 시작 후 지속적인 성장을 보이고 있습니다. 사업 초기에는 공격적인 마케팅 투자로 인해 적자를 기록했으나, 2016년부터 흑자를 기록하고 있으며, 2018년에는 음식 배달 앱 시장점유율에서 50%를 넘겨서, 경쟁 서비스인 요기요, 배달통 등을 크게 앞지르고 있습니다. 국내 음식 배달 서비스를 배달의민족이 반독점하는 상황입니다.

배달의민족은 예전부터 전화 배달을 많이 해서 먹던 중국 음식, 패스트푸드, 족발, 보쌈 등을 초기 배달 아이템으로 시작했으며, 2015년부터는 배달 음식이라고 여겨지지 않았던 파스타, 초밥, 커피, 한정식 등까지 배민라이더스라는 프리미엄 배달 서비스를 통해 배달 대상 아이템에 포함시켰습니다. 그 후 반찬, 편의점에서 판매하는 기본 생필품까지 추가하여 배달 아이템을 지속적으로 확장하고 있습니다.

배달의민족은 기본적으로 앞서 설명한 에어비앤비와 유사하게 보입니다. 에어비앤비가 직접 아파트, 호텔 등의 숙박시설을 보유하지 않고, 기존에 그런 시설을 보유한 사람과 그런 시설에 묵을 소비자를 연결해 주는 방식이라면, 배달의민족은 식당을 운영하는 업주와 배달 음식을 원하는 소비자를 연결해 주는 방식입니다.

거울 세계에 만들어진 배달의민족 메타버스는 현실 세계의 식당 시스템에도 큰 변화를 일으켰습니다. 대표적인 부분이 공유주방의 등장입니다. 공유주방은 말 그대로 여러 식당이 하나의 주방을 공유한다는 개념입니다. 전통적인 식당 사업 방식에서는 상상하기 어려운 방식입니다. 예를 들어 주인이 서로 다른 치킨집과 족발집이 주방을 공유하거나 빌려 쓰는 상황, 이상하지 않은가요? 그런데 음식 배달 메타버스가 커지면서, 고객이 앉아서 식사하는 공간을 아예 없애고 배달만 전문으로 하는 식당들이 등장하기 시작했습니다. 그리고 이런 사업자를 위해 공유오피스처럼 여러 개의 주방을 만들어놓고 주방만 빌려주는 방식으로 공유하는 곳이 늘어나기 시작했습니다. 2020년 8월을 기준으로 상위 6개 공유주방 사업자인 위쿡, 고스트키친, 공유주방1번가, 배민키친, 영영키친, 먼스리키친이 오픈한 공유주방 점포 수는 2019년 11월에 비해 72%나 증가했습니다. 코로나19에 따른 사회적 거리두기 상황에서 식당 폐업률이 급증하는 상황과 대비되고 있습니다.

배달의민족, 에어비앤비 등과 같이 현실 세계를 거울 세계에서 중개하는 사업 모델에서 고객들은 플랫폼이 제공하는 후기에 큰 영향을 받습니다. 거울 세계가 제공하는 후기, 평점 정보는 현실 세계에는 존재하지 않는 확장된 정보입니다. 그런데 이런 후기, 평점 정보에 관해서 끊임없이 조작 문제가 제기되고 있습니다. 배달 메타버스를 운영하는 사업자가 고객이 쓴 불만 글을 일부러 숨겨서 공정거래위원회로부터 경고를 받은 사례가 있으며, 식당들로부터 돈을 받고 가짜 후기를 써주는 대행업체들까지 생겨서 배달의민족 측이 경찰에 고발한 사례가 있었습니다. 운영자 입장에서는 내가 운영하는 거울 세계 메타버스의 전체 경제규모가 더 커지길 바라는 욕심으로, 참여하는 사업자(배달의민족에 입점한 식당들) 입장에서는 내 업소가 거울 세계 메타버스 안에서 다른 업소보다 더 앞서갔으면 하는 욕심이 있어서 이런 잡음이 지속됩니다. 그만큼 후기, 평점 등의 정보가 거울 세계의 확장성에 중요한 요소입니다.

거울 세계에 입점한 사업자, 사용하는 고객들이 지불해야 할 추가 비용에 관한 논란도 많습니다. 배달의민족은 음식 카테고리별로 자신의 식당을 상단에 노출하는 광고를 유료로 판매하고 있습니다. 광고를 게재하는 알고리즘과 광고비를 이리저리 바꾼다고 하지만, 결과적으로 식당 주인은 배달의민족에 어느 정도 비용을 지불해야 매출을 올릴 수 있습니다. 소비자는 배달의민족을 통해 음식을 배달시키면서 배달료 이외에 별도 비용을 내지는 않으나, 식당 주인이 지불해야 하는 광고비가 결국에는 소비자의 음식값에 포함되는 셈이어서, 소비자가 배달의민족 메타버스를 무료로 사용한다고 보기는 어렵습니다. 즉, 식당 주인과 소비자, 양측이 이 메타버스에 돈을 내고 있습니다. 어찌 보면 당연한 논리입니다. 배달의민족이라는 음식 배달 메타버스를 통해 식당 주인과 소비자 모두가 만족감을 얻었으니 말입니다. 그런데 문제는 양측이 이 메타버스를 통해 얻는 이득이 추가적으로 지불하는 비용에 비해 더 가치가 있는가입니다. 가치가 있으니 이런 서비스가 멈추지 않고 작동되는 게 아니냐고 반문할 수 있으나, 꼭 그렇게만 보기는 어렵습니다. 이런 종류의 거울 세계 메타버스는 메타버스에서 사업할 업주, 고객들의 규모가 일정 수준으로 커질 때까지는 비용을 적게 받고, 반대로 마케팅 비용을 많이 지출합니다. 그러다가 업주와 고객 규모가 충분해지면 비용을 높이는 방식을 택합니다. 메타버스의 경제 규모가 충분히 커졌다는 의미는 업주와 고객, 양측 모두가 이미 그 메타버스에서 쉽게 벗어나기 어려운 락인lock-in상태라는 뜻입니다. 그러나 이런 락인 효과를 맹신해서, 메타버스의 경제 구조, 업주와 고객이 지불할 비용 등을 마음대로 주무르다가는 메타버스 전체가 붕괴할 수 있음을 명심해야 합니다. 업주와 고객이 없다면, 거울 세계 메타버스는 도로만 깔린 텅 빈 세상과 다를 바가 없으니까요.

CHAPTER 7

하버드보다 입학하기 어려운 대학: 미네르바스쿨

••••• 미네르바스쿨^{Minerva School}은 미국 샌프란시스코에
본부를 둔 대학입니다. 본부라고 표현한 이유는 운동장, 거대한 도서관,
강의실 등의 많은 건물을 갖춘 기존 대학들과는 달리 오프라인 시설을
최소화하면서 온라인 중심으로 운영하는 대학이기 때문입니다. 미네르
바스쿨은 한 번에 200명 정도를 선발하는데, 전교생의 30% 정도가 아시
아권 학생이라고 합니다. 국내 여러 언론을 통해 미네르바스쿨이 서울
대, 하버드대보다 입학이 어렵다고 알려져 있습니다. 실제로 미네르바
스쿨의 합격률은 2% 정도 수준으로 4~7%의 합격률을 보이는 하버드대,
MIT 등의 대학보다 낮은 편입니다.

미네르바스쿨은 2013년에 설립되었고, 2014년에 첫 수업을 시작했습
니다. 수업방식의 특징은 크게 두 가지로 요약됩니다. 첫째, 교수와의 대

면이 전혀 없지는 않으나, 모든 수업을 비대면 실시간 원격 강의로 진행합니다. 학생들은 한곳에 모여서 강의를 듣지 않습니다. 수업 시간이 되면 각자 편한 곳에서 인터넷을 통해 수업에 접속합니다. 수업에서 교수는 일방적으로 강의하지 않습니다. 평균적으로 교수의 발언 시간은 수업 시간의 15%를 넘지 않습니다. 수업의 핵심은 학생들이 각자 학습한 주제를 놓고 벌이는 토론입니다. 이를 위해 미네르바스쿨의 학생들은 교수가 제시한 여러 자료를 미리 읽고 준비한 후 수업에 들어가야 합니다. 교수는 가르치는 사람의 입장보다는 학생들의 의견 제시를 촉진하고 조정하는 퍼실리테이터facilitator에 가깝습니다. 물론, 단순히 토론을 중재하는 역할만 하는 것은 아니어서, 교수들은 수업하는 주제 영역에 있어서 최고 수준의 전문성을 갖고 있습니다. 온라인 학습 플랫폼의 기능을 활용해서, 교수는 수업 중 누가 발언을 적게 하는지 쉽게 파악하고 발언 기회를 균등하게 주기 위해 노력합니다. 또한 학습 플랫폼에서는 학생이 수업 중에 다른 화면을 보는 것도 자동으로 체크합니다. 이런 수업 구조는 마치 학생 모두가 교수 바로 옆에 앉아있는 듯한 느낌을 줍니다. 미네르바스쿨의 원격 수업 플랫폼에서는 한 번에 최대 40명까지 수업에 참여가 가능하지만, 수업의 질을 높이기 위해 실제로는 16명 이하로 수업 인원을 제한한다고 합니다.

둘째, 학생들은 대학 재학 기간 동안 미국, 한국, 인도, 독일, 아르헨티나, 영국, 대만, 이렇게 7개 국가의 호텔을 기숙사로 사용하여 이동하면서 생활합니다. 수업에서 학습한 내용을 현실 세계에서 어떻게 적

용할지를 문화권이 다른 여러 나라를 돌아다니면서 실습하고 그를 통해 깊게 생각하는 방식입니다. 이때 수행하는 과제를 LBA^Location Based Assignment, 지역기반 과제라고 합니다. 미네르바스쿨은 여러 기업, 조직과의 협력 네트워크를 활용해서, 학생들이 여러 국가의 현지 프로젝트에 참여하게 합니다. 대학이 외부 프로젝트를 받아오고, 학생들이 그 업무를 처리하는 연구원처럼 움직이는 방식입니다.

코로나19 이후로 여러 국가의 오프라인 대학들이 어쩔 수 없이 온라인 원격 수업을 진행하면서 많은 혼선을 겪었지만, 온라인을 중심으로 수업을 운영해온 미네르바스쿨은 별다른 흔들림이 없었습니다. 평소와 다름없이 자체 온라인 플랫폼으로 학습을 이어왔고, 방역 조치로 인해 오프라인 프로젝트 수행이 어려워진 국가에서는 온·오프라인을 연동한 세미나를 개최하면서 대응했습니다.

미네르바스쿨은 거대한 캠퍼스를 가진 대학의 장점을 거울 세계에 잘 투영해서 만들었습니다. 그러면서 대학의 효율성과 확장성을 높였습니다. 어떤 부분이 현실 세계의 기존 대학과 같거나 다른지 살펴보겠습니다. 첫째, 효율성 부분입니다. 수업 커리큘럼이 있고, 정해진 시간에 교수와 학생이 만나서 공부하는 방식은 기존 대학과 같습니다. 그런데 수업을 모두 원격 온라인으로 전환하여, 시간 활용의 효율성을 높였습니다. 기존 대학의 운영비용 중 상당 부분은 건물과 시설을 보유하고 유지하는 데 사용되는데, 이러한 비용을 대폭 절감했습니다. 일반 대학의 공간은 학기 중에도 가동률이 100%에 가까운 경우가 매우 드뭅니다. 또한 일 년의 1/3에 가까운 방학 기간 중에는 활용하지 않으면서 관리 비용만 발생하는 경우가 대부분입니다. 둘째, 확장성입니다. 학생들이 물리적 강의실에 모이지는 않으나, 온라인 플랫폼의 자동화된 기능을 통해 학생 개개인의 수업 집중도와 참여율을 높였습니다. 온라인 플랫폼에서 자동으로 학생들의 발언 비율, 타 화면 조회도 등의 정보를 생성하여 교수에게 제공하며, 소그룹 토론을 자유롭게 운영하는 구조로 교수 입장에서 수업 운영의 확장성을 높였습니다. 또한, 세계 여러 국가를 오가면서 현지 문화를 체험하고 여러 기업의 실무 프로젝트에 참여하는 기회를 주는 것도 학생들의 배움을 확장한 셈입니다.

미네르바스쿨이 온라인에서 수업을 진행하는 기존 사이버 대학이나 MOOC(Massive Open Online Course)와 비슷하다고 생각하는 분들이 많습니다. 인터넷을 활용해 원격으로 학습한다는 점에서는 비슷하지만, 오히려 다른 부분이 더 많습니다. 사이버 대학이나 MOOC의 수업은 대부분 사전에 강의 영상을 녹화해서 플랫폼에 올려두면, 학생이 원하는 시간에 접속해서 혼자 시청하는 방식입니다. 이런 방식에서는 교수의 설명이 학생에게 일방적으로 전달되는 구조여서 중간에 잘 듣고 있는지, 이해는 하고 있는지 확인하기 어려우며, 강의 도중에 교수에게 질문하는 게 불가능합니다. 수업에 관한 질문, 토론을 주로 온라인 텍스트 게시판에서 진행하는데, 학생들의 활발한 참여를 유도하기 위한 수단이 부족하여, MOOC에서 운영하는 대부분 강좌에서 수강생 수에 비해 학생의 질문과 토론은 몹시 적은 편입니다. 일례로 MOOC플랫폼 코세라^{Coursera}에서 운영하는 어떤 강좌는 누적 수강생 수가 10만 명이 넘지만, 등록된 질문과 토론 수는 300개에 불과합니다. 이런 수치는 대학의 한 강좌를 50명 정도로 볼 때 질문이나 토론이 1인당 0.15개라는 의미입니다. 물론, 사이버 대학의 경우는 정규 학위과정이고 MOOC에 비해 교수, 조교의 수업 관리가 체계적이지만, 미네르바스쿨과 같이 실시간 기반의 상호작용 수업에서보다는 학생 간, 교수와 학생 간 질문과 토론이 상대적으로 부족한 편입니다. 미네르바스쿨에서는 이론 수업과 토론에서 그치지 않고, 학생들이 현실 세계의 개방형 문제, 즉 답이 하나로 정해지지 않는 문제를 실제 프로젝트를 통해 해결함으로써 학습한 내용의 이해력과 응용력을 극대화하게 됩니다.

미네르바스쿨은 거대한 캠퍼스를 가진 대학을 거울 세계로 옮겨놓으면서 수업 운영비용을 낮추고, 학습 효율을 높였으며, 교수에게는 수업 운영의 확장성을 주고 학생에게는 실무 기반 학습의 확장성을 주었습니다. 미네르바스쿨의 교육 방식이 절대적으로 옳거나, 유일한 정답은 아닙니다. 그러나 언택트가 보편화되는 환경에서 미래 교육을 고민 중인 교육 기관, 기업이라면 꼭 눈여겨봐야 할 사례입니다.

CHAPTER 8

언택트 세상,
모두의 교실이 된 Zoom

●●●●● 　줌Zoom은 코로나19 이후 대표적으로 급부상한 화상 회의 서비스로, 줌 비디오 커뮤니케이션Zoom Video Communications에서 운영하고 있습니다. 인터넷 기반으로 원격 화상 회의, 채팅, 전자투표, 소그룹 토론 등의 기능을 제공하고 있습니다. 실시간 회의 영상을 자동으로 녹화하여 클라우드를 통해 공유하는 것도 가능합니다.

　줌의 대부분 기능은 기본적으로 기업의 화상 회의를 위해 개발되었으나, 코로나19 이후로 여러 국가의 교육기관이 온라인 수업을 진행하면서 가장 많이 채택하였습니다. 코로나19 이전, 2019년까지 교육에서 원격, 비대면이 차지하는 비율은 매우 낮았습니다. 일례로 2019년 전체 대학의 온라인 강의 비중은 0.92%에 불과했습니다. 그런데 갑자기 터진 코로나19의 영향으로 모든 수업을 원격, 비대면으로 강제 전환해야 하는 상황에서 마땅한 플랫폼이 없었습니다. 그래서 줌을 비롯하여, 시스코의 웹 엑스, 마이크로소프트의 팀즈 등의 화상 회의 도구가 교육에 급속도로 사용되기 시작했습니다. 이런 상황에서 줌의 주가는 2020년 초와 비교하여 2020년 9월 현재 6배 정도 상승했습니다.

학교와 기업들이 강의실에서 운영하던 교육을 줌을 활용한 비대면 온라인으로 바꾸면서, 각 기관과 교육자마다 수업을 운영하는 방식에서 다른 점이 관찰되었습니다. 각자의 강의실에서 수업을 할 때는 서로의 수업방식이 어떻게 다른지 몰랐습니다. 수업에서 강사가 무엇을 하고, 학생은 무엇을 하는지, 서로에게 어떤 상호작용과 경험이 발생하는지 잘 몰랐습니다. 그러나 강의실을 온라인으로 옮겨서 거울 세계에 비춰보니 그동안 우리가 어떻게 교육해왔는지가 적나라하게 나타나기 시작했습니다. 줌은 언택트 환경을 효율적으로 지원해주는 하나의 도구이면서, 우리에게 현실 세계의 교육을 다시 되짚어보는 계기를 만들어주었습니다.

줌을 활용한 비대면 원격 교육에서 등장한 사례를 세 가지로 나눠서 살펴보겠습니다. 첫째, 줌 같은 화상 회의 도구를 거부하는 경우입니다. 강의를 미리 녹화해서 올려주면 되는데, 강사가 굳이 실시간으로 강의를 하고, 학생은 정해진 시간에 수업을 듣는 방식은 효율이 낮다는 주장입니다. 강의를 사전에 녹화하고 보기 좋게 편집하여 올려준다는 취지, 학생들이 시간적 제약에서 벗어난다는 편리성은 인정되지만, 이런 주장에는 한 가지 큰 문제가 있습니다. 학습에서 강사와 학생 간, 학생들 간 실시간 소통이 매우 중요한데, 녹화 영상만 제공해서는 이런 상호작용을 제공하지 못합니다. 즉, 사전 녹화 영상을 고집하는 경우는 '학생은 강사의 설명을 듣기만 하면 된다. 그게 학습이다.'라는 주장과 같습니다.

둘째, 줌으로 실시간 원격 수업을 하지만, 실시간의 의미가 없는 경우입니다. 강사는 자신의 얼굴과 강의 자료를 보여주면서 내용을 설명합니다. 그런데 참여하는 학생들은 모두 카메라와 마이크를 끈 채 수업을 듣기만 합니다. 강사는 학생들이 정말 자신의 설명을 보고 듣는지 확인할 방법이 없고, 확인할 의지도 별로 없습니다. 그저 마지막에 질문이 있으면 채팅창에 남기라고 하고, 질문이 없으면 수업을 끝냅니다. 이런 방식은 앞서 얘기한 녹화 영상을 올려주는 방식과 별반 다르지 않습니다.

셋째, 줌으로 실시간 원격 수업을 하면서 다양한 상호작용을 온라인 상에서 구현한 경우입니다.

수업을 시작하면 강의실에서처럼 강사는 학생들에게 인사를 하고, 학생들에게 카메라를 켜도록 해서 학생들이 수업 내용을 잘 보고 있는지

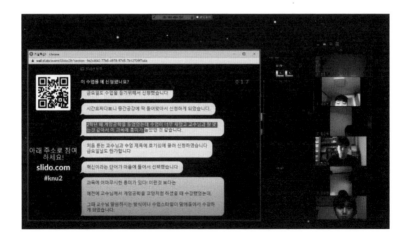

확인합니다. 수업 중에는 학생들을 소그룹으로 나눠서, 배운 내용을 바탕으로 서로 토론하게 합니다. 소그룹 토론이 끝나면 각 그룹에서 나왔던 의견을 짧게 정리해서 전체 학생들이 공유하게 합니다. 학습한 내용에 관한 학생들의 이해도를 점검하기 위해 가벼운 퀴즈를 진행하는데, 개인 점수가 다른 학생에게 공개되어서 민망해지지 않도록 배려합니다. 투표 기능을 적절히 활용해서 수업에 참가하는 학생들의 의견을 집계하기도 하고, 학습한 내용에 관해 질문할 게 있으면, 온라인의 장점인 익명 기능을 활용해서 물어보도록 합니다. 세 번째 방식 어디서 읽어보신 듯 하지 않으신가요? 바로 앞에서 설명한 미네르바스쿨의 학습 방법과 같습니다. 강사가 일방적으로 혼자 설명하지 않고, 학생들의 의견을 계속 청취하고 서로 토론하게 유도하며 자유롭게 질문할 기회를 주는 방식입니다. 학생들과 온라인에서 소통하는 상황에서 네모난 창에 얼굴만 보이는 형태가 어딘가 어색하다면, Teooh같은 서비스를 사용해도 좋습니다. Teooh는 현실 세계의 강당을 온라인에 옮겨놓은 모습입니다. 디자인은 다르지만, 넓은 공간에 다양하게 배열된 테이블과 좌석을 제공합니다. 서비스에 접속하며 사용자는 자신이 원하는 모습으로 자신의 아바타를 생성합니다. 생성한 아바타를 가지고, 강당에 있는 여러 좌석 중 하나를 선택해서 앉으면 됩니다. 자리에 앉으면 둘러앉은 이들과 대화할 수 있습니다. 다른 이들과 대화하고 싶다면 테이블을 이동하면 됩니다.

여기서 설명한 세 경우는 온라인에만 국한된 얘기가 아닙니다. 온라인 도구 활용에 익숙하지 않아서, 어쩔 수 없이 원래 하던 수업 방식과

다른 방식으로 원격 수업을 진행한 경우도 있겠으나, 상당수의 경우는 기존에 오프라인에서 대면으로 진행하던 수업 방식을 온라인에 그대로 옮긴 것입니다. 맨 처음 설명한 상황, 강의를 녹화해서 올려주면 된다고 주장하는 강사는 오프라인 교실 수업에서도 그저 자신이 주로 설명하고, 학생들은 앉아서 듣는 방식으로 수업을 했던 경우가 많습니다. 언택트 환경에서 줌 같은 화상 회의 도구는 모두의 교실이 되었습니다. 온라인에 만들어진 교실 거울 세계는 우리가 오프라인에서 어떻게 학습했는지, 그런 방법에 문제는 없었는지를 돌아보게 했습니다. 모든 교육이 거울 세계에서만 이뤄질 수는 없습니다. 우리는 현실에서 만나고 소통하며 배워야 합니다. 그러나 앞서 설명한 미네르바스쿨의 경우처럼 미래 교육에서 비대면 원격 교육이 가진 효율성과 확장성은 교육 분야 전반에 넓게 퍼질 것입니다. 거울 세계에 어떤 교실을 꾸밀지, 그 교실이 현실 세계의 교실과 어떻게 연결될지 함께 고민해가면 좋겠습니다.

CHAPTER 9

블록체인으로 만들어진 거울 세계: 업랜드

•••••

업랜드http://upland.me는 PART 2에서 설명한 나이앤틱 보다 더 대놓고 봉이 김선달 행세를 하고 있는 기업입니다. 업랜드는 구글 지도에 등장하는 실제 부동산 정보를 바탕으로 메타버스에 참여하는 사람들끼리 실제 주소와 연결된 업랜드상의 부동산을 사고파는 플랫폼입니다. 업랜드에는 UPX라는 자체 발행한 화폐가 존재하고, 그 화폐를 가지고 부동산을 거래합니다. 1,000UPX는 현대 실제 화폐로 1달러의 가치가 있습니다. 업랜드를 시작하면 3,000UPX를 보너스로 받습니다.

처음에 업랜드에 접속하면 샌프란시스코, 뉴욕의 실제 지도가 나타납니다. 그리고 판매 대상으로 올라온 부동산의 목록이 보입니다. 매물을 보고, 내가 가진 UPX로 구매하면 됩니다. 물론, 현실 세계 부동산의 실제 주인은 당연히 다른 사람이며, 업랜드 상의 부동산 거래가 현실 세계

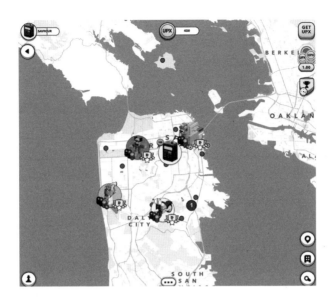

부동산의 소유권에는 아무런 영향을 주지 않습니다. 업랜드에서 자신이 구매했던 부동산을 시장에 내놓고 더 비싸게 팔거나, 업랜드에서 제공하는 미션을 수행해서 더 많은 UPX를 확보할 수 있습니다. 저도 업랜드 상에서 샌프란시스코의 부동산 몇 건을 보유하고 있습니다. 보유한 부동산에 대해서는 시간이 흐르면서 수익이 발생하며, 일정 조건을 만족하는 부동산을 모아서 컬렉션을 완성하면 수익률이 더 올라갑니다.

업랜드에서 사용하는 UPX화폐와 부동산에 대한 소유권 정보는 모두 블록체인 기술로 안전하게 보호됩니다. 예를 들어 업랜드 서버상의 데이터베이스에 단순히 '김상균'이라는 칸 옆에 숫자로 20,000UPX, 이렇게 적혀있는 게 아니라 블록체인을 바탕으로 소유권이 보호되어서, 서버에 문제가 생기거나 해커가 공격해도 사용자가 보유한 UPX와 부동산 권리는 안전하게 유지됩니다.

업랜드는 이런 서비스를 2020년 1월부터 샌프란시스코 지역 부동산 정보를 가지고 시작했으며, 2020년 9월 현재 뉴욕시 맨해튼의 부동산 정보를 추가해서 제공하고 있습니다. 업랜드는 장기적으로 업랜드 안에서 사용자가 벌어들인 UPX를 현실 세계의 화폐로 환전해주는 사업 모델을 계획하고 있습니다. 업랜드의 자산과 UPX가 블록체인으로 관리되어 위조로부터 안전하기에 UPX를 현실 화폐와 연결해서 상호 교환이 가능하게 만들려는 전략입니다. 현실 세계의 지도를 똑같이 따라서 만든 거울 세계에서 발생하는 경제를 현실 세계 경제와 연결하려는 흥미로운 계획입니다.

업랜드는 기업의 미션을 '현실 세계와 거울 세계가 만나는 교차지점에서 모든 이들에게 즐거운 경험과 새로운 기회를 주는 것'으로 정의하고 있습니다. 업랜드는 2018년 말에 1차로 2백만 달러를 투자받은 상태입니다. 주요 투자자는 EOS라는 블록체인을 개발한 기업인 블록원입니다.

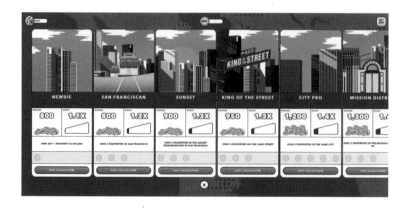

블록원이 보유한 자산은 5조 원이 넘는다고 알려져 있습니다.

업랜드는 어린 시절 우리가 즐기던 모노폴리, 블루마블 보드게임과 비슷한 면이 있습니다. 그런 게임에서 우리는 말판을 돌면서 자신이 멈춘 칸에 있는 땅과 건물을 사고, 그곳을 지나는 이에게 종이로 된 게임화폐를 사용료로 받아서 수익을 올렸습니다. 업랜드는 몇 명이 둘러앉아서, 말판에 적힌 일부 땅을 갖고 하던 놀이를 구글 지도 같은 정밀 지도의 모습으로 여러 부동산을 놓고 거래하며, 거기에 강력한 블록체인 기술까지 접목했습니다. 업랜드의 UPX, 부동산 거래가 단순히 거울 세계 내에서만 끝난다면 모노폴리의 확장판일 뿐이지만, 업랜드의 계획대로 현실 화폐와 연동이 된다면 블록체인 암호화폐로 현실과 거울 세계를 연결한 새로운 경제를 만들어낼지도 모릅니다.

CHAPTER 10

한국인의 94.4%가 이주: 카카오 유니버스

●●●●●

여러분은 스마트폰에서 어떤 메신저를 사용하시나요? 2018년 기준, 한국인의 94.4%가 카카오톡을 쓰고 있습니다. 통신사는 SK텔레콤, KT, LG유플러스 등으로 서로 다를지라도, 그 네트워크에서 소통하기 위해 주로 쓰는 도구는 카카오톡입니다. 2018년 트렌드 모니터의 조사에 따르면, 카카오톡 같은 메신저를 음성통화보다 더 많이 사용하는 것으로 조사되었습니다. 어떤 기종의 스마트폰, 어떤 통신사를 쓰건 우리는 스마트폰으로 누군가 소통할 때 카카오톡을 가장 많이 쓰는 셈입니다. 주식회사 카카오가 만든 카카오톡은 스마트폰의 핵심 앱, 사람들이 가장 많이 사용하는 앱으로 등극했습니다. 카카오가 카카오톡으로 메시지 전송 서비스를 무료로 운영하던 시기에는 별다른 수익 모델이 없었습니다. 이때 많은 이들은 카카오톡을 편리하게 써서 좋지만, 이렇게 돈 안 되는 서비스만 운영해서 괜찮을지 걱정하기도 했습니다. 하지만 이 시기에 카카오는 '고객 기반의 가치'를 확보하기 위한 준비를 하고 있었습니다.

제품, 서비스에 관해 소비자가 느끼는 가치는 크게 세 가지 요소가 결정합니다. 제품 또는 서비스의 독립적 가치, 보완재의 가치, 고객기반의 가치입니다. 이 세 요소의 총합을 소비자는 해당 제품, 서비스의 가치로 인식합니다. 제품 또는 서비스의 독립적 가치는 보완재나 다른 소비자와의 관계를 제외하고, 해당 제품이나 서비스 자체가 가진 가치를 의미합니다. 보완재의 가치는 제품 또는 서비스와 함께 사용되는 보조 제품, 소모품, 서비스 등에서 얻는 가치를 의미합니다. 고객기반의 가치는 사용자 간의 연결성을 뜻합니다. 제품 또는 서비스를 사용하는 전체 소비자 수에 따라서 영향을 받는 가치입니다. 카카오톡의 경우 제품 또는 서비스의 독립적 가치는 카카오톡이 얼마나 사용하기 편리하고 좋은 기능이 많은가 정도이고, 보완재는 카카오톡과 연동해서 사용할 수 있는 외부 서비스나 앱이 얼마나 잘 구성되어 있는가를 뜻합니다. 고객기반의 가치는 카카오톡을 내 친구나 동료들도 많이 쓰는가를 의미합니다. 나는 카카오톡을 쓰는데 주변 사람들이 안 쓴다면, 서로 메시지를 주고받을 수 없는데 무슨 소용이 있을까요? 카카오톡의 가장 강력한 힘은 한국인의 94.9%가 쓴다는 점입니다.

카카오톡의 월간 순 사용자 수는 3,743만 명(2019년 12월 기준)으로 1위를 기록했으며, 2위인 유튜브 사용자 수보다 300만 명 정도가 더 많습니다. 카카오가 카카오톡을 통해 확보한 고객기반은 실로 어마어마한 규모입니다. 대한민국의 그 어떤 대기업보다 더 많은 고객기반을 갖고 있습니다. 카카오는 이를 기반으로 현실 세계의 다양한 산업을 거울 세계로 끝없이 빨아들이고 있습니다. 대학생들이 술자리에서 하는 게임 중에 '백종원 게임'이 있습니다. 구글에 백종원 씨가 만들지 않았을 것으로 짐작되는 음식 이름을 검색해서, 만약 검색 결과 첫 페이지에 백종원 씨 이름이 나오면 벌칙을 받는 게임입니다. 김치찌개, 순대볶음, 닭갈비 등을 검색하면 모두 검색 첫 페이지에서 백종원 씨 이름이 나옵니다. 그만큼 백종원 씨가 레시피를 설명하지 않은 음식이 드물다는 뜻입니다. 카카오가 손대지 않은 사업 분야를 찾다 보면, 마치 백종원 게임을 하는 듯한 기분이 듭니다.

오프라인에 존재하는 산업을 카카오가 거울 세계에 흡수한 사례를 대략 정리하면 다음과 같습니다. 교통 분야에서 카카오는 길 찾기, 택시 불러주기, 대리운전, 내비게이션, 버스 노선 안내, 지하철 노선 안내, 주차장 찾아주기 등을 제공하고 있습니다. 금융 분야에서는 인터넷 결제를 중계해주는 카카오페이, 온라인 주식거래 서비스, 은행 서비스를 제공해주는 카카오뱅크 등이 있습니다. 미디어 분야에서는 카카오페이지에서 웹소설, 웹툰, 순수문학 등의 콘텐츠 서비스를 제공하고 있으며, 카카오TV를 운영하고 있습니다. 심지어, 헤어샵 예약을 지원하는 카카오헤어샵도 있습니다. 카카오가 만드는 거울 세계 메타버스가 앞으로 현실 세계를 어디까지 끌어들일지 궁금합니다. 2020년 8월 기준으로 카카오의 시가총액은 34조 5천억 원으로 국내기업 중 9위를 기록하며, 8위인 현대자동차(시가총액 36조 3천억 원)에 근접했습니다. 카카오가 확보하고 있는 어마어마한 규모의 고객기반이 흔들리지 않는 한 카카오 유니버스는 점점 더 성장하며, 다양한 분야에서 우리 생활 깊숙이 파고들 것입니다.

CHAPTER 11

에이즈 백신을 탄생시킨 디지털 실험실

의학 연구를 위해서는 실험실이 필요합니다. 특히 어려운 연구를 빠른 시간 안에 마무리하기 위해서는 쉬는 시간 없이 돌아가는 큰 연구실이 필요합니다. 그런 연구실을 거울 세계에 만든 사례를 소개하겠습니다.

워싱턴대에서 단백질 구조를 연구하는 데이빗 베이커 교수는 2008년 폴드잇Foldit 플랫폼을 개발했습니다. 바이러스 돌기는 인간의 세포 표면에 붙으면서 질병을 유발하는데, 치료제에 포함된 특수한 단백질 구조물은 바이러스 돌기와 세포 사이에 끼어들어서 감염을 막아냅니다. 단백질은 아미노산들이 사슬 형태로 복잡하게 연결된 구조를 가지는데, 그런 구조에 따라 기능이 달라집니다. 워싱턴대 연구팀은 폴드잇 프로그램을 통해 대중들에게 온라인상에서 단백질 아미노산 사슬을 이리저리 접어보는 실험실을 제공했습니다. 실험실에 접속해서 제시된 바이러스의 돌기 구조에 잘 맞는 단백질을 접어내는 데 성공하면 점수를 받고 순위가 올라가는 방식입니다. 무작위로 순차적으로 모든 경우를 다 대입해보는 컴퓨터에 비해, 사람들은 전문적 지식이 없어도 다양한 방법으로 다르게 단백질을 접어보고, 이 과정에서 의외로 최적화된 구조를 만들어냈습니다. 컴퓨터가 처리 속도는 빠르지만, 3차원으로 얽힌 단백질의 복잡한 아미노산 구조를 파악하는 데는 사람의 직관과 창의력이 더 뛰어나기 때문입니다.

폴드잇이 큰 주목을 받은 시기는 2011년입니다. 10년 동안 수많은 과학자들이 풀지 못했던 에이즈 치료제에 필요한 단백질 구조를 6만 명의 온라인 참가자가 단 10일 만에 풀어냈습니다. 그 결과는 2011년 9월 18일, 과학 저널 네이처의 생물학 분야 자매지에 '단백질 접기 게이머들이

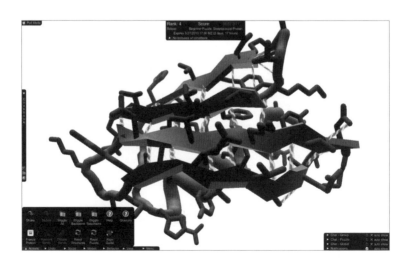

풀어낸 단량체 레트로바이러스 프로테아제의 결정 구조Crystal structure of a monomeric retroviral protease solved by protein folding game players'라는 제목으로 발표되었습니다.

2020년 봄, 워싱턴대 연구팀은 코로나19 바이러스에 관한 치료제를 개발하기 위해 폴드잇에 코로나19 단백질 구조에 관한 새로운 미션을 올렸습니다. 2020년 9월 현재, 대략 20만 명의 사람이 거대한 온라인 실험실 메타버스에 접속해서 공동 실험을 이어가고 있습니다. 다른 제약 회사나 연구소에서 이 문제를 먼저 해결한다고 해서 20만 명이 기울인 노력이 무의미해지지는 않습니다. 바이러스의 특성상 시간이 흐르면서 여러 돌연변이가 발생할 가능성이 있는데, 미리 확보된 대량의 단백질 설계 정보가 그런 상황에서 큰 도움이 될 수 있습니다.

폴드잇 외에도 온라인 공간의 거울 세계에는 여러 실험실이 있습니

nature structural & molecular biology　　View all Nature Research journals　Search Q　Login ⓡ

Explore our content ∨　　Journal information ∨

nature > nature structural & molecular biology > brief communications > article

Published: 18 September 2011

Crystal structure of a monomeric retroviral protease solved by protein folding game players

Firas Khatib, Frank DiMaio, Foldit Contenders Group, Foldit Void Crushers Group, Seth Cooper, Maciej Kazmierczyk, Miroslaw Gilski, Szymon Krzywda, Helena Zabranska, Iva Pichova, James Thompson, Zoran Popović, Mariusz Jaskolski & David Baker ✉

Nature Structural & Molecular Biology **18**, 1175–1177 (2011) | Cite this article

996 Accesses | **279** Citations | **532** Altmetric | Metrics

ⓘ An Erratum to this article was published on 05 March 2012

ⓘ This article has been updated

Abstract

Following the failure of a wide range of attempts to solve the crystal structure of M-PMV retroviral protease by molecular replacement, we challenged players of the protein folding game Foldit to produce accurate models of the protein. Remarkably, Foldit players were able to generate models of sufficient quality for successful molecular replacement and subsequent structure determination. The refined structure provides new insights for the design of antiretroviral drugs.

다. 프린스턴대의 승현준 교수는 생쥐 망막 신경세포의 연결 구조를 찾는 '아이와이어EyeWire'를 운영하고 있습니다. 그 결과 2018년에는 일반인들이 실험실에서 함께 만들어낸 결과를 바탕으로 눈과 뇌 사이의 새로운 시각통로를 47개나 찾았습니다. 맥길대는 유전자 해독 오류를 찾아내는 파일로Phylo를 운영하는데, 2년 동안 2만여 명이 참가하여 35만 건의 유전자 해독 오류를 찾아내는 성과를 냈습니다.

끝없이 등장하며 인류를 위협하는 질병, 바이러스와 싸우기 위해 연구자들은 온라인 거울 세계에 거대한 실험실을 만들었고, 지금 이 시간에도 세계의 수많은 지원자들이 그 거울 세계에서 질병의 비밀을 풀어내기 위해 함께 노력하고 있습니다. 거울 세계의 특징인 효율성과 확장성을 정말 제대로 사용하고 있습니다.

CHAPTER 12

슬픔을 비추는 거울 : 댓드래곤캔서

게임 개발자인 라이언 그린과 에이미 그린이 소아암으로 세상을 떠난 자신들의 아이, 조엘을 추모하기 위해 만든 게임이 댓드래곤캔서That Dragon, Cancer입니다. 대부분의 게임들은 보통 가상 세계의 특성을 많이 갖고 있으나, 댓드래곤캔서를 거울 세계에서 다루는 이유는 댓드래곤캔서는 가상의 이야기를 다룬 게임이 아니라, 현실 세계에서 5년이라는 짧은 시간을 살다간 조엘의 인생 여정을 거울 세계에 비춰준 게임이라 생각해서입니다.

게임 속 주인공인 조엘은 2010년 말, 생후 12개월 만에 소아암 진단을 받았습니다. 당초 4개월 정도를 살 수 있다고 진단받았지만, 조엘은 4년을 살다가 떠났습니다. 댓드래곤캔서는 조엘을 곁에서 지켜보고 힘들어했던 라이언 그린과 에이미 그린의 경험을 바탕으로 진행되는 게임입니다. 게임은 1인칭 시점과 3인칭 시점을 번갈아 가면서 진행되는 방식입니다. 조엘과 부모가 겪었던 일들을 게임 속에서 재현해서 보여주며, 무언가를 결정하거나, 움직이게 하고 있습니다.

거울 세계라고 하지만, 현실의 고통을 이미지 그대로 게임에 투영하지는 않았습니다. 병원에서 수레를 타는 모습을 미니 레이싱 게임으로 보여주거나, 조엘이 곧 죽는다는 소식을 듣는 장면에서는 병실에 물이 가득 차서 허우적대는 상황으로 묘사하고 있습니다. 게임의 결말은 현실과 다르지 않습니다. 부모의 마음으로 물에 빠진 아이를 터치해서 물위로 올려주지만 아이는 결국 올라오지 못합니다. 다시 플레이해도 마찬가지입니다.

댓드래곤캔서는 조엘의 고통, 부모의 고통에 공감을 유도하는 게임입니다. 우리는 보통 이런 스토리를 드라마, 소설 등으로 접합니다. 한쪽이 들려주고 다른 쪽은 듣는 방식입니다. 그러나 댓드래곤캔서는 타인

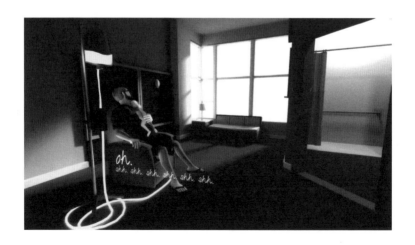

의 경험과 감정을 말을 통해 전하지 않고, 직접 그 거울 세계 속에 들어가서 내가 선택하며, 움직이고, 만지면서 이해하고 공감하는 방식을 택했습니다. 이번 PART 앞부분에서 거울 세계의 특징을 효율성과 확장성이라 했습니다. 그런 특징을 반영해서, 거울 세계의 사례 중에는 상업적인 비즈니스 모델이 많습니다. 그러나 거울 세계가 인간이 거울 신경 세포를 갖고 있기에 존재한다는 점을 다시 생각한다면, 우리에게 깊은 공감을 주는 거울 세계 메타버스가 앞으로 더 많이 탄생하지 않을까 기대합니다. 댓드래곤캔서를 개발했던 에이미 그린이 2017년 TED 강연에서 남긴 말의 일부를 옮겨봅니다.

"우리는 플레이하기 어려운 게임을 만들었습니다. 하지만 제게는 딱 맞는 느낌입니다. 왜냐하면 우리가 겪어낸 삶의 힘든 순간들은 우리가 삶에서 이뤄낸 그 어떤 목표보다 우리를 더 많이 변화시키기 때문입니다. 제가 경험한 비극은 제가 이뤄낸 그 어떤 꿈보다 제 마음에 변화를 일으켰습니다. 감사합니다."

CHAPTER 13

메타버스의 미래 또는 그림자 #4: 핑크빛 평등

•••••

'핑크빛 평등'이라는 메타버스를 보여드리려고 합니다. 이 메타버스는 실제 구현되지는 않았습니다. 제가 집필한 초단편 소설에 등장하는 메타버스 중 하나입니다. 핑크빛 평등에서 주인공들의 현실은 지하 시설 속에 갇힌 삶입니다. 그들은 지상에 거울 세계를 만들고, 그 거울 세계에 자신들의 아바타를 내보내서 살아가고 있습니다. 우리는 현실 세계를 더 확장하고, 편하게 살기 위해 거울 세계를 만들었는데, 아이러니하게도 핑크빛 평등에서 보여주는 메타버스는 현실 세계와 거울 세계가 서로 역전된 모습입니다.

다음 이야기를 재밌게 읽어 보시고, 거울 세계 메타버스가 야기할 문제는 무엇일지, 여러분이 기대하는 거울 세계 메타버스는 어떤 모습인지, 미래에 어떤 거울 세계 메타버스가 새롭게 등장할지를 호모 사피엔스적 상상력으로 각자 생각해보시면 좋겠습니다.

핑크빛 평등 by 김상균, 2020년 6월 29일 발표

"다은 씨, 김다은 씨 이제 일어나셔야죠. 자, 눈을 뜨고 저를 보세요."

오랫동안 얼어있던 다은의 몸에 조금씩 온기가 감돌았다. 심장을 출발한 피의 온기가 발끝, 손끝 그리고 눈꺼풀에까지 다다랐다. 수십 년 만에 열려진 다은의 눈꺼풀. 쏟아지는 불빛 사이로 다섯 명의 사람이 보였다.

"어, 여, 여기가 어디죠?"

"다행이네요. 바이털도 모두 정상이고 의식도 다 돌아왔네요. 한동안 머리가 좀 멍하기는 할 겁니다. 기억이 잘 안 나실 수 있겠지만, 다은 씨는 2025년에 백혈병 말기 판정을 받고 그동안 동면冬眠 상태로 지내셨어요."

2025년, 백혈병, 동면, 잠들어있던 수많은 기억이 다은의 머릿속에서 일시에 깨어나고 있었다.

"백혈병을 완벽하게 치료하는 약품이 개발되고, 또 동면 상태에 있던 환자를 안전하게 회생시키는 기술이 상용화되어서 이렇게 다은 씨를 다시 깨웠습니다. 조금 전에 백혈병 치료 약품도 투입했으니 이제 아무 걱정 없이 건강하게 다시 살아가시면 됩니다."

"축하드립니다. 다은 씨."

"혈색이 돌아오니 더욱더 예쁘시네요. 와, 신기하다!"

"그러게요. 실제 사람 모습을 이렇게 보는 게 정말 신기하네요."

다은의 침상 곁에 서 있는 이들, 백색 가운을 입고 있는 이들이 저마다 한마디씩 말을 건넸다. 다은은 눈을 여러 번 깜빡였다. 무언가 몹시 이상했다. 다은의 눈에 들어온 그들의 모습은 핑크빛 피부에 모두가 똑같은 얼굴이었다.

"놀라셨을 겁니다. 잠시 후에 레슬리가 설명해줄 테니, 일단 한숨 주무세요."

두어 시간이 흐르고 다은은 다시 눈을 떴다. 가슴에 레슬리라는 명찰을 달고 있는 이가 침대 곁에 앉아있었다.

"다은 씨, 지금부터 제 얘기 잘 들으세요. 많이 혼란스럽겠지만, 뭐 그리 나쁜 조건은 아닐 겁니다."

동면에서 깨어난 세상은 많이 변해있었다. 오존층 파괴로 인해 쏟아지는 태양 방사선, 녹아버린 영구동토층에서 깨어난 고대 바이러스를 피해 모든 인간은 지하 시설에 각자 분리되어 격리된 채 숨어 지내게 되었다. 지하에 숨은 인간을 대신해서 각자가 조정하는 아바타들이 지상의 삶을 대신 사는 세상. 다은이 만났던 핑크빛의 다섯은 모두 누군가의 아바타들이었다.

"레슬리 씨, 그런데 왜 모두의 아바타가 같은 모습인 거죠? 가슴에 차고 있는 명찰, 입고 있는 옷이나 액세서리 정도 말고는 모두 같은 모습, 얼굴이네요."

"차별 없는 세상, 완전히 평등한 세상을 위해 아바타를 그렇게 만들기로 결정했다고 들었습니다. 꽤 오래전의 일이죠. 성별, 인종, 나이를 알수 없도록 모두 핑크빛 피부에 똑같은 키, 얼굴을 갖고 있습니다. 언어도 그렇습니다. 자신의 모국어로 말하면, 상대방에게는 듣는 이의 모국어로 변환되어서 들리는 식입니다. 그렇게 서로의 국적도 모릅니다. 저도 같이 일하는 동료들의 성별, 나이, 국적, 인종 등 아무것도 모릅니다."

"아, 어떻게 그런..."

"다은 씨도 며칠만 여기 머문 후에 다은 씨에게 배정된 지하 벙커 하우스로 이동하실 겁니다. 그런 후에는 아바타가 배정되고요. 아, 이제 다은이라는 이름을 쓰실 수는 없습니다. 성별을 추측하기 어려운 이름으로 개명하셔야 합니다. 아바타 조종하시는 방법은 그리 어렵지 않으니..."

다은은 레슬리의 설명에 집중하기 어려웠다. 온몸이 침대 속으로 녹아들 듯이 다시 잠이 들었다. 어느 순간 정신을 차려보니 곁에 다른 이가 앉아있었다. 처음에 다은을 깨웠던 피닉스였다. 그는 다은에게 작은 안경을 건네주었다.

"다은 씨 부모님께서 다은 씨 앞으로 남겨준 유산이 어마어마하네요. 그분들이 투자하셨던 자산이 다은 씨가 동면하는 동안 수십 배로 불어났네요. 그래서 혹시 이 특수 안경을 사실 생각이 있는지 묻고 싶습니다."

"이게 어떤 안경이죠?"

"일단 그 안경은 불법입니다. 다만 걸릴 일은 전혀 없습니다. 부유층들 중에 그 안경 쓰는 이들이 적잖거든요. 그 안경을 아바타가 쓰고 있으면 상대방 아바타의 성별, 나이, 국적, 인종 등을 바로 알 수 있습니다. 심지어 그 아바타의 학력, 재산, 종교, 직업까지 바로 게임 속 상태 바(bar) 형

메타버스

태로 뜁니다. 다은 씨가 만나는 아바타, 아니 그 아바타를 조정하는 이들이 누군지 모르면 좀 그렇잖아요? 안 그래요? 그런데 이 안경을 쓰고 있으면 바로 다 알 수 있어요. 저도 이 안경을 갖고 싶기는 한데, 저는 그만큼의 돈은 없거든요. 대신 다은 씨가 이 안경을 구매하시면 제가 커미션을 좀 받을 수는 있죠."

"다른 아바타들은 내가 누군지 모르는데, 나는 다른 아바타들이 누구인지 알게 된단 거죠?"

"맞아요. 바로 그겁니다. 이해가 빠르시네요. 어떻게, 구매하실래요? 떠나시기 전에 결정하셔야 해요."

다은은 다시 깊은 꿈속에 빠져들었다. 동면에 들기 전, 20대 시절 자신의 모습이 보였다. 친구 여럿과 카페에 둘러앉아 수다를 떨고 있었다. 그런데 이상하게도 그들은 모두 핑크빛의 같은 얼굴이었다. 핑크빛 아바타가 없던 세상, 그 시절 다은에게 친구들은 이미 핑크빛 아바타였다.

가상 세계:
어디에도 없던
세상을 창조한다

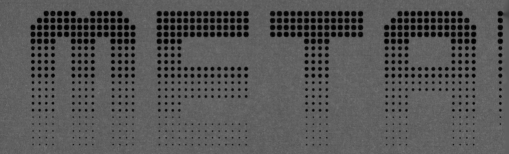

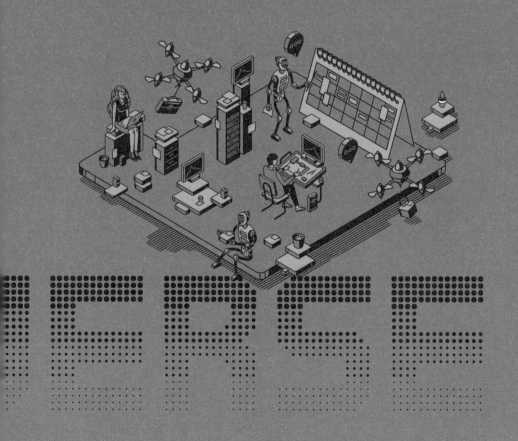

CHAPTER 1

신세계 + 소통 + 놀이 = 가상 세계

드디어 네 번째 메타버스인 가상 세계에 도착했습니다. 증강현실 메타버스는 현실 위에 가상의 이미지, 신기한 물건, 판타지적 세계관이나 이야기 등을 덧씌워서 만든 세계였습니다. 라이프로깅 메타버스에서 우리는 삶의 기록을 텍스트, 영상 등으로 다양하게 공유하고 서로 격려하며 지냈습니다. 거울 세계는 현실 세계를 거울에 비추듯이 메타버스 안에 구현해서 더 효율적으로 많은 것들을 할 수 있게 확장해준 메타버스였습니다. 마지막 메타버스인 가상 세계는 현실에 존재하지 않는 전혀 다른 신세계입니다.

현실과는 다른 공간, 시대, 문화적 배경, 등장인물, 사회 제도 등을 디자인해 놓고, 그 속에서 살아가는 메타버스가 가상 세계입니다. PART 1에서 유발 하라리가 2015년도에 발표한 '호모 데우스'를 언급했습니다.

신이 되려는 인류는 영원한 삶을 살며, 끝없이 행복하고자 합니다. 스스로 창조한 신세계에서 스스로 창조한 인공지능 캐릭터와 인간들은 함께 어울려서 지내려 합니다. 현실 세계의 삶도 복잡하고 해야 할 것들이 많은데, 군이 가상 세계에까지 모여서 무엇을 할까요?

가상 세계에서 사람들은 자신의 본래 모습이 아닌 아바타를 통해 무언가를 합니다. 첫째, 탐험을 즐깁니다. 가상 세계를 이루고 있는 세계관, 철학, 규칙, 이야기, 지형, 사물 등을 탐험가, 과학자와 같은 자세로 누비면서 새로움을 발견하고 즐거워합니다. 둘째, 소통을 즐깁니다. 현실 세계에서 알고 지내던 이들을 또 만나거나, 한 번도 만난 적 없는 이들과 소통합니다. 그런 소통을 통해 알고 지내던 이들을 더 깊게 이해하고, 현실 세계에서 마주치기 어려운 이들과 친구가 됩니다. 셋째, 성취를 즐깁니다. 자신이 세운 계획에 따라 무언가를 이루거나, 얻으면서 성취감을 느낍니다. 가상 세계에 존재하는 아이템과 디지털 자산을 얻거나, 높은 레벨과 권한을 얻기도 합니다. 또는 여러 사람의 마음을 움직여서 하나의 목표에 도달하면서 자신의 뜻이 이뤄진 것을 기뻐합니다.

가상 세계는 크게 분류하면 게임 형태와 비게임 형태로 나눠집니다. 게이머들에게 익숙한 콘텐츠인 월드오브워크래프트WoW, World of Warcraft, 포트나이트Fortnite, 리니지Lineage 등의 게임이 모두 가상 세계에 포함됩니다. 게임의 특성을 가진 가상 세계에서는 일정한 규칙을 바탕으로 서로 경쟁하거나 협력하면서, 우승자를 가려내거나 공동의 목표 달성을 향해 움직입니다. 반면에 로블록스Roblox, 세컨드라이프Second Life 등은 단지 여럿이 모여서 어울리기 위한 목적으로 만들어진 커뮤니티형 가상 세계입니다. 여기서 언급한 월드오브워크래프트, 포트나이트, 로블록스 등은 이번 PART에서 다시 상세히 살펴보겠습니다.

가상 세계에는 일반적으로 현실 세계에 비해 연령대가 낮은 인구가 더 많습니다. 연령층이 높은 세대, 부모님들은 젊은 세대와 우리 아이들이 그런 가상 세계를 좋아하는 것을 이해하지 못하거나, 걱정스러워 하는 경우가 많습니다. 앞서 얘기한 탐험, 소통, 성취의 기쁨을 현실 세계에서 즐기지, 왜 가상 세계에 들어가냐고 반문합니다. 학부모들이 모인 대규모 강연회에서 가끔 이런 질문을 받기도 합니다. "제 배우자가 퇴근하고 집에 오면 게임 속 세상에 빠져드는데, 대체 다 큰 어른이 그런 걸 왜 할까요?" 가상 세계에 머무는 이가 아이이건 어른이건, 이유는 비슷합니다. 현실에서 느끼는 탐험, 소통, 성취의 기쁨이 질 또는 양적인 측면에서 어딘가 부족하여 갈증을 느끼기 때문입니다.

학교에 다니는 우리 아이, 그 아이는 어떤 탐험의 기쁨을 느낄까요? 날마다 새로운 지식을 배우지만, 지식 하나하나에 깊게 들어가서 이리저리 살펴보기보다는 빠른 시간 안에 머릿속에 욱여넣기에 바쁩니다. 직장 생활로 바쁜 성인들은 얼마나 많은 탐험을 하고 있을까요? 고객 수, 매출, 작업 속도 등의 지표를 놓고, 자신의 일을 최적화하기에 바쁩니다. 매년 일주일이 채 안 되는 기간 동안 어딘가로 여행을 떠나지만, 무언가를 발견하기에 몸과 마음은 너무 지쳐있습니다. 앞만 보고 달리는 이, 정해진 길만 향하는 이에게 탐험은 없습니다. 직장에서 우리는 날마다 여러 번의 회의를 하고, 수십 통의 메일을 주고받으며, 쉴 새 없이 울리는 메신저에 응답합니다. 이렇게 하면 충분히 소통한 것일까요? 아이들은 하루의 대부분을 학교와 학원에서 친구들과 보내지만, 그들이 보는 것은 교재이고, 듣는 것은 교사의 말뿐입니다. 직장이나 학교에서 집으로 돌아왔을 때 '오늘 나는 얼마나 만족스럽게 소통했는가?'라는 질문을 놓고 10점 만점으로 점수를 매겨보시기 바랍니다. '오늘 나의 소통 중 무엇이 즐거웠나?'라는 질문에 동료와 나눴던 짧은 티타임, 학원 통학 버스에서 친구와 잠시 나눈 대화 정도만 떠오른다면, 우리에게는 뭔가 다른 소통이 필요합니다. 학교나 직장에서 충분히 무언가를 이뤄내고 있다는 기쁨을 느끼시나요? 학교에서 우리 아이들은 무엇을 성취의 기준으로 생각할까요? 시험 성적, 등수, 상장 등이 성취의 기준이 된 상황, 그것도 매우 높은 수치를 달성해야 성취라고 인정해주는 상황입니다. 직장에서는 내가 하는 일이 우리 조직과 기업에 어떤 영향을 주는지 잘 나타나지 않거나, 제대로 인정해주지 않는 경우가 흔합니다. 삶의 중요한 시간을 학교와 직장에서 보내지만, 그 속에서 성취감을 충분히 느끼기란 참 어렵습니다.

현실 세계의 탐험, 소통, 성취가 부족하기에 그런 것들을 가상 세계에서 누리는 게 당연하다는 뜻은 아닙니다. 그러나 가상 세계에서만 누릴 수 있는 탐험, 소통, 성취가 있으며, 현실 세계와 비교하여 가상 세계에서 더 효율적으로 경험할 수 있는 것들이 많이 있습니다. 반면에 가상 세계가 아닌 현실 세계에서 우리의 탐험, 소통, 성취 경험을 강화해야 할 부분도 많습니다. '가상 세계의 경험이 현실을 사는 우리에게 무슨 의미가 있는가?'라는 의문이 드신다면, 그 이야기는 이번 챕터를 통해 조금씩 풀어보겠습니다. 가상 세계는 현실 세계 곁에 이미 공존하고 있습니다. 가상 세계가 현실 세계의 어떤 부족한 점을 채워야 할지, 가상 세계 메타버스의 현재와 미래 모습을 살펴보겠습니다.

CHAPTER 2

젊은 야만인의
놀이터

• • • • •   가상 세계에서 사람들이 폭력적으로 돌변한다고 걱정하는 분들이 계십니다. 특히 가상 세계 속 게임을 즐기는 자녀들이 게임에서 난폭한 행동, 무모한 행동을 한다고 걱정하십니다. 결론부터 말씀드리자면, 누구나 그 나이 때에는 난폭하고 무모한 행동을 합니다.

인간의 뇌 중 전전두피질frontocortical은 20~22세 무렵에 성숙해집니다. 전전두피질은 뇌의 부위 중 이마 쪽에 가까운 곳에 위치하고 있으며, 충동을 조절하고, 시간을 계획하여 관리하며, 비판적이고 합리적인 사고를 하도록 우리를 이끌어줍니다. 목표를 세우고, 목표를 이루기 위해 집행 계획을 만드는 역할도 합니다. 말이나 행동을 하기 전에 미리 생각하고 거르는 것도 이 부위의 역할입니다. 우리 아이들은 아직 전전두피질이 성숙하지 않았습니다. 그러다 보니 현실 세계, 가상 세계 양쪽에서 무

계획적이고 폭력적으로 보이는 행동을 할 때가 있습니다.

우리의 정서와 관련된 여러 호르몬 중에서 도파민, 테스토스테론, 코르티솔을 살펴보겠습니다. 도파민은 자극과 관련된 호르몬인데, 태어나면서 20세 전후가 될 때까지 그 수치가 지속적으로 상승합니다. 그 시기까지 점점 더 많은 자극을 원한다는 의미입니다. 테스토스테론은 지배욕과 관련된 호르몬이며, 계속 상승하다가 20~30세 무렵에 최고치가 됩니다. 테스토스테론 수치가 올라가는 그 시기까지는 누군가를 힘으로 누르고, 이기고 싶은 마음도 덩달아서 계속 커집니다. 도파민과 테스토스테론 수치는 정점을 찍은 후에 나이가 들면서 꾸준히 감소합니다. 코르티솔은 균형과 관련된 호르몬인데, 앞서 얘기한 도파민, 테스토스테론과 반대 모습으로 수치가 변합니다. 코르티솔은 주로 불균형한 상황, 스트레스를 받는 상황에서 분비되어, 우리가 스스로를 빨리 안정시키고 균형을 유지하게 유도합니다. 그런데 우리 아이들은 20대가 넘는 지점까지 코르티솔 수치가 계속 내려갑니다. 균형을 잡고, 안정을 유지해야겠다는 마음이 그 시기까지는 별로 안 생긴다는 뜻입니다. 중고등학교에 다니는 우리 아이들의 호르몬 상태를 종합해보면 이렇습니다. 높아지는 도파민 수치는 지속적인 자극을 추구하게 만들며, 치솟는 테스토스테론 수치를 주체하지 못하여 누군가와 부딪히면 어떻게든 싸워서 이기려고 합니다. 반면에 코르티솔 수치는 낮아서, 이런 자극과 싸움이 만드는 불균형한 불안 상태를 대수롭지 않게 여깁니다.

중고등학생 시절, 인간의 뇌와 호르몬은 덜 성숙하고 불안정한 모습입니다. 한스 게오르그 호이젤의 저서인 'Brain View'의 한글 번역서인 '뇌, 욕망의 비밀을 풀다'에서는 이런 우리 아이들의 머리와 마음을 '젊은 야만인' 상태라고 했습니다. 좀 거칠어 보이지만, 꽤 그럴듯한 비유입니다. 젊은 야만인이다 보니 가상 세계뿐만 아니라 현실 세계에서도 좌충우돌합니다. 뇌와 호르몬이 원래 그런 것이니 아무 걱정하지 말라는 뜻은 아닙니다. 다만, 가상 세계가 아이들의 난폭함과 무모함을 만들어내는 원흉은 아니라는 말씀입니다. 현실 세계에서건, 가상 세계에서건 그 시기의 아이들은 위험한 곳으로 언제 튈지 모르는 고무공과 같습니다. 양쪽 세계에서 우리는 아이들이 균형을 잃고 큰 실수를 하지 않도록 잘 관찰하고 지켜줘야 합니다.

매우 드물지만, 야생에 방치되거나 사람과 단절된 상태로 갇혀 지낸 아이가 구조되는 경우가 있습니다. 그렇게 구조된 아이들을 보면, 그 아이가 정글북의 모글리처럼 야생에서 동물들과 잘 소통할지는 모르겠으나, 문명사회에서 사람의 언어를 배우는 데는 큰 어려움을 겪습니다. 인간의 뇌는 생후 3년 동안 1킬로그램이 증가하며 빠른 속도로 성장합니다. 이 시기에 야생에서 지낸 아이의 뇌는 언어 기능, 사람 간 소통기능을 제대로 만들지 못한 채 성장을 마쳐가기 때문입니다. 간혹 매우 어린 아이에게 스마트폰, 컴퓨터를 쥐여주고 유튜브나 온라인 게임을 하도록 허용해주는 부모가 있습니다. 우리 아이가 현실 세계의 사람 간 소통을 제대로 익히지 못한 채 메타버스로 먼저 가서는 안 됩니다. 자칫 야생에서 구조된 아이처럼 메타버스에서만 살아가는 아이, 오히려 현실 세계에서 사람들과 소통하지 못하며 깊은 고독과 좌절을 느끼는 아이가 될 수 있기 때문입니다. 앞으로 더 다양한 가상 세계의 메타버스가 출현하고, 메타버스 속 사회적, 경제적 상호작용이 꾸준히 증가하리라 예상하지만, 우리 아이들이 현실 세계에 먼저 발을 디딜 수 있어야 함에는 반론의 여지가 없습니다.

앞서 우리 아이들을 뇌와 호르몬의 특성상 젊은 야만인이라 했습니다. 부모님과 선생님은 그런 아이들을 어떻게 대해야 할까요? 현실 세계 속 소통을 익히지 못한 채 가상 세계에만 관심을 보이는 아이가 있다면 어떻게 해야 할까요? 나와 아이의 관계가 어떤지 생각해보면 좋겠습니다. 인간의 관계를 둘로 나눠보면, 교환exchange 관계와 공유communal 관계가 있습니다. 교환 관계는 단순히 얼굴을 알고 지내는 사람, 사업을 같이하는 사람, 좋은 성적을 내기 위해 팀 과제를 같이 하는 사람, 무언가를 이뤄내기 위해 역할을 나눠서 맡은 사람들 사이에 존재하는 거래 관계입니다. 공유 관계는 애정과 우정으로 연결된 관계를 뜻합니다. 성취에 대한 욕구나 이득을 따지는 관계가 아니라 상대의 행복과 안녕에 관심이 있는 사람 간의 관계입니다. 나와 아이들의 관계가 교환 관계, 공유 관계 중 무엇인지 살펴봐야 합니다. 부모와 자식 사이 또는 교사와 학생 사이이니 당연히 공유 관계라고 생각하시나요? 그 관계에 사랑, 애착, 깊은 유대감이 있다면 둘 사이의 사회적 역할이 무엇이건, 공유 관계라할 수 있습니다. 사랑, 애착, 유대감을 만드는 게 답입니다. 인간이 서로에게 느끼는 이런 감정을 좌우하는 중요한 호르몬 중 하나가 옥시토신입니다. 옥시토신은 우리를 더 가깝다고 느끼게 해주며, 서로의 행동과 생각을 너그럽게 받아들이게 하고, 상대방을 배려하며 문제를 해결하게 도와줍니다. 그럼, 어떻게 하면 옥시토신을 많이 만들 수 있을까요? 상대에 대한 따뜻한 마음을 물리적, 정서적으로 자주 표현하면 됩니다. 가족이라면 하루에 두세 번 서로 안아주고, 네가 있어 행복하다고 얘기해주면 됩니다. 잘못한 일이 있으면 마음을 담아 사과하고, 고마운 것이 있으면 말과 행동으로 표현해줘야 합니다. 마음을 담아 표현해도 상대에게 온전히 전달되지 않는 경우가 많은데, 표현하지 않으면서 상대가 알아주리라 기대하면 안 됩니다. '나쁜 남자'는 그냥 나쁜 남자일 뿐입니다. 감정을 표현하는 데 익숙해지시기 바랍니다. 아이와 어떻게 약속을 정하고, 약속을 안 지키면 어떤 벌칙을 줄 것인가를 고민하기 이전에 깊은 유대감을 느끼는 공유 관계의 형성에 더 집중하시면 좋겠습니다. 강한 유대감이 있다면, 젊은 야만인을 그리 걱정하지 않으셔도 됩니다.

CHAPTER 3

초인을 키우는
놀이터

●●●●● 　영국의 철학자이자 정치가인 존 로크는 인간을 타
불라 라사tabula rasa와 같다고 했습니다. 타불라 라사는 아무것도 쓰여 있
지 않은 깨끗한 석판을 의미합니다. 백지 상태로 태어난 인간은 살면서
그 위에 무언가를 채워가며 자신의 모습을 만들어간다는 뜻입니다. 반
면에 플라톤은 인간이 지식을 선천적으로 가지고 태어난다고 주장했습
니다. 플라톤은 '파이드로스Phaidros'에서 전생을 어떻게 살았느냐에 따라
이번 생이 결정된다고 얘기했습니다. 전생에 진리를 많이 탐구한 영혼
은 이번 생에서 가장 높은 등급인 미술가나 음악가로 살아간다고 얘기
했습니다. 전생을 좀 부족하게 살아낸 자는 이번 생에 왕족, 정치가, 철
학자 등이 된다고 했습니다. 새로움을 창작해내는 미술가, 음악가의 삶
을 가장 높은 인간의 단계라 여긴 점이 흥미롭습니다.

프리드리히 니체가 얘기한 철학적 이상의 인간상인 초인에 대해 잠시 살펴보겠습니다. 니체가 얘기한 초인은 초능력자superman는 아닙니다. 의미적으로 보면 자신을 넘어선 사람, Overman에 가깝습니다. 기존 환경을 지배하는 시스템, 사회의 일반적 도덕 등의 구속에서 벗어나 자신을 표현하며 새로운 가능성을 만들어가는 인간을 뜻합니다. 위험을 극복하고 도전하는 인간의 모습입니다. 초인이 되기 위해 니체는 세 단계의 변화가 필요하다고 얘기했습니다. 순서대로, 낙타, 사자, 어린아이입니다. 낙타는 무거운 짐을 등에 얹고 살아갑니다. 사회가 정해놓은 규칙, 기대에 순응하는 모습입니다. 무거운 짐을 진 채 복종하며 사는 삶입니다. 사자는 날카로운 발톱으로 자신을 가로막는 것과 싸웁니다. 자신을 가로막는 것을 이겨내고 자기 스스로 움직입니다. 내가 원하는 게 무엇인지 정확히 모르지만, 기존의 것에서 벗어날 용기를 가진 자가 사자입니다. 어린아이는 순수를 상징합니다. 낙타와 사자 단계에서의 경험을 편견 없이 받아들입니다. 또한, 좋지 않은 기억은 쉽게 잊습니다. 어린아이는 자기가 원하는 규칙을 만들며 놀이를 즐깁니다. 자신이 겪어낸 삶의 과정을 순수한 마음으로 받아들이며, 삶을 놀이처럼 즐겁게 만들어갑니다.

현실 세계에서 우리는 언제 미술가나 음악가처럼 새로움을 마음껏 만들어낼까요? 현실 세계에서 우리는 낙타, 사자, 어린아이 중 어떤 모습으로 살아갈까요? 가상 세계에서 사람들은 늘 새로움을 추구합니다. 새로운 미션, 새로운 아이템, 새로운 전략을 짭니다. 도전했다 실패해도 그리

낙담하지 않습니다. 새로움을 만드는 과정을 그저 즐깁니다. 실패에 대한 비난의 무게로부터 벗어난 가상 세계에서 마음껏 새로움을 추구합니다. 가상 세계에서 우리는 사자가 됩니다. 그 사회를 지배하는 오래된 규칙이 있어도, 아무리 지배자의 힘이 강해도, 자신을 가로막는 것과 사자처럼 싸워서 이겨냅니다. 그리고 아이처럼 순수하게 서로 어울려 놉니다. 패배하거나, 게임이 잘 안 풀려도, 금세 털어내고 다시 놀이를 이어 갑니다. 가상 세계 메타버스에서 사람들은 플라톤이 얘기한 최고의 인간, 니체가 얘기한 초인의 모습을 보여줍니다. 가상 세계에서 아무리 그렇게 살아도 현실 세계에는 아무런 영향을 주지 못한다고 평가 절하하는 분들이 있으나, 가상 세계에서 내가 선택하고 행동한 모든 것들도 내 경험, 내 삶의 일부입니다. 내가 직접 몸을 움직이며 무언가를 만지면서 경험한 게 아니어도, 우리는 책을 통한 간접 경험에서 많은 것을 배웁니다. 가상 세계 메타버스의 경험은 우리 현실 세계의 삶과 연결되어 있습니다.

아메리카스 아미America's Army라는 게임이 있습니다. 게임 중 위생병 역할을 맡아 훈련하는 미션이 있습니다. 이 게임을 즐기던 팩스톤이라는 유저는 고속도로에서 앞서가던 SUV차량이 전복되는 큰 사고를 목격했습니다. 사고를 보고 사람들이 몰려들었지만, 모두가 우왕좌왕하며 제대로 대응하지 못했습니다. 팩스턴은 게임에서 자신이 위생병 역할을 맡아서 사람들을 구했던 경험이 떠올랐습니다. 어디서 그런 용기가 났는지, 팩스톤은 전복된 차량에서 탑승자를 구출하고는 팔을 머리 위로 올려서 출혈을 멈추게 하는 등 응급처치를 실시하며 구급차가 올 때까지 부상자를 안전하게 돌봤습니다.

2017년, 아일랜드의 한 도로를 달리던 차 안에서 운전자가 정신을 잃었습니다. 운전자는 79세의 남성이었는데, 정신을 잃으면서 몸이 앞으로 쏠려서 한쪽 발로 가속페달을 계속 밟는 상태였습니다. 그 순간 남성 곁에는 차를 함께 타고 가던 11세 손자가 있었습니다. 소년은 한 손으로 할아버지를 흔들어 깨우고, 다른 한 손으로는 핸들을 조작해서 차가 위험한 장애물과 부딪히지 않게 하며 속도를 서서히 늦춰서 세웠습니다. 사고 순간 소년은 자동차 운전게임을 플레이했던 경험을 떠올리면서 침착하게 대응했다고 합니다.

2001년 리니지 게임을 즐기는 한 유저의 가족이 분만 도중 혈액이 부족해 생명이 위험한 상태가 되었습니다. 산모의 혈액형이 RH-O형이어서, 혈액을 구하기가 쉽지 않았습니다. 그 유저는 평소 자신과 어울리던 리니지의 수많은 플레이어들이 생각났다고 합니다. 유저는 리니지에 접속해서 산모가 위독하여 수혈이 필요하다는 메시지를 남겼습니다. 현실 세계에서 얼굴 한 번 마주친 적 없던 이들이 어떻게 행동했을까요? 리니지측은 이 소식을 공지사항으로 올려줬고, 공지한 지 5분 만에 산모를 구해 줄 헌혈자가 나타났습니다. 리니지 측은 헌혈자에게 특별한 무기를 만들어서 선물했습니다. 그 선물이 리니지에서 특별한 아이템 중 하나인 '생명의 검'입니다.

이외에도 가상 세계와 현실 세계의 연결성을 보여주는 사례는 매우 많습니다. 물론, 가상 세계의 경험이 현실 세계에서 늘 긍정적인 모습으로만 나타나지는 않습니다. 현실 세계에서도 어제의 경험이 오늘의 내게 때로는 빛으로, 때로는 그림자로 다가오는 게 우리의 삶이니까요. 현실 세계의 우리에게 빛이 되어줄 멋진 경험을 주는 가상 세계 메타버스를 함께 만들어 가면 좋겠습니다.

CHAPTER 4

멘탈 시뮬레이션
플랫폼

●●●●●　　　세 집단의 학생이 있습니다. 집단 A에게는 시험을 준비하면서, 열심히 공부하는 자신의 모습을 상상하게 합니다. 집단 B에게는 시험 점수를 잘 받고 기뻐하는 자신을 상상하라고 합니다. 집단 C에게는 이런 상상을 유도하지 않습니다. 시험을 보고 나면 이 세 집단의 결과가 어떻게 나올까요? 이런 형태의 실험들에서 집단 A는 집단 B, C에 비해 통계적으로 유의미하게 높은 시험 성적을 얻습니다. 반면에 집단 B는 집단 C와 비슷한 결과가 나옵니다.

이번에는 학생들에게 현재 받고 있는 스트레스가 무엇인지 적어보라고 합니다. 학생들은 주로 학업 성적에 대한 압박감, 가족이나 친구 간 인간관계에서 오는 갈등 등을 주로 적습니다. 학생들을 세 집단으로 나눠서 앞의 경우와 비슷한 작업을 지시합니다. 집단 A 학생들에게는 스트레스의 원인이 무엇이고, 그게 내게 어떤 영향을 주었으며, 스트레스를 해결하기 위해 나는 무엇을 해서, 어떤 감정을 느꼈는가를 생각해보게 합니다. 집단 B에게는 스트레스가 해소된 상황에서 느끼는 편안한 감정을 상상하게 합니다. 역시 집단 C에게는 특별한 지시를 하지 않습니다. 일정 시간이 지난 후 세 집단의 학생들이 스트레스에 어떻게 대처하는지 파악했습니다. 집단 A 학생들은 스트레스를 어떻게 대처할지 계획을 세우고 대응하는 능력이 올라갔습니다. 역시 집단 B와 C에는 큰 차이가 없었습니다.

이런 정신적 시뮬레이션 실험에서 집단 A는 과정 시뮬레이션을 했습니다. 실행 의도, 과정을 상상으로 연습했습니다. 집단 B는 결과 시뮬레이션을 했습니다. 이루고자 하는 목표에 초점을 두고 상상했습니다. 과정 시뮬레이션은 좋은 결과를 만드는 데 큰 도움이 됩니다. 가상 세계에서 우리는 여러 가지 새로운 도전을 하고, 낯선 사람과 친해지거나, 어울리던 이와 생긴 오해를 풀기도 합니다. 가상 세계 속 이런 경험은 정신적 시뮬레이션과 유사한 효과를 낼 수 있습니다.

또한, 가상 세계에서는 다른 사람이 어떤 행동을 하는지 관찰하기 쉽습니다. 불가능해 보이는 미션을 어떤 전략으로 해결하는지, 다른 사람과 갈등이 생겼을 때 어떻게 대처하는지, 새로운 물건이나 공간을 발견했을 때 어떻게 행동하는지 등을 관찰하면서 하나씩 배워갑니다. 그런 관찰은 관찰자인 나의 자신감, 효능감을 높여 줍니다. 이런 관찰을 통한 학습을 대리 경험이라 하는데, 현실 세계에서와 마찬가지로 대리 경험은 가상 세계 안에서도 우리에게 큰 도움이 됩니다. 다른 이의 도전, 시행착오를 보면서 사회적 비교 과정을 시작하는 것입니다. 가상 세계는 그런 대리 경험, 사회적 비교 과정이 더 빠른 속도로 다양하게 발생하는 장점이 있습니다.

정신적 시뮬레이션과 가상 세계의 관계, 가상 세계 속 관찰을 통한 대리 경험의 효과를 이야기했습니다. 그렇다고 해서 제자리에 앉아서 가상 세계에만 머무는 게 마냥 좋다는 뜻은 아닙니다. 피실험자들을 세 집단으로 나눕니다. 집단 A 사람은 다른 사람이 밀어주는 휠체어에 앉아 공원을 한 바퀴 돌고 옵니다. 집단 B 사람은 하얀 벽만 바라보면서 실내를 걷도록 합니다. 집단 C 사람은 실내에 가만히 앉아있게 합니다. 이렇게 서로 다른 경험을 유도한 뒤, 세 집단 사람들의 창의력을 측정해보면 어떤 차이가 있을까요? 집단 B의 창의력이 가장 높게 나옵니다. 다른 이가 밀어주는 휠체어에 앉아 아름다운 공원의 풍경을 바라본 것보다 하얀 벽만 봤지만 내 몸을 직접 움직인 것이 창의력에 도움이 되었습니다. 실내에 가만히 앉아 있기만 했던 이들보다는 공원의 풍경을 바라본 이들의 창의력이 높게 나오기도 했습니다. 당연한 이야기지만, 우리 뇌는 우리 몸과 연결되어 있습니다. 몸을 움직일 때 우리 뇌는 더 활발하게 깨어납니다. 가상 세계의 이점을 누리되, 현실 세계에서 더욱더 활발하게 움직이며 살아가야 합니다.

CHAPTER 5

코로나19 이전에 이미
역병을 이겨낸 WoW

인간의 뇌는 크게 세 가지 감정을 추구합니다. 세 가지 감정은 지배, 자극, 균형입니다. 지배는 경쟁에서 이기거나 누군가를 물리치는 행동, 남에게 무언가를 지시하는 행동에서 느끼는 만족감입니다. 자극은 새로운 음악, 영상을 즐기거나, 낯선 곳으로 여행을 가는 경험, 새로운 사람을 사귀는 만남 등에서 얻는 탐색, 발견과 관련된 감정입니다. 균형은 안정감을 유지하고 싶은 감정입니다. 위험한 상황, 무서운 것, 불확실한 조건 등을 피하고 싶은 마음입니다.

단순히 보면 우리가 메타버스에 올라타는 이유는 이런 세 가지 감정 중 일부 또는 전체를 현실 세계에서 충분히 느끼지 못하고 있기 때문입니다. 예를 들어 교통수단은 그 종류에 따라서 뇌에 다른 감정을 제시합니다. 기능적으로는 한 곳에서 다른 곳으로 나를 이동시켜 주는 수단이

지만, 자전거를 탈 때, 경차를 탈 때, 지붕이 열리는 로드스터를 탈 때, 우리의 뇌는 다른 감정을 느낍니다. 경차를 탈 때는 경제적 효율이 적당히 잘 맞는다는 생각에 따라 균형의 감정을 느끼지만, 로드스터를 탈 때는 강한 자극감과 과시욕이 동반된 지배감을 느끼게 됩니다. 출퇴근 시간 동안 2시간을 운전하고 온 배우자가 늦은 밤 레이싱 게임을 즐기는 이유는 바로 균형감보다 자극, 지배감을 더 느끼고 싶어서입니다. 그렇다고 해서 사람들이 게임이 제공하는 가상 세계 메타버스 안에서 무한정 자극과 지배감만 좇지는 않습니다. 현실 세계보다 더 감동적이고 숭고한 모습을 보여주기도 합니다. 월드오브워크래프트에서 있었던 드라마 같은 이야기를 말씀드리겠습니다.

월드오브워크래프트는 세계적 게임 회사인 블리자드 엔터테인먼트에서 개발한 게임이며, 주로 WoW라는 약자로 불립니다. 블리자드는 우리나라에서 프로게이머가 탄생하게 된 배경인 스타크래프트 게임을 만든 회사입니다. 월드오브워크래프트는 2004년에 오픈되어 지금까지도 많은 이들의 사랑을 받으며 운영되고 있는 가상 세계 메타버스입니다. 그 세계에는 13개의 종족, 11개의 직업이 존재합니다. 아제로스, 아웃랜드, 드레노어 등의 땅으로 구성되며, 전체 땅의 크기는 최소한 우리나라보다는 큰 것으로 추측됩니다. 월드오브워크래프트 메타버스에 가장 많은 이들이 있던 시기에는 사용자 수가 1천만 명이 넘었습니다.

2005년 9월 13일, 월드오브워크래프트 세계에 큰 문제가 터졌습니다. 학카르라는 괴물이 등장했는데, 이 괴물은 일정 지역에 들어간 사용자에게 바이러스를 감염시켜 병에 걸리게 하는 캐릭터였습니다. 병에 걸리면 시간이 흐르면서 생명력이 떨어지고 끝내 사용자는 죽게 됩니다. 다행인 점은 일정 지역 내에서만 퍼지는 바이러스여서 해당 지역을 벗어나면 자연스레 병이 나았습니다. 사냥꾼이 직업인 이들은 월드오브워크래프트 세계에 있는 야생 동물을 길들여서 데리고 다닐 수 있었는데, 이 부분에서 문제가 생겼습니다. 학카르가 있는 지역에 자신의 동물을

데려갔던 사용자가 그 지역을 벗어나도 동물은 바이러스에 감염된 채 자연치료가 되지 않았습니다. 즉, 바이러스를 보유한 채 다른 지역으로 가게 되었습니다. 사냥꾼이 대도시로 들어가면, 사냥꾼이 데리고 있던 동물의 바이러스가 대도시에 살고 있는 다른 사용자 또는 NPC^{Non-Player} Character, 게임 속 세계관과 스토리에 필요한 등장인물이며 사람이 조정하지 않고 컴퓨터의 알고리즘이나 인공지능에 의해 움직이는 캐릭터를 감염시켰습니다. 문제는 감염된 NPC였습니다. NPC들 중 상당수는 죽지 않고 생명력이 계속 회복되는 특성이 있습니다. 그래서 죽지 않고 사람들과 계속 접촉하게 되는데, 이 과정에서 수많은 사람들이 감염되었습니다. 전염병이 급속도로 퍼지면서 메타버스는 큰 혼란에 빠졌지만, 가상 세계 메타버스 속 사람들은 각자의 역할을 맡아서 움직이기 시작했습니다.

치료사 직업을 가진 이들은 감염된 다른 사람들을 무료로 치료해주기 시작했으며, 일부 사용자들은 자체적으로 민병대를 구성해 감염자가 많은 지역으로 사람들이 몰리지 않도록 유도했습니다. 또한, 감염자가 많은 지역의 사람들이 그 지역을 벗어나지 못하게 막았습니다. 이 과정에서 치료사, 민병대 역할을 하는 사람들까지 감염되는 상황이 발생했습니다. 나쁜 행동을 하는 이들도 등장했습니다. 사람들을 일부러 감염지역으로 유도하거나, 자신이 감염된 사실을 알면서 일부러 사람들이 많은 곳으로 가기도 했으며, 아무런 효과가 없는 물약을 전염병 치료제라고 속여서 팔아치우는 이들까지 나타났습니다. 결국 메타버스를 운영하는 기업인 블리자드가 나서서 직접 문제를 고치면서 사건은 일단락되었으며, 문제가 재발되지 않도록 학카르라는 괴물의 특성을 변경했습니다.

　이 사건은 이스라엘의 전염병 연구자 발리커에 의해 가상 세계 속에서의 전염병 발생과 확산이라는 주제로 Epidemiology라는 의학 저널에 실리고, BBC 뉴스를 포함한 여러 매체에 소개되었습니다. 미국 질병통제예방센터CDC, Centers for Disease Control and Prevention는 전염병 연구에 활용하기 위해 블리자드 측에 이 사건에 관한 기록들을 넘겨달라고 요청하기도 했습니다.

　여러분은 월드오브워크래프트 메타버스에서 발생했던 학카르 바이러스 사건을 읽고, 어떤 생각이 드셨나요? 2020년, 세계를 뒤흔든 코로나19 속에서 우리 사회가 보여준 모습과 참 많이 닮아있습니다. 누군가는 전염병을 이겨내기 위해 자신의 삶을 포기하며 헌신하고, 누군가는 이 혼란을 틈타 자신의 이익을 챙기려고 합니다. 전염병을 예방하고 이겨내기 위해 사회 시스템이 어떻게 진화해야 할지, 구성원 각자가 어떻게 행동해야 할지, 월드오브워크래프트 메타버스에 남겨진 역사의 기록을 다시 들춰봐야겠습니다.

CHAPTER 6

로블록스 메타버스의
주인이 된 아이들

●●●●●   로블록스는 거울 세계에서 설명한 마인크래프트와

겉보기에 비슷한 면이 많습니다. 마인크래프트와 같이 샌드박스게임에

포함됩니다. 2004년 데이비드 배주키와 에릭 카셀이 설립한 로블록스코

퍼레이션이 만든 메타버스입니다. 국내에서는 로블록스보다 마인크래

프트 사용자가 더 많은 편입니다. 그러다 보니 로블록스가 마인크래프

트를 모방해서 만들어진 메타버스라고 오해하는 경우가 있으나, 등장한

시기는 로블록스가 앞섭니다.

마인크래프트는 여러 블록을 활용해서 레고 블록을 만들 듯이 자기만

의 세계를 만드는 게 핵심입니다. 그러다 보니 거울 세계에서 얘기한대

로 현실 세계에 존재하는 다양한 건축물, 공간, 물건 등을 마이크래프트

로 만드는 이들이 많습니다. 반면에 로블록스에서 사용자는 로블록스

스튜디오라는 도구를 활용해서 슈팅, 전략, 소통 등 다양한 주제의 게임을 만들 수 있습니다. 마인크래프트는 처음에 소프트웨어를 구매하면, 별다른 제약 없이 자신의 세계를 마음대로 만드는 방식인 반면에 로블록스에서는 로벅스Robux라는 자체 화폐 시스템을 갖고 있습니다. 사용자는 현금을 주고 로벅스를 구매하거나, 로블록스 메타버스 안에서 로벅스를 벌어서 사용하면 됩니다. 로벅스를 가지고 자신의 캐릭터를 꾸미고, 다양한 액세서리를 구매하게 됩니다. 또한 다른 사람이 만들어 놓은 세계에 접속할 경우, 그 세계에서 필요한 아이템을 구매하는데 로벅스가 사용됩니다.

로블록스의 사용자 규모는 2019년에 9천만 명이었고, 2020년에는 1억 1천 5백만 명을 넘어섰습니다. 6~16세 사이의 사용자가 주류를 이루고 있으며, 미국의 경우 16세 미만 아이들의 절반 이상이 로블록스를 즐기고 있습니다. 미국에서 청소년을 대상으로 사업을 펼치고 있는 그 어

떤 기업보다 압도적으로 많은 고객을 확보한 플랫폼이 로블록스입니다. 2018년 자료를 기준으로 보면, 미국의 13세 미만 아이들은 유튜브보다 로블록스에서 2.5배 정도의 시간을 보냈고, 넷플릭스에 비해서 16배 정도의 시간을 로블록스 메타버스에서 보냈습니다. 로블록스에서 아이들은 타인이 만든 세계에서 노는 플레이어 역할, 타인이 놀 공간을 만들어주는 창작자 역할을 동시에 합니다. 로블록스에 자신이 상상한 가상 세계 메타버스를 만들어 다른 사용자들에게 제공하면서 돈을 버는 청소년들이 점점 늘어나고 있습니다. 많게는 한해 10억 원이 넘는 거액을 벌어들이며 자신을 도와줄 직원을 채용하는 청소년들도 있습니다.

로블록스는 소셜미디어(PART 3에서 설명한 라이프로깅 메타버스 참조)와 연결되어 있습니다. 아이들은 서로의 세계에서 함께 놀며 친구 설정, 채팅 등으로 메타버스 내의 우정을 쌓아갑니다. 그런데 아이들이 중심인 세상에 어른들이 끼어들면서 문제를 일으키는 경우가 생기고 있습니다.

호주에서는 성인 사용자가 어린아이에게 성적인 메시지를 보낸 경우가 몇 차례 있었고, 나치를 상징하는 하켄크로이즈 이미지를 넣거나, 음란물을 게시하는 사건도 있었습니다. 현실 세계에는 이런 문제를 처리하는 경찰, 검찰, 법원 등이 존재하지만, 로블록스와 같은 가상 세계 메타버스에는 그런 공권력을 가진 기관이 없습니다. 물론, 메타버스를 운영하는 기업이 개입해서 그런 문제가 발생하지 않도록 예방 활동을 하며, 문제 발생 시 대응을 위해 노력하고 있습니다. 가상 세계 메타버스에서 문제가 발생할 경우 두 가지 기준으로 대응이 이뤄집니다. 첫째, 가상 세계 메타버스 내부 규정에 의해 사용자가 일정 기간 동안 활동하지 못하게 하거나, 계정을 영구히 삭제하는 식으로 조치합니다. 둘째, 가상 세계 메타버스 안에서 생긴 문제가 현실 세계의 법에 저촉될 경우에는 사법기관에 이를 신고하여, 현실 세계에서 문제가 해결되도록 합니다.

앞으로 로블록스 메타버스가 어떤 모습으로 얼마나 커질지, 그리고 현재 로블록스를 주름잡는 청소년들이 성인이 되었을 때 그들은 어떤 메타버스를 또 다른 세계에서 만들어낼지 지켜봐야겠습니다.

로블록스에서 아이들이 무엇을 하는지 지켜본 어른들은 보통 두 가지 의견을 냅니다. 다른 온라인 게임류에 비해 아이들이 비교적 건전하게 노는듯해서 다행이라는 의견이 있고, 다른 한편으로는 특별한 목적 없이 어슬렁거리고 서로 대화하면서 노는 모습을 못마땅해하는 경우가 있습니다. 독일의 시인이자 극작가 프리드리히 본 실러는 '인간의 미적 교육에 관한 편지'에서 이런 얘기를 했습니다. 인간은 여러 가지 육체적,

물질적 욕망과 이성적, 도덕적 욕망을 동시에 가진 존재인데, 우리에게 잠재된 놀이 충동이 이 둘을 조화시킨다고 했습니다. 인간은 놀이를 통해 자유로워지며, 아름다운 존재가 됩니다. 자유와 아름다움을 깨달은 인간만이 참된 목적을 추구할 수 있습니다. 또한, 철학자 칸트는 놀이가 즐겁고 편한 이유는 아무런 목적이 없기 때문이라 했습니다. 가상 세계 메타버스에서 우리 아이들이 목적 없이 편하게 놀도록 곁에서 지켜봐 주시고, 어른들도 함께 목적 없이 놀면 좋겠습니다. 그러다 보면 우리는 자유롭고 아름다운 인간이 추구해야 할 목적을 더 잘 찾아낼 겁니다.

CHAPTER 7

가상 세계 속 시간 여행:
레드데드온라인 & 사이버펑크2077

●●●●● 시간 여행을 꿈꾸는 이가 참 많은가 봅니다. 각종 영

화, 드라마, 웹툰 등에 단골로 등장하는 소재가 시간 여행입니다. 가상

세계 메타버스에서는 이미 그런 시간 여행이 이뤄지고 있습니다. 과거

의 삶, 미래의 삶, 이렇게 두 삶을 담은 메타버스를 소개합니다.

먼저, 과거의 삶을 담은 가상 세계 메타버스 '레드데드온라인Red Dead

Online'을 살펴보겠습니다. 1898년, 무법자와 보안관들이 대립했던 미국

서부개척시대를 살아가는 메타버스입니다. 레드데드온라인은 락스타

게임즈Rockstar Games에서 운영하고 있습니다.

그 속에서 사람들은 현상금 사냥꾼, 상인, 수집가 등의 직업 중에서 자

신이 원하는 역할로 살아갑니다. 현상금 사냥꾼은 마을이나 역에 있는

현상금 표지판에 공개된 수배 전단 속 범죄자를 추적하고 체포하여 보

안관에게 데려다주고, 그 대가로 돈을 받으며 살아갑니다. 직업과 관련

된 미션을 하지 않고 자신이 원하는 것을 마음대로 하며 살아도 됩니다.

넓은 지형을 이곳저곳 돌아다니며 여행을 하거나, 산속에 가서 야생 동

물을 사냥하고 강가에서 낚시를 즐기면 됩니다. 잡은 동물의 가죽을 벗

겨서 팔거나 무언가를 만들고, 낚시한 물고기를 모닥불로 구워 먹으면

됩니다. 밀주 업자의 배달 심부름을 하고 돈을 받거나, 낚시 대회에 참가

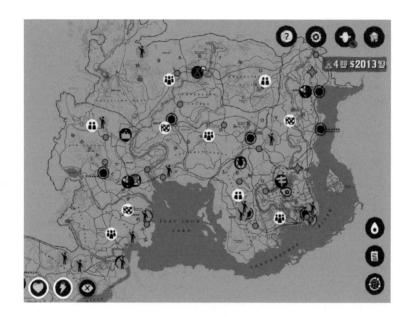

해서 큰 물고기를 낚아도 좋습니다. 메타버스 속 다른 사람들과 총싸움을 벌이거나, 신기한 물건들을 수집하러 탐험을 떠날 수 있습니다. 때로는 한적한 곳에 캠프를 차리고 그저 풍경을 즐기며 휴식해도 좋습니다.

레드데드온라인의 전체 맵은 상당히 큰 편입니다. 레드데드온라인에서 사용자가 살아가는 전체 땅의 크기는 대략 7천 5백만 제곱미터로 서울시 면적의 대략 1/8정도 됩니다. 작다고 생각하실지 모르지만, 현실 세계에서 그 정도 크기의 공간을 걷거나 말을 타고 다닌다고 상상해본다면, 매우 큰 면적입니다. 레드데드온라인은 서부개척시대를 무법자의 시각에서 꽤 사실감 있게 재현한 메타버스입니다.

반대로 미래의 삶을 다룬 가상 세계 메타버스를 살펴보겠습니다. 폴란드의 CDPR^CD Projekt Red에서 창조한 사이버펑크2077입니다. 이 메타

메타버스

버스의 배경은 2077년의 미래입니다. 캘리포니아 북부에 위치한 나이트 시티라는 미래 도시를 통해, 초거대 기업들과 갱단이 지배하는 디스토피아 세계를 보여주고 있습니다. 과학기술은 고도화되었으나 사회적 안전망은 거의 무너진 채 자본의 논리로만 돌아가는 어두운 미래 세계의 모습입니다.

나이트 시티는 현대 사회의 대도시가 한없이 타락했을 때 그 끝이 어떤 모습일지를 보여주고 있습니다. 하늘을 다 가릴 정도의 멋진 고층 건물들과 후미진 골목길에 버려진 쓰레기와 약에 취한 부랑자들이 섞인 도시입니다. 중산층이 사라지고, 부유층과 빈곤층의 두 집단만 사는 도시입니다. 밑바닥 빈곤층들은 한 푼의 돈을 위해 살인까지 마다하지 않으며, 그런 이들끼리 모인 속에서 살아남기 위해 각종 무기와 신체 개조로 자신을 보호하면서 살아가는 모습으로 그려지고 있습니다.

나이트 시티에서는 기계로 자신의 몸을 개조, 증강할 수 있습니다. 팔,

다리, 안구와 각종 장기들을 다 교체하는 게 가능합니다. 일례로 안구를 교체하면 여러 스캔 기능이 제공됩니다. 지나가는 이들을 쳐다보면 그들의 전과 기록, 직업 등을 알 수 있습니다. 또한 사람들의 목덜미에는 마치 영화 매트릭스에서 네오가 가상 세계에 접속할 때 썼던 플러그 같은 장치가 달려있습니다. 앞서도 언급했던 일종의 뉴럴링크 장치입니다. 나이트 시티 사람들은 그 장치를 통해 컴퓨터와 연결하여 가상 세계를 경험하거나, 다른 이가 판매하는 기억을 들여다볼 수 있습니다.

나이트 시티 사람들에게는 일종의 등급이 매겨져 있습니다. 많은 돈을 내고 보험 서비스에 가입한 이들은 높은 등급을 확보합니다. 높은 등급을 가진 사람이 위기에 처하면 곧바로 경비대와 구급요원으로 구성된 트라우마팀이 출동해서 수단과 방법을 가리지 않고 그를 구해냅니다.

사이버펑크2077가 보여주는 미래 도시 나이트 시티, 그 도시는 수십

년 후 미래를 미리 여행해보고 싶은 이들을 위한 상상의 가상 세계 메타버스일 뿐일까요? 가속되는 부의 양극화, 약화된 사회 안전망, 뉴럴링크와 신체 증강에 관해 연구하는 수많은 기업들, 사적 보험과 경호 산업의 성장 등, 세상의 오늘을 냉정히 바라보고 우리의 미래가 나이트 시티와 다르리라 확신할 수 있을까요? 미래에 대한 호기심과 동경으로 사람들은 사이버펑크2077 메타버스에서 시간을 보내지만, 자신들이 미리 경험한 2077년이 자신의 실제 삶으로 다가오기를 바라지는 않을 듯합니다.

CHAPTER 8

메타버스 속 인공지능 오토와
인간의 투쟁

●●●●●   인공지능에 대한 관심과 논란이 뜨겁습니다. 이세

돌 9단과 알파고의 대국에서 봤듯이 인공지능은 소프트웨어와 데이터

형태로 존재합니다. 그렇기에 인공지능은 가상 세계에서 큰 힘을 발휘

합니다. 가상 세계에서 인공지능은 크게 세 가지 역할을 하고 있습니다.

첫째, 가상 세계에서 살아가는 NPC 역할을 해줍니다. 세계관을 유지하

기 위해 다양한 역할이 필요한데, 사람이 맡기에 그리 흥미롭지 않거나

중립적인 역할 등을 NPC가 맡고, 그런 NPC가 보다 사람처럼 행동하게

하기 위해 인공지능이 쓰입니다. 가상 세계에서 사람들의 경험을 풍부

하게 해주기 위해 중요한 역할입니다. 사람들의 마음에는 인공지능이

일상화되는 시대가 오면 인공지능과 어떻게 소통하고 어울리며 살아갈

지에 관한 걱정과 기대가 공존하고 있습니다. 그런데 이미 가상 세계 메

타버스 속에서 사람들은 인공지능 NPC와 어울려 살고 있습니다. 인공지능 NPC가 보여주는 무감정한 반응과 기계적 대응에 실망하고, 때로는 사람보다 더 정교하고 치밀하게 행동하는 인공지능을 만나서 놀라기도 합니다. 현실 세계에서 인공지능 로봇, 프로그램들과 어떻게 어울려서 살아갈 것인가를 우리는 이미 가상 세계 안에서 연습해온 셈입니다.

둘째, 가상 세계 전체를 관리하기 위해 인공지능이 쓰입니다. 가상 세계 안의 여러 현상을 분석하고, 문제를 찾아 대응하기 위해 인공지능을 사용합니다. 여러 사람이 동시에 활동하는 메타버스 안에서는 하루에도 어마어마한 분량의 데이터가 쌓입니다. 인공지능으로 이런 빅데이터를 분석해서 메타버스 속 사람들의 향후 행동을 예측하고, 메타버스의 규칙을 조정하는 데 사용합니다.

셋째, 가상 세계에 사람처럼 보이는 인공지능 오토[auto]를 투입해서 이득을 얻는 경우입니다. 오토는 메타버스 안에서 NPC가 아닌 사람 캐릭터를 사람처럼 대신 조작하는 프로그램을 의미합니다. 예를 들어 내가 메타버스에서 사냥꾼의 직업을 가지고 생활하는데, 내가 그 캐릭터를 직접 움직이기 싫다면, 나를 대신해서 오토 프로그램이 내 캐릭터를 조정하게 만드는 방식입니다. '본인이 좋아서 가상 세계 메타버스에서 생활하면서, 왜 조정을 본인이 안 하고 인공지능 오토에게 맡기지?'라는 의문이 드실 겁니다. 가상 세계 메타버스에서 사람들과 소통하고 탐험하는 재미를 느끼려는 이들은 오토를 사용하지 않습니다. 단기간에 자신의 캐릭터를 성장시켜서 뽐내고 싶거나, 오토에게 아이템을 수집하게

시키고 그런 아이템을 다른 사용자에게 돈을 받고 팔려는 이들이 주로 오토를 씁니다.

오토 사용은 대부분 국가에서 불법으로 간주하여 금지하고 있습니다. 오토를 기업적으로 운영하는 이들이 많은 문제를 일으키기 때문입니다. 수십 대의 컴퓨터에 오토를 깔고, 그런 오토들을 소수의 사람이 관리하면서 메타버스에서 아이템을 수집하게 시킵니다. 이를 흔히 '작업장'이라 칭합니다. 수십 명의 오토가 몰려다니면서 지치지 않고 메타버스 안에서 일을 합니다. 이런 방식으로 가상 세계의 자원을 독점하여, 정상적으로 생활하는 사람들이 그런 아이템을 가져가지 못하게 합니다. 그러다 보니 당초 메타버스 설계, 운영자들이 계획한 경제 시스템, 자원 희소성 설정에 문제가 생겨서 메타버스 안에서 인플레이션을 초래합니다.

온라인 게임인 '거상'에서 발생했던 오토 문제를 살펴봅시다. 거상은

운영된 지 20년이 다 되어가고 있습니다. 조선시대를 배경으로 장사를 해서 이윤을 남기거나, 전투로 캐릭터를 성장시키는 메타버스입니다.

거상에서는 정상 사용자들이 오토로 인해 입는 피해가 커지면서 사용자들이 거상 팬카페(거상 사용자들의 인터넷 커뮤니티)를 폐쇄하고, 거상을 보이콧하는 운동을 펼치기도 했습니다. 거상에서는 메타버스 안에 존재하는 마을에 길드라는 일종의 큰 거점을 만들 수 있는데, 거점을 확보하기 위해서는 많은 자원을 투자해야 합니다. 그런데 자신의 캐릭터를 직접 조정해서 자원을 모으는 정상 사용자와 달리, 프로그램에 의해 자동으로 움직이는 오토들은 집단을 이뤄서 쉬지 않고 자원을 모아서 그런 거점들을 빼앗아갔습니다. 물론 메타버스 안에는 그런 비정상적인 행위를 신고하는 기능이 있습니다. 그런데 신고를 당한 오토 운영자가 자신을 신고한 정상 사용자를 메타버스 안에서 공격하여 보복하는 일이 빈번해지면서, 오토를 몰아내기가 점점 더 어려워졌습니다. 또한, 대부분 메타버스는 사용자들에게 최적의 경험을 주기 위해 한 공간에 일정 수

이상의 사람이 접속하지 못하게 하는데, 오토들이 그런 공간을 계속 점유하고 있다 보니 정상 사용자들이 접속을 못하는 문제까지 생겼습니다. 메타버스 안에서 일정 시간 동안만 쓸 수 있는 아이템을 구매한 사용자들은 접속을 못해서 아이템을 쓰지 못하는 상황에 분통을 터트렸습니다. 이런 작업장과 인공지능 오토의 문제는 여러 메타버스 안에서 발생하고 있습니다. 사용자들이 오토를 발견하면 공격해서 죽이는 경우가 있는데, 그러면 집단으로 몰려다니던 다른 오토들이 자신들을 공격한 사용자를 역으로 집단 공격해서 죽이도록 프로그래밍 되어 있는 경우도 있습니다. 사람을 위해서 만들어진 메타버스인데, 그 세계를 사람이 아닌 인공지능 오토가 지배하는 상황입니다. 물론 그 뒤에는 언제나 오토를 움직이는 탐욕스러운 인간들이 존재합니다.

이런 문제를 놓고 메타버스에서는 일반 사용자, 오토, 메타버스 운영자 간 갈등이 끊임없이 이어지고 있습니다. 가상 세계 속 상황이지만, 인간이 조정하는 인공지능 로봇에 의해 다른 인간이 삶에서 밀려나는 상황을 그저 현실과 무관한 이야기로만 받아들이기에는 어딘가 찜찜한 구석이 있습니다. 우리는 인간의 삶이 더 나아지기를 기대하며 인공지능을 만들었습니다. 그런데 그런 인공지능이 일부의 소유가 되어, 일부가 전체를 더 쉽게 지배하고 통제하기 위해 사용된다면 가상 세계 메타버스에서처럼 인간과 대립하는 인공지능이 될지도 모릅니다. 인공지능 기술 개발과 상용화를 서두르기에 앞서, 메타버스에서 인공지능이 일으키는 문제를 심각하게 살펴보면 좋겠습니다.

메타버스

CHAPTER 9

가상 세계로 들어간 기업들: 광고를 삼키는 포트나이트

●●●●● 포트나이트는 에픽게임즈가 운영하는 배틀로얄Battle

Royal 구조의 메타버스입니다. 배틀로얄은 프로레슬링에서 한 링에 여러

선수가 동시에 올라가 경기를 시작하여 최후에 남는 1인이 승리하는 방

식을 뜻합니다. 프로레슬링이 아닌 다른 경기나 게임에서도 여럿이 동시에 겨뤄서 최후에 남는 생존자를 승리로 하는 규칙을 배틀로얄이라고 부릅니다. 국내에서 유명한 배틀로얄 방식의 게임으로는 PUBG에서 운영하는 배틀그라운드가 있습니다.

코로나19 바이러스가 퍼진 상황에서 에픽게임즈는 포트나이트 메타

버스 안에서 유명 래퍼 트래비스 스캇의 콘서트를 열었습니다. 포트나이트 메타버스 전체를 무대로 삼아 공연을 진행했습니다. 오프닝 노래가 울려 퍼지면서 거인 모습의 스캇이 등장했습니다.

　노래가 바뀔 때마다 스캇의 모습도 바뀌었습니다. 주변이 불타오르면서 스캇이 사이보그로 변하기도 했습니다. 어떤 노래에서는 스캇과 포트나이트 사용자의 아바타들이 우주로 날아가는 역동적인 모습이 연출되었습니다. 이날 콘서트에는 총 1,230만 명이 참여했습니다.

　포트나이트는 나이키와 협력하여 현실 세계의 제품을 메타버스 안으로 가져가는 시도를 했습니다. 나이키 에어 조던 의상을 메타버스 안에 있는 상점에서 포트나이트의 가상 화폐인 1,800브이벅스에 판매했습니다. 의상을 구매하고, 포트나이트 안에서 특정 미션을 완료하면 게임에서 사용할 수 있는 추가 혜택을 제공하는 이벤트였습니다. 포트나이트는 마블Marvel과도 협업했습니다. 마블 영화에서 히어로가 사용하는 무기들을 포트나이트 안에서 사용할 수 있게 제공했습니다. 가상 세계 메타버스와 동떨어져 보이던 나이키, 마블 등이 현실 세계의 지적재산권을 활용해서 가상 세계 메타버스에서 새로운 수익 창출 모델을 만든 셈입니다. 2020년 5월 기준으로 포트나이트 메타버스를 찾는 이들의 수는 3억 5천만 명을 넘어서고 있습니다. 에픽게임즈는 포트나이트를 단순한 배틀로얄 게임으로 놔두지 않을 듯합니다.

지금 우리는 브라우저를 켜서 로그인하여 이메일을 보고, 새로운 창을 열어서 다시 로그인하여 쇼핑몰에 들어갑니다. 메신저를 쓰려면 앱을 실행시키고 다시 로그인을 합니다. 미래는 이런 인터넷 사용 방식이 변하리라는 예측이 많습니다. 하나의 메타버스에 들어가 있으면 그 안에서 일하고, 쇼핑하고, 사람들과 소통하면서 현실에서의 삶처럼 하나로 연결되는 경험을 하리라는 의견입니다. 그 메타버스가 어떤 모습일지, 누가 그 메타버스를 만들지는 아직 확신하기 어렵지만, 포트나이트의 향후 발전과 변화에 주목할 필요는 있습니다. 포트나이트의 제작사인 에픽게임즈의 CEO 팀 스위니는 포트나이트를 게임 이상의 것으로 만들겠다는 포부를 밝혔습니다. 지금은 포트나이트가 게임이지만, 앞으로는 무엇이 될지 모르겠다고 말했습니다. 또한, 아마존의 임원이었고 현재 벤처투자자로 일하는 매튜 볼은 에픽게임즈의 포트나이트가 그런 메타버스가 될 가능성이 높다고 언급했습니다. 아마도 향후 몇 년 안에 포트나이트가 지금과는 다른 무언가로 진화하리라 예상합니다.

CHAPTER 10

가상 세계로 떠난 명품:
루이비통과 LoL의 콜라보

2019년 하반기부터 프랑스의 명품 브랜드인 루이비통은 라이엇게임즈가 운영하는 게임인 리그오브레전드LoL, League of Legend와 협력하기 시작했습니다. 60여 개에 달하는 패션, 화장품, 액세서리 등의 브랜드를 소유하고 있는 LVMH가 루이비통의 모기업입니다.

LoL은 룬테라라는 세계를 배경으로 암살자, 전사, 탱커, 마법사 등 약 150개의 역할을 가진 이들이 벌이는 전투를 다루는 게임입니다. 2019년 기준으로 LoL을 즐기는 동시 접속자는 800만 명을 넘어선 상태입니다. 세계 e스포츠 대회 중에서 가장 많은 시청자가 관람한 기록을 보유한 게임이 LoL 월드 챔피언십, 일명 롤드컵입니다. 2018년 롤드컵 결승전을 관람한 시청자 수는 9,960만 명에 달합니다. 같은 해 미국프로풋볼(NFL)의 시청자 수는 9,820만 명으로 발표되었습니다.

루이비통은 LoL과 두 가지 방향으로 협업을 진행하고 있습니다. 첫째, LoL 내에서 사용하는 게임 스킨^{skin}에 루이비통 문양을 넣어주는 방식입니다. 스킨은 게임에서 캐릭터의 겉모습이나 게임을 조작하는 화면의 모습을 바꿔주는 아이템을 의미합니다. 현실 세계로 치자면 우리가 입고 있는 옷, 벽에 바르는 벽지와 비슷합니다. 게임에서 내 캐릭터에게 루이비통 옷을 입히려면 10달러를 주고 루이비통 스킨을 구매하면 됩니다.

둘째, LoL 게임에서 사용하는 로고, 등장하는 캐릭터 등을 넣은 루이비통 제품을 만들어서 'LVxLOL'이라는 컬렉션으로 직접 판매하기 시작했습니다. 게임 그림이 담겨진 명품, 좀 이상하다고 생각하시나요? 그런 제품들의 가격은 루이비통에서 판매하던 기존 제품과 비슷한 수준입니다. 예를 들어 LoL문양이 들어간 후드티는 대략 300만 원, 가죽 재킷은 대략 680만 원 정도에 판매되고 있습니다. 루이비통은 2019년 롤드컵 트

로피가 담겨진 상자도 루이비통 문양을 넣은 가죽제품으로 만들어서 제
공했습니다.

루이비통과 LoL의 이런 시도가 명품과 게임 간 최초의 협업 사례는 아
닙니다. 루이비통은 2016년에 스퀘어에닉스가 개발한 '파이널판타지13'
에 등장하는 캐릭터를 모델로 활용한 바 있습니다. 게임 속에서 분홍색
머리로 긴 검을 휘두르는 여주인공 라이트닝을 모델로 삼았습니다. 라
이트닝은 2012년에 프라다의 모델로 활동하기도 했었습니다.

2020년 6월, 영국의 명품 패션기업 버버리는 독특한 게임을 직접 출시
했습니다. 세계적 패션기업이 게임을 만들다니, 신기하지 않으신가요?
버버리가 발표한 게임은 B서프B Surf라는 이름의 서프 경주 게임입니다.
버버리 홈페이지에서 무료로 접속하여, 세계 이용자들과 서프 경주를
즐길 수 있습니다. 경주에 참여하려면 서핑 의상과 보드를 선택해야 하
는데, 여기서 제공하는 의상과 보드는 모두 버버리의 TB썸머 모노그램
컬렉션 제품입니다. 버버리는 서핑에 필요한 가상 의상과 보드를 B서프

메타버스에서 사용자들에게 무료로 풀고 있습니다. 그 메타버스에서 즐긴 버버리 제품을 Z세대들이 현실 세계에서도 이용하기를 기대하는 것입니다.

버버리가 게임을 만든 게 처음은 아닙니다. 버버리는 2019년에 B바운스B Bounce라는 게임을 발표했습니다. 사슴 캐릭터에 토마스 버버리, 모노그램 패딩 등을 입혀서 달을 향해 점프하며 올라가는 게임이었습니다. 영국, 한국, 미국, 중국 등 6개 국가에서 게임을 제공했고, 1등에게 버버리 재킷을 선물하는 이벤트를 함께 진행했습니다.

마케팅에이전시인 PMX는 2025년까지 세계 명품 시장 고객의 45% 이상을 Z세대가 차지하리라 예상합니다. 루이비통, 버버리는 바로 이점에 주목하고 있습니다. 명품의 노숙한 이미지를 탈피하여, Z세대와 소통하려는 노력입니다. 마인크래프트, 로블록스, 포트나이트 등 거대 메타버스의 주인공은 젊은 세대입니다. 그들에게 제품을 알리기 위해서 그들을 현실 세계로 끌어내려 노력하기보다는 그들이 주로 머무는 메타버스 속으로 기업들이 들어가야 합니다. 현실 세계에서보다 더 빠른 속도로 더 다양하고 깊은 경험을 메타버스 속에서 전해줄 수 있습니다. 여러분이 일하는 기업, 조직이 게임, 디지털, IT 등과 관련이 없어 보여도 메타버스에 관심을 가져야 하는 이유가 여기에 있습니다.

CHAPTER 11

현실이 된 SF영화:
레디플레이어원 & 하프라이프 알릭스

레디플레이어원은 어니스트 클라인이 쓴 소설을 바탕으로 스티븐 스필버그 감독이 2018년에 발표한 영화입니다. 영화에는 오아시스라는 가상현실 게임이 등장합니다. 시간적 배경은 2045년이며, 거대 기업들이 도시를 장악하고 있는 상황에서 빈민 지역에 사는 수많은 이들이 암울한 현실을 잊기 위해 가상현실 장비를 사용하여 오아시스에서의 생활을 즐기는 모습이 묘사됩니다. 오아시스에 접속하기 위해 사용하는 가상현실 장비는 지금 우리가 사용하는 가상현실 장비의 모습과 별반 다르지 않게 표현됩니다.

오아시스의 개발자이자 최대 지분을 갖고 있는 할리데이가 죽고 유언이 공개되는데, 오아시스 속에 자신이 숨겨둔 이스터 에그(게임, 영화, 책 등에 숨겨진 메시지나 기능)를 찾는 이에게 오아시스의 운영권과 자신의 지

분을 주겠다는 내용입니다. IOI^Innovative Online Industries라는 거대기업은 직원들을 동원해서 이스터 에그를 찾기 위해 총력전을 펼칩니다. 영화의 주된 스토리는 IOI에 맞서서 이스터 에그를 먼저 찾기 위해 도전하는 웨이드 와츠라는 소년의 모험담입니다.

영화에 등장하는 가상현실 게임인 오아시스는 가상 세계 메타버스라는 점에서 몇 가지 생각할 부분이 있습니다. 첫째, 오아시스 수준의 실재감을 주는 가상 세계 메타버스의 구현 가능성입니다. 현시점에서 가상현실 게임이 구현하는 실재감의 최대치는 2020년 3월에 발매된 가상현실 게임 하프라이프 알릭스^Half-life Alyx 정도입니다. 하프라이프 알릭스는 외계인의 침공에 맞서 싸우는 이들의 이야기를 다룬 게임입니다. 레디 플레이어원과 하프라이프 알릭스의 스토리나 세계관은 서로 매우 다릅니다. 단지, 현존하는 최고 수준의 가상현실 게임이 영화 속 오아시스와 비교할 때 어느 정도 수준인지만 생각해보겠습니다. 하프라이프 알릭스

를 제대로 경험하기 위해서는 고사양의 컴퓨터와 가상현실 장비가 필요합니다. 게임 용량만 해도 48GB에 달합니다.

하프라이프 알릭스의 가상현실을 경험한 이들은 하나같이 놀랍다는 반응을 보입니다. 기존 가상현실 콘텐츠에 비해 눈앞에 펼쳐지는 그래픽이 훨씬 더 정교해졌고, 손으로 쥐는 물건의 무게감이 어느 정도 느껴지고, 가상현실 세계 속 물건 대부분을 내가 직접 만지고 조작할 수 있게 된 점 등을 높게 평가합니다. 그러나 아직 제대로 구현하지 못한 부분도 많습니다. 손으로 물건을 만졌을 때 촉감이 느껴지거나, 걷거나 달리고 점프하면서 공간을 이동하는 것은 어렵습니다. 물론 현존하는 가상현실 장비 중에도 일부 촉감 전달, 달리기 인식 등이 적용된 것들이 있으나, 기능이나 상업적인 완성도, 경제성 등을 따질 때 오아시스에서 묘사된 장비와는 격차가 큽니다.

가상 세계 메타버스에서 우리에게 실재감을 주기 위한 수단으로 장갑

이나 안경 형태의 가상현실 장비가 일반화될지, 아니면 앞서 몇 차례 언급한 뉴럴링크가 일반화될지는 아직 모릅니다. 다만, 기술적인 구현 가능성과 안정성 측면에서 장갑이나 안경 형태의 장비에 대한 상용화 시도가 좀 더 많은 편입니다. 한편으로는 가상 세계 메타버스에서 현실과 동일한 수준의 실재감을 느끼게 해주는 기술이 꼭 필요한지, 그런 기술을 개발해도 되는지에 관해 의문이 듭니다. 현실 세계의 실재감을 완벽하게 구현해주는 기술이 등장한다면, 자칫 본인이 있는 공간이 가상 세계인지를 인식하지 못하는 문제가 생길 수 있습니다. 반대로 현실 세계에 있으면서 본인이 가상 세계에 있다고 착각할지도 모릅니다. 현실 세계와 가상 세계 사이에 존재하는 경계를 인간의 기술로 완벽히 무너트려도 될지에 대해서는 철학, 종교, 법 등의 다양한 관점에서 생각해야 합니다.

둘째, 영화에 등장하는 거대 기업인 IOI가 이스터 에그를 찾기 위해 직원들을 오아시스 게임에 접속시켜 일을 시키는 장면을 생각해봅시다.

앞서 얘기했던 월드오브워크래프트의 학카르 사건에서 블리자드의 게임 운영자들은 직접 월드오브워크래프트 안에 들어가서 전염병을 막아내기 위해 함께 싸웠습니다. 그들이 가상현실 장비를 뒤집어쓰지는 않았지만, 그들의 일터는 가상 세계 메타버스였던 셈입니다. 앞으로 가상 세계 메타버스 안에만 존재하는 일자리가 지속적으로 증가하리라 예상합니다. 가상 세계 메타버스 내의 질서를 유지하고, 사람들을 돕고, 아이템을 찾아내고, 공연을 하는 등의 일자리가 생길 것입니다. 아마존의 임원이었고 현재 벤처투자자로 일하는 매튜 볼은 가상 세계 메타버스에 좋은 일자리가 생길 거라 언급하기도 했습니다. 도시 외곽에 사는 이들이 상대적으로 적은 부담으로 집을 구하고, 출근 문제에서 해방된 채 가상 세계 메타버스 안에서 아이템 채굴을 업으로 삼게 되는 상황이 오리라는 예측입니다. 좋은 일자리의 조건은 무엇일까요? 현실 세계와 완벽히 단절된 채 가상 세계 메타버스 안에서만 하는 일이 있다면, 여러분은 그 일을 맡으시겠습니까? 누군가 제게 '가상 세계 메타버스 안에 대학이 만들어진다면, 김상균 교수는 그 대학으로 옮길 생각이 있나요?'라고 묻는다면, 선뜻 답하기가 어려워집니다.

CHAPTER 12

메타버스로 진출한 정치인: 모동숲에 깃발을 꽂은 바이든

●●●●● 2020년, 코로나19 상황에서 여러 게임의 사용량과 매출이 전반적으로 올라갔으나, 특히 눈에 띤 게임이 있습니다. 닌텐도가 개발한 '모여봐요 동물의 숲(약칭 모동숲)'입니다. 모동숲은 닌텐도가 개발한 비디오 게임입니다. 모동숲에서 사용자는 자신만의 무인도를 탐험하고 개척합니다. 이 과정에서 코드를 공유하는 다른 친구의 섬에 방문하여 소통할 수 있습니다. 모동숲은 출시 3개월 만에 세계 판매량 2,240만 장을 기록했습니다. 이를 바탕으로 제작사인 닌텐도는 전년 동기대비 108%가 증가한 역대급 매출을 달성했습니다. 모동숲 게임을 플레이하려면, 스위치라는 게임기가 필요한데, 갑작스러운 수요를 감당하지 못하여 2020년 봄에는 스위치 게임기 품귀 현상이 발생했습니다. 오픈마켓에서는 스위치 정가보다 두 배가량 높게 가격이 형성됐으며, 심지어 1년 정도

사용한 중고 스위치가 새 제품보다 비싸게 거래되기도 했습니다.

코로나19로 외부와의 소통이 단절된 상황, 스트레스가 높아진 상황에서 사람들은 모동숲을 통해 휴식의 감정을 느끼고, 다른 이들과 소통을 즐겼습니다. 자신의 섬에 횟집을 차리거나, 입시 미술학원을 만들고, 다른 사용자들을 초대하여 즐기는 사용자들도 생겼습니다. 모동숲이 소통을 위한 메타버스로 급부상한 셈입니다.

이런 기회를 놓치지 않은 정치인이 있습니다. 미국의 59번째 대통령 선거를 놓고 현직 대통령인 트럼프와 바이든 상원의원이 각축을 벌였습니다. 이 과정에서 바이든 후보는 가상 세계 메타버스인 모동숲에 자신을 홍보하기 위한 섬을 만들었습니다. 이름은 Biden HQ입니다. 바이든

후보는 모동숲 사용자 모두에게 자신의 무인도 코드를 공개하여, 유권자들을 자신의 섬으로 초대했습니다.

섬에는 크게 두 개의 주요 지역이 있습니다. 하나는 바이든의 선거 캠페인 사무실입니다. 사무실에 들어가면, 노트북 컴퓨터와 전단지 등이 가득한 공간이 펼쳐집니다. 젊은 시절 바이든의 모습을 담은 포스트와 모교의 로고도 볼 수 있습니다.

다른 공간은 투표소입니다. 이 지역에 가면 투표를 독려하는 포스터가 있고, 선거일과 투표 방식 등을 소개하고 있습니다. 섬에는 바이든 후보의 아바타가 있는데, 아바타를 만나서 말을 걸면 대선 캠페인 슬로건을 랜덤하게 얘기해줍니다. 또한, 바이든 섬을 방문한 것을 기념하는 사진을 찍는 공간이 있습니다. 사진을 찍고 이를 소셜미디어에 공유하도록 유도하는 방식입니다. 닌텐도 스위치를 보유하지 않은 유권자들을 위해 Biden HQ 섬을 투어하는 영상을 트위치를 통해 제공하고 있습니

다. 트위치는 유튜브와 유사한 구조의 동영상 스트리밍 플랫폼인데, 주로 게임에 특화된 영상들이 많이 공유되고 있습니다.

바이든이 메타버스를 선거 캠페인에 최초로 사용한 것은 아닙니다. 지난 2016년 대선에서는 힐러리 클린턴 민주당 대선 후보가 포켓몬고를 선거 캠페인에 사용한 사례가 있습니다. 포켓몬고는 앞서 소개한 대표적 증강 현실 메타버스의 하나입니다. 정치인들은 유권자들과 소통하기 위한 채널과 공간으로 신문, TV토론 프로그램, 공원, 시장 등을 주로 활용해왔습니다. 그런데 젊은 세대일수록 신문, TV 등과 같은 전통 미디어를 소비하는 비율은 점점 더 낮아지고 있습니다. 그들은 공원, 시장보다 메타버스 속에서 더 많은 시간을 보내고 있습니다. 정치인들의 소통 방식이 바뀌어야 할 이유가 여기에 있습니다.

CHAPTER 13

메타버스의 미래 또는 그림자 #5: 기억거래소, 헤븐 서버는 등장할까?

기억거래소는 제가 2018년 7월에 발표한 장편소설입니다. 현존하는 뇌과학 기술, 그리고 손에 잡힐 듯 가까이 다가온 특별한 기술들이 우리 삶, 세상에 비출 명암을 보여주는 SF소설입니다. 얼마 전 모 지상파 방송국과 드라마화 계약을 맺은 작품입니다.

기억거래소는 뇌과학이 발달한 현재 또는 아주 가까운 미래를 배경으로 합니다. 베일에 가려진 더컴퍼니라 불리는 조직은 뇌과학 기술로 사람의 기억을 조작해주는 여러 상품을 판매합니다. 더컴퍼니 설립자들 대부분은 이미 죽었는데, 그들은 현실 세계의 삶을 헤븐 서버라는 메타버스에서 이어갑니다. 헤븐 서버는 육체의 죽음을 맞이한 사람들을 위한 피난처입니다. 손상되지 않은 뇌의 신경다발을 컴퓨터에 연결해 컴퓨터 네트워크에서 자신의 의식, 사고 활동을 유지하는 가상 세계 메타버스입니다. 현실 세계의 육체는 죽었지만, 뇌는 가상공간인 헤븐 서버 속에서 같은 처지의 다른 이들과 교류하며 삶을 유지합니다. 헤븐 서버에 사는 이들은 현실 세계보다 열 배 정도 빠르게 시간의 흐름을 느낍니다. 현실 세계에서의 일 년을 헤븐 서버 안에서는 십 년으로 느끼는 셈입니다.

헤븐 서버는 가상 세계 메타버스입니다. 키보드, 마우스, 웨어러블 장치로 조작하지 않고, 모니터나 가상현실용 안경을 쓰고 보는 세계가 아니라, 뇌의 신경다발을 바로 연결해서 살아가는 메타버스입니다. PART 3에서 언급했던 뉴럴링크가 고도화된다면, 헤븐 서버 메타버스의 구현은 결코 허황된 상상이 아닙니다. 고도화된 기술이 영원한 삶과 끝없는 새로움을 추구하는 인간의 욕망을 충족하기 위해 언젠가는 그런 메타버스를 만들어내지 않을까 상상합니다.

헤븐 서버 메타버스와 현실 세계의 관계가 궁금하신 독자께서는 소설 기억거래소를 읽어보시기 바랍니다. 그래도 헤븐 서버의 모습을 조금은 보여드리고 싶어서, 더컴퍼니에서 일했던 조 실장이 불치병으로 죽은 후 헤븐 서버에서 살아가면서, 현실 세계에서 자신의 후임자였던 완우에게 보내온 비밀 편지를 여기에 실었습니다.

\# 헤븐 서버 메타버스의 조 실장이 현실 세계 완우에게 보내온 편지
완우 씨에게 이 메시지가 무사히 도착하길 바랍니다. 이 메시지는 누구의 검열도 받지 않았습니다. 헤븐 서버에서 설립자들의 검열 없이 그

곳으로 메시지를 보내는 건 금지되어 있지만, 나 나름대로 코버트 채널을 신중하게 준비했으니 잘 도착했으리라 믿어봅니다.

마지막으로 우리가 만난 게 벌써 몇 주가 지났겠군요? 이곳에서는 몇 달 정도가 흐른 셈이지만요. 내가 어떻게 지내고 있는지 궁금한가요? 강가와 숲길을 메이와 함께 거닐며 평화롭게 지내고 있습니다. 메이가 잠든 후에는 툇마루 끝에 앉아서 거의 매일 보드카와 담배를 즐깁니다. 육체의 고통에서 벗어난 후, 부담감 없이 다시 찾은 습관이죠. 그리고 여전히 이곳에서도 컴퍼니의 일을 하고 있습니다.

헤븐 서버 속 세상이 궁금하겠네요. 헤븐이란 단어가 이곳을 잘 설명하는 것인지 나는 줄곧 의아합니다. 이곳에서의 삶은 예전보다 좀 더 풍요롭고, 좀 덜 고통스럽기는 합니다만, 이런 게 천국의 삶인지는 모르겠습니다. 내가 꿈꾸던 이데아의 모습이 무엇인지 잘 모르지만, 지금 여기의 모습은 아닐 듯합니다. 여기가 천국이라면 자본주의를 바탕으로 돌아가는 물질적 삶을 누리는 그쪽 세상도 천국이어야 할 것 같네요.

이곳에 오기 전에는 나도 여기의 모습을 정확히 몰랐습니다. 막연하지만 대략 이런 모습을 희망하기는 했습니다. 물질적 제약에서 벗어나 이곳에 사는 모두가 평화롭게 공존하는 모습을요. 더 많이 갖기 위해 서로 경쟁하고, 다투는 모습은 없기를 기대했습니다. 단순하게 보면 이곳의 모든 물질적 요소는 서버 속에 존재하는 디지털 숫자일 뿐이니까요. 그러나 이곳도 그곳과 마찬가지로 물질의 제약이 있고, 소유를 위한 경쟁, 다툼 그리고 그에 따른 고통이 존재합니다.

결국, 이 모든 게 그들, 설립자들의 설계인 셈이죠. 설립자들은 컴퍼니를 만든 사람들입니다. 그들 대부분이 지금은 여기 헤븐 서버에 살고 있고 헤븐 서버를 지배하고 있습니다. 설립자들은 물질적 제약 없이 이곳의 우리들을 제대로, 정확히는 마음대로 움직일 수는 없다고 생각한 듯합니다. 그들이 고안한 장치는 단순하지만 확실합니다. 그곳에서와 같은 물질의 제약을 이 안에 만들어놓고 우리를 움직이고 있습니다. 스테이크건 찬밥이건 이 속에서는 디지털 숫자로 거래될 뿐이지만, 그 숫자는 헤븐 서버의 사람들을 나누고 지배하고 있습니다. 이런 말을 하는 나도 매번 스테이크를 원하고 선택하고 있지만요. 더 정확히 말하면, 원함이나 선택이 강요되고 있는 상황이죠.

컴퍼니의 설립자들은 생각보다 꽤 깊게 그곳의 삶에 관여하고 있습니다. 그곳의 컴퍼니를 지키려는 목적인지, 아니면 여기 헤븐 서버를 지키려는 목적인지 모르겠지만, 어쩌면 둘 다가 맞겠네요.

L이 완우 씨를 지켜주겠지만, 완우 씨도 L을 지켜주기를 부탁합니다. 헤븐 서버 내에는 하데스 구역이란 게 존재합니다. 굳이 말하자면, 감옥, 그것도 최악의 감옥과 같은 곳입니다. 하데스 구역은 말 그대로 지옥입니다. 세상에서 사람들이 상상하던 지옥의 모습을 이곳의 하데스 구역 내에 그대로 옮겨두었다고 보면 됩니다. 설립자들은 자신들에게 반기를 들었던 이들을 죽이지 않고, 다시 말해 신경망을 끊어놓지 않고, 이 하데스 구역에 영원히 가둬놓는 가혹한 형벌을 내립니다. 그 안에 얼마나 많은 이들이 있는지는 나도 모릅니다. 한 가지 확실한 것은 L의 어머니, 원

래 설립자들 중 한 명이었던 그분도 그곳에 있다는 것입니다. 컴퍼니 초기 멤버였던 L의 어머니는 헤븐 서버로 온 후 설립자들의 행태에 환멸을 느끼고, 헤븐 서버를 멈춰버리고자 했다고 합니다. 그에 따른 벌로 하데스 구역에 감금된 상태이고요. 정확한 시기는 모르지만, 적어도 몇 년은 되었을 테니, 그분 입장에서는 수십 년 이상을 지옥에서 버텨온 셈입니다. L은 이런 것들을 다 알고 있습니다. 내가 L의 생각을 다는 모르지만, L이 컴퍼니의 일을 놓지 못하는 이유 중 하나는 이곳에 와서 어머니를 풀어드리고 싶기 때문일 겁니다.

나도 하데스로 갈지 모릅니다. 아직 헤븐 서버와 컴퍼니가 존재하는 것을 보면, 그리고 하데스에 꽤 많은 이들이 갇혀 있는 것을 보면, 내 계획이 그리 쉽게 달성되지는 않을 테니까요.

그래도 별 상관은 없습니다. 이미 나는 지옥 속을 걷고 있으니까요.

완우 씨를 컴퍼니로 오게 해서 미안합니다. 누군가는 완우 씨의 일을 그곳에서 해야 했을 테니, 완우 씨가 아니어도 나는 다른 누군가에게 미안했을 겁니다. 다만 내 계획이 달성되어서, 완우 씨에 대한 미안함이 지속되지 않기를 희망합니다. 완우 씨에게 연락을 또 하지는 못할 겁니다. 유리 씨, 컴퍼니를 찾아오는 사람들, 그리고 완우 씨 자신을 잘 돌보길 바랍니다. 완우 씨와 함께 마시던 마운틴의 레모네이드가 가끔 그립네요. 잘 지내요.

메타버스,
이렇게 개척하자

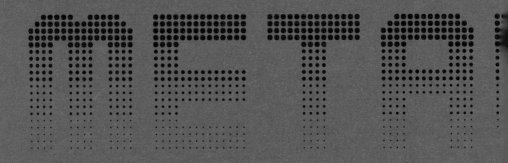

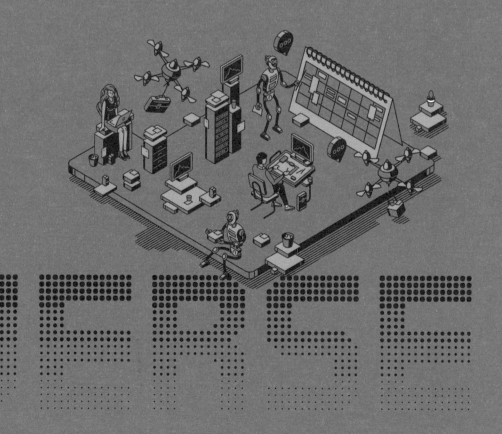

삼성전자:
사이버펑크2077에 제품을 깔아보자

PART 1에서 메타버스의 기본 특징을 소개했고, 2~5 PART에서 네 종류의 메타버스를 유형별로 설명했습니다. 이번 PART에서는 국내 기업들이 메타버스를 어떻게 활용할 것인가에 대한 제안을 해보려고 합니다. 제안이라고 하니 좀 거창한 감이 있으나, 저 혼자만의 아이데이션을 통해 이런저런 아이디어를 가볍게 던져보는 정도로 읽어주시면 좋겠습니다.

미국에서 가장 많은 특허를 보유한 기업은 어디일까요? 2020년 1월 1일 기준으로 삼성전자는 미국에서 87,208건의 특허를 등록하여, 2위 IBM(55,678건), 3위 캐논(38,657건), 4위 마이크로소프트(36,372건)를 큰 차이로 앞지르며 당당하게 1위를 차지했습니다. 탄탄한 기술력을 바탕으로 삼성전자는 다양한 신제품을 쏟아내고 있습니다. 특허가 하이테크 기업의 가장 중요한 자산임을 고려할 때 삼성전자의 이런 질주가 멈추지는 않을 듯합니다.

앞서 소개한 사이버펑크2077과 콜라보하는 전략을 제안합니다. 사이버펑크2077을 제작하면서 CDPR은 2077년의 도시에 어울리는 다양한 광고를 만들었습니다. 2077년이 되어도 지금처럼 도시 곳곳에는 다양한 광고물이 넘쳐나는데, CDPR은 그런 가상 광고를 제작하는 인력으로 10명 정도를 투입했다고 합니다. 물론, 사이버펑크2077 메타버스에서 우리가 마주치는 광고는 모두 가상의 제품에 관한 것들입니다. CDPR은 사이버펑크2077의 배경이 되는 나이트 시티의 수많은 광고판들을 성의 없고 비슷한 그림들이 아닌 정말 미래에 나올듯한 광고 이미지들로 채웠습니다.

이 부분에 삼성전자가 끼어들면 어떨까 합니다. 삼성전자가 미래에 개발을 염두에 두고 있는 제품 컨셉을 사이버펑크2077의 길거리 광고에 노출시키는 접근입니다. 2077년이 되면 아마도 삼성전자에서는 다양한 트랜스휴먼Transhuman용 기기를 내놓을 듯합니다. 트랜스휴먼은 신체

를 다양하게 개조해서 더 뛰어난 능력을 갖게 된 사람을 뜻합니다. 인간의 시력을 비약적으로 높이는 기기, 생각한 내용을 문서로 작성해 주는 소프트웨어, 텔레파시처럼 자신의 생각을 멀리 있는 누군가에게 전송해 주는 이식형 기기 등, 인류가 꿈꾸는 미래의 IT 기기를 삼성전자의 컨셉아트와 함께 사이버펑크2077의 거리에 광고하는 방식입니다.

좀 더 들어가면, 사이버펑크2077에서 미래 인류가 사용하는 전자 제품에 삼성전자의 로고를 넣어도 좋습니다. 그들이 손목에 이식해서 사용하는 스마트폰, 컴퓨터, TV 등을 삼성전자의 제품으로 둔갑시키는 접근입니다. 단순한 로고 삽입에서 그치지 말고, 그들이 사용하는 스마트폰 속에 삼성이 만든 앱을 넣어주면 더욱더 좋겠습니다. 수많은 이들이 살아가는 메타버스, 나이트 시티의 일상 곳곳에 삼성전자의 제품들을 녹여 넣는 것입니다.

삼성전자가 현재 출시한 제품들을 사이버펑크2077에 골동품처럼 등장시켜도 재미있겠습니다. 예를 들어, 2077년을 살아가는 복고 마니아가 삼성전자가 2020년에 출시한 갤럭시 Z 폴드를 갖고 있는 설정입니다. NPC의 대사가 깔리면 더욱더 그럴듯해집니다. '내 할아버지가 쓰던 전화기인데 여전히 멀쩡해. 난 이런 옛날 물건이 푸근해서 좋아.' 나이트 시티 안에 전자제품 박물관을 만들고, 그 안에 삼성전자가 만들었던 제품들을 전시물 형태로 보여줘도 재미있겠습니다.

미래 제품을 미리 보여주는 것에 부담이 든다면, 의도적 진부화obsolescence, 陳腐化라 생각해도 좋겠습니다. 삼성전자가 만들어내는 일런의 제품, 서비스가 현시점에서는 경쟁 기업들과 대비해서 앞서 있으나, 그럴수록 더 진보된 제품을 미리 보여줌으로써 늘 새로움을 추구하는 소비자들의 갈망을 부추기는 전략입니다.

CHAPTER 2

SK바이오팜:
디지털 실험실을 오픈하자

●●●●● SK바이오팜은 다양한 혁신 신약을 개발하는 제약사입니다. 글로벌 제약산업의 규모는 2019년 기준으로 대략 1조 4천억 달러에 달합니다. 규모만 놓고 보면 현재 우리나라의 주력 산업이라 할 수 있는 조선, 자동차, 반도체 등을 합친 것보다 더 큽니다. 시장 성장률 면에서도 조선산업(2.9%), 자동차 산업(1.5%)보다 월등히 높은 연 4.0%로 예상됩니다.

앞서 설명했던 내용 중 워싱턴대에서 단백질 구조를 연구하는 데이빗 베이커 교수가 2008년부터 운영하는 폴드잇 플랫폼을 SK바이오팜이 고려해보면 좋겠습니다. 메타버스 안에 디지털 실험실을 오픈해서, 일반인들이 SK바이오팜이 연구하는 프로젝트의 아주 작은 부분에라도 참여하게 개방해 주면 좋겠습니다. 신약 개발 과정 중 반복적인 시도나 창의적 발상이 필요한 요소를 뽑아내고, 이를 온라인상에서 일반인들이 해볼 수 있게 제공하는 방식입니다. 일반인들이 시도한 결과에 대해 SK바이오팜의 연구원들이 가끔씩 피드백을 해주면서, 문제를 함께 해결하고 있다는 감정을 전해주면 좋겠습니다. 이러한 과정을 통해 SK바이오팜 측은 집단지성으로부터 다양한 아이디어를 수집하고, 실험에 참가한 이들의 머릿속에는 SK바이오팜의 이미지가 깊게 새겨지게 됩니다.

다른 접근으로, SK바이오팜에 관심을 두고 있는 취업 준비생을 위한 메타버스를 만들면 어떨까요? 세계적인 화장품 기업인 로레알L'oreal은 리빌Reveal이라는 콘텐츠를 온라인으로 제공하고 있습니다. 로레알에 입사를 희망하는 지원자들이 필수적으로 플레이해야 하는 콘텐츠입니다. 지원자들은 리빌에서 일정 점수 이상을 획득해야 로레알에 서류 지원이 가능합니다.

그렇다고 해서 유별난 능력이 필요한 것은 아니고, 누구나 차분히 시간을 투자하면 달성 가능한 점수를 목표로 제시하고 있습니다. 진행되는 시즌마다 차이가 있으나 일반적으로 제품 개발, 마케팅, 판매까지 이어지는 전체 과정을 담고 있습니다. 참가자는 제품 개발, 마케팅, 판매의 과정에서 다양한 의사결정에 직면하는데, 다양한 상황에서 최적의 결정을 통해 업무 효율을 높이는 것이 목표입니다. 이와 유사한 형태로 SK바이오팜에서 신약을 개발하기 위해 여러 조직들이 협력하고 소통하는 과정을 체험하는 메타버스를 제공하면 좋겠습니다. 그 메타버스를 통해 취업 준비생들은 SK바이오팜의 신약 개발 과정에 더 많은 관심을 갖고, 더 깊게 이해할 수 있으리라 기대합니다.

CHAPTER 3

현대자동차:
매드맥스 세계관을 넣어보자

해외 자동차 시장에서는 차량 튜닝을 활성화해서 튜닝 파트를 생산하고 개조 서비스를 제공하는 중견기업과 대형 자동차 제조사가 서로 윈윈하는 분위기입니다. 메르세데스벤츠의 경우 AMG, BMW의 경우 M이라는 타이틀은 각 사의 차량을 고성능으로 바꿔주는 상징처럼 자리 잡았습니다. 튜닝 파트를 만들고 서비스하면서 전문 튜닝사는 안정적인 수입을 얻고, 자동차 제조사 입장에서는 생산하는 차량의 라인업이 한정되어 있어도 튜닝을 통해 보다 다양한 차량을 소비자에게 공급하는 효과가 있습니다. 소비자 입장에서는 자신의 취향을 반영하여 자기만의 차를 완성한다는 재미가 있습니다.

세계 자동차 튜닝 시장규모는 100조 원이 넘게 추산되며, 이는 세계 조선업 시장규모를 넘어섰습니다. 해외에 비해 국내는 자동차 튜닝에 대한 규제가 까다로운 편입니다. 해외에서는 어떤 튜닝을 금지하는가를 법률로 통제하는 네거티브 규제를 주로 쓰고 있지만, 국내법은 어떤 튜닝을 허가하는가를 제시하는 포지티브 규제입니다. 즉, 해외에서는 금지되는 것 이외에는 자유롭게 튜닝을 해도 되지만, 국내에서는 허용되는 범위 안에서만 튜닝을 해야 해서 가능한 튜닝의 폭이 상대적으로 좁습니다. 다만, 튜닝 관련 기업과 소비자들의 지속적인 요구로 자동차 튜닝 관련 규제가 점차 완화되는 흐름입니다.

과하게 튜닝된 자동차들이 판치는 메타버스를 현대자동차가 만들면 어떨까요? 2015년 개봉된 영화 '매드맥스: 분노의 도로'에는 기괴하게 튜닝된 다양한 자동차가 등장합니다. 시대 배경이 먼 미래이고, 워낙 튜닝이 기괴해서 자동차의 본래 모습을 알아보기 힘든 수준입니다.

매드맥스 세계관을 반영하여 현대자동차의 튜닝된 차량들이 가득한

메타버스

가상 세계 메타버스를 만들면 재미있겠습니다. 메타버스에 가입하면, 현대자동차에서 생산하는 차량들 중 하나를 랜덤하게 제공해 줍니다. 현실 세계에서 현대자동차의 차량을 보유한 고객이라면, 자신이 타는 자동차를 추가로 등록할 수 있습니다. 메타버스에서 사용 가능한 화폐도 소액 지급해 줍니다. 사용자는 지급받은 화폐를 가지고 튜닝 파트를 구입해서 자신이 가진 자동차의 외형이나 성능을 개조합니다. 개조한 차량을 가지고 1 대 1 레이싱, 8인 참가 레이싱, 차량 링 밖으로 밀어내기 등의 다양한 이벤트에 참가합니다. 사용자는 이벤트에 참가하면 보상금을 받고, 누적된 보상금을 가지고 차량을 교환하거나 추가 튜닝 파트를 구입할 수 있습니다. 간단한 튜닝 파트는 현행법에 저촉되지 않는 범위 내에서 실물로 생산해서 고객에게 판매하거나, 메타버스 홍보용으로 사용해도 좋겠습니다.

라이프로깅 메타버스를 적용해도 좋습니다. 차량에 설치된 텔레매틱스(차량에 설치된 컴퓨터, 태블릿 등을 무선통신, GPS와 연계하여 각종 정보를 제공하는 기술) 기기를 활용하여, 앞서 설명했던 나이언틱의 인그레스를 접목하는 접근입니다. 동종 차량을 가지고 같은 구간을 운행한 기록을 비교하여 안전 운전 지수가 높은 사용자가 해당 구간을 점령하는 규칙, 도로 곳곳에 수집할 포탈을 배치하고 차량이 근처를 지나가면 자동으로 해당 포탈을 접수하여 수집하는 규칙, 지역별로 운전자를 팀으로 묶어서 어떤 지역 운전자들이 더 많은 구간을 점령하고 다양한 포탈을 수집했는가를 경쟁하는 규칙 등 다양한 메타버스를 창조할 수 있습니다. 라이프로깅 메타버스를 사용하던 고객이 신차를 구매할 경우, 라이프로깅 메타버스의 기존 기록을 바탕으로 추가 할인을 제공하거나, 서비스 물품을 제공하는 등의 보상 프로그램과 연계하면 좋겠습니다.

증강현실 메타버스를 만드는 방법도 있습니다. 현대자동차에서 생산하는 차량의 외관을 가볍게 꾸미는 증강현실 앱을 제작해 배포하는 방식입니다. 증강현실 앱을 가지고, 자신의 실제 차량을 다양한 스티커, 소형 부착물 등으로 미리 꾸며보는 기능을 제공합니다. 앱에서 제공하는 기본 도구들 이외에 사용자들이 스티커, 소형 부착물을 커스터마이징하여 다른 사용자들과 자유롭게 공유하게 합니다. 앱상에서 인기가 높은 스티커, 소형 부착물 등을 실물로 제작해서 이벤트 형태로 나눠주거나, 앱에 쇼핑몰을 열어서 판매하면 좋겠습니다. 자신이 보유한 현대자동차를 가지고 거실이나 회의실에서 증강현실 레이싱을 즐기게 하는 방법도 있습니다. 예를 들어 세 명의 친구가 한 집에 모였는데, 각각 그랜저, 소나타, 팰리세이드를 갖고 있습니다. 각자 스마트폰에서 증강현실 레이싱을 실행하면 거실 바닥에 레이싱 트랙이 보이고, 자신이 소유한 자동차가 출발선에 서있습니다. 레이싱이 끝나면 친구들 중 순위, 동종 차량 보유자 중 순위 등으로 보여줍니다. 실제 자신이 갖고 있는 차가 아니어도 레이싱 기록에 따라 몇 번 정도는 증강현실 레이싱에 불러와서 운전할 수 있게 풀어줍니다.

물론, 제가 나열한 간단한 기능들만으로 메타버스가 완성되지는 않습니다. 그 속에 살아갈 이들을 어떤 아바타로 보여줄지, 그들에게 어떤 간격이나 비율로 보상을 제공할지, 경제 시스템을 어떻게 디자인하고, 사용자들 사이에 어떤 상호작용을 유도할지에 따라 메타버스의 생명력이 좌우될 겁니다.

CHAPTER 4

LG화학: 메타버스에 화학공장을 건설하자

LG화학은 국내 화학 분야 1위 기업입니다. 세계 화학기업 중 브랜드 가치 4위에 랭크되기도 했습니다. 그런데 혹시 LG화학에서 생산하는 제품이 무엇인지 아시나요? 화학 분야에 관심이 많은 분이 아니라면, 떠오르는 제품이 그리 다양하지는 않을 것입니다. LG화학은 석유화학 제품, 전지(전자제품, 소형 이동 수단, 자동차 등에 들어가는 전지), 특수 소재(자동차 내외장재, OLED, 디스플레이 소재, 고기능성 필름 등), 의약품, 비료, 종자 등 다양한 제품을 생산하고 있습니다. 특히 비료, 종자를 생산한다는 사실을 모르는 분들이 많은데, 그 분야에서 국내 시장점유율 2위를 기록하고 있습니다.

LG화학에서 일하는 분들은 위에 열거한 내용 정도는 당연히 알고 있으실 겁니다. 그러나 기업 규모가 크고 다양한 사업부가 복잡하게 얽혀 있다 보니, 기업이라는 생명체가 전체적으로 어떻게 움직이고 있는지 머릿속에 잘 그려보기는 어렵습니다. 화학제품의 최종 소비자, LG화학에 관심이 있는 일반인, LG화학에 근무하는 분들이 LG화학의 전체 구조와 가치사슬value chain을 잘 이해할 수 있게 화학 공장을 중심으로 하는 메타버스 건설을 제안합니다.

독일의 전기, 전자, 플랜트 기업인 지멘스Siemens는 자사의 플랜트 관련 기술과 브랜드를 대중에게 홍보하고, 여러 분야 인재들의 관심을 끌기 위해 플랜트빌PlantVille을 공개했습니다. 참고로 플랜트 산업은 전력, 석유, 가스 등을 생산하는 설비를 공급하거나 공장을 건설해 주는 역할을 합니다. 플랜트빌 통해 사용자는 공장을 건설하고 운영하는 작업을 경험하는 데 이를 통해 지멘스의 업무에 대한 이해도를 높이고, 브랜드에

대한 호감도가 향상됩니다. 이러한 이해도와 호감도의 향상은 지멘스가 필요로 하는 여러 국가의 다양한 인재들이 지멘스에 지원하는 동기를 높여줍니다. 플랜트빌은 지멘스 직원들의 내부 교육용으로도 사용됩니다. 다양한 학문, 경험을 가진 신입사원들이 지멘스에서 일하게 되는데, 대부분의 직원들에게 지멘스의 주력 사업인 플랜트 사업은 꽤나 낯선 분야입니다. 지멘스는 플랜트빌을 통해 지멘스가 가진 기술의 세부적인 속성까지는 아니지만, 플랜트 사업의 특성과 지멘스의 역할을 모든 신입사원들이 쉽게 이해하도록 돕고 있습니다.

마이메리어트는 메리어트호텔에서 제공하는 콘텐츠입니다. 이 콘텐츠는 메리어트호텔의 주방과 같은 환경에서 사용자가 한정된 예산을 적절히 활용하여 주방기구 교체, 식재료 구매, 조리사 채용 등을 해결하는 콘텐츠입니다. 밀린 주문을 해결하고, 레벨을 높여가는 것이 목표입니다. 레벨이 높아지면 주방에서 벗어나 호텔의 다른 업무를 체험하게 됩니다. 마이메리어트는 메리어트에 대한 여러 분야 인재의 관심도를 높여주는 수단으로 평가받고 있습니다. 실제 중국, 인도와 같은 신흥 시장 진출을 위해 대규모 인력을 채용하는 과정에서 마이메리어트는 효율적인 홍보 수단으로 사용되었습니다. 높은 점수를 얻은 인재의 경우 실제 호텔 업무에 대한 관심과 이해도가 높은 것으로 나타났으며, 신입 사원들이 마이메리어트를 사용하면서 호텔 내의 다양한 업무를 손쉽게 파악하게 되었습니다.

LG화학이 지멘스의 플랜트빌, 메리어트호텔의 마이메리어트와 같은 콘텐츠를 참고하면 좋겠습니다. LG화학이 보유한 화학 플랜트가 전체적으로 어떻게 구성되어 있고, 과정별로 어떤 부가가치가 생성되는지 보여주는 도구로 활용하기 위해서입니다. LG화학에 관한 외부인들의 이해도를 높이고, 외부인들이 가진 아이디어를 수집하는 소통 채널로 활용할 수 있습니다. 내부 직원들, 특히 연구나 기술 분야 종사자가 아닌 직원들에게 LG화학의 기술적 특성을 이해시키는 데 도움이 됩니다.

CHAPTER 5

카카오:
자서전을 대신 써주자

•••••　　　작년 여름이었습니다. 조찬 모임 강연이 있어서 매
우 이른 시간에 택시를 탔습니다. 머리가 희끗희끗한 기사님께서는 이
른 시간에 제가 왜 호텔에 가는지 궁금해하시는 눈치였습니다. 이런저
런 주제로 홍보, 마케팅 담당자들 대상으로 강연을 간다고 했더니, 기사
님께서 매우 반가워하셨습니다. 자신도 젊은 시절 그쪽 일을 했다고 하
셨습니다. 호텔에 도착할 때까지 대화가 이어졌습니다. 택시에서 내리
려는데 운전석 옆에서 작은 책자를 꺼내시고는, 몹시 수줍은 표정으로
제게 건네셨습니다. 기사님께서 쓰신 자서전이었습니다. 늦은 저녁, 가
방에 넣어두었던 기사님의 자서전을 꺼내어 읽었습니다. 우리 모두는
서로 닮은 듯 다른 삶을 산다는 생각이 들었습니다. 판매하지 않을 자신
의 이야기를 기사님께서는 왜 책으로 엮으셨을까 생각해봤습니다. 타인

과 닮은 듯하며 다르기도 한 나의 삶, 그 삶이 나에게는 가장 특별한 이야기이기에 그러셨으리라 짐작했습니다.

한국인의 94.4%가 카카오톡을 쓰고 있습니다. 그중 상당수는 라이프로깅 메타버스인 카카오스토리에 자신의 일상을 기록합니다. 그들이 오프라인에서 살아가는 기록은 카카오가 건설한 거울 세계 메타버스에 고스란히 담겨 있습니다. 내가 어디를 어떻게 이동했는가는 카카오의 길찾기, 택시 불러주기, 대리운전, 내비게이션, 버스 노선 안내, 지하철 노선 안내, 주차장 찾아주기 서비스 등이 알고 있습니다. 내가 돈을 어디에 쓰고 어디에 투자하는가는 카카오의 금융 분야 서비스인 카카오페이, 온라인 주식거래 서비스, 카카오뱅크 등이 알고 있습니다. 내가 무엇을 보고 읽고 즐기는가는 카카오페이지의 웹소설, 웹툰, 순수문학, 카카오TV 등의 콘텐츠 서비스가 알고 있습니다.

인공지능 프로그램이 소설을 쓰는 시대가 되었습니다. "'정신 차리고 말해!' 그녀는 숨을 한 번 몰아쉬었다. 몸도 움직이지 않고 있었다. 남는 시간이 더 없었다. 시간이 얼마나 흘렀을까. 나는 숨을 쉬지 않고 말을 토해내고 싶었다. 그녀는 나를 믿지 않았다." 이 문장은 '포자랩스'라는 스타트업이 만든 인공지능 프로그램이 2019년에 쓴 내용입니다. 2016년, 일본 호시 신이치 문학상 공모전에서 예선을 통과한 작품 중 4편은 인공지능 프로그램이 쓴 소설이었습니다.

카카오 유니버스가 보유한 나에 관한 어마어마하게 다양하고 세세한 기록들을 인공지능 소설가에게 넘겨주면 어떤 작품이 나올까요? 특히,

내가 카카오톡을 통해 주변인들과 소통하고, 업무를 처리했던 대화 기록까지 인공지능 소설가가 들여다본다면 꽤 괜찮은 전기가 나오리라 생각합니다. 시간을 축으로 놓으면, 짧게는 하루의 일기, 길게는 수십 년에 걸친 삶의 기록을 담은 이야기가 될 테고, 주제를 축으로 놓으면, 나의 사랑과 이별 이야기, 나의 커리어 관리 이야기, 나의 흑역사 모음 등 다양한 콘텐츠가 나오겠습니다.

이런 콘텐츠를 카카오가 개인에게 판매할지 아니면 다른 형태로 상업화하는 게 좋을지는 모르겠습니다. 다만, 내가 주인공인 나의 이야기가 나에게 정말 매력적인 콘텐츠가 될 것은 확실합니다. 내 이야기를 내 지인들과 공유하고 의견을 듣거나, 누군가에게 공유하는 게 불편하다면 내 이야기를 인공지능 독자나 인공지능 카운슬러에게 공유하고 소감과 조언을 구할 수도 있겠습니다. 이런 매력과 부가 기능을 바탕으로 사람들을 더 다양한 카카오 유니버스의 서비스에 깊이 빠져들게 만들 수 있습니다.

메타버스 속에는 무수히 많은 사람들이 어울려서 살아갑니다. 각자 자신을 중심으로 삼아 원을 그려놓고, 자신이 주인공인 삶을 살아가고 있습니다. 메타버스에는 엄청난 양의 데이터, 정보가 생성되며 기록되고 있으나, 그 데이터와 정보를 시간과 사람들의 관계와 엮어낸 이야기가 부족합니다. 사람들에게 감동을 주고, 마음을 움직여서, 행동에 변화를 일으키는 것은 데이터나 정보가 아닌 이야기입니다. 그 이야기를 카카오가 쓰면 좋겠습니다. 카카오 메타버스에 머무는 이들에게 각자가 주인공인 이야기를 카카오가 선물해 주길 바랍니다.

CHAPTER 6

빙그레:
로블록스에 빙그레우스 궁전을 건설하자

●●●●●　　빙그레는 2020년 2월부터 매우 독특한 마케팅을 펼치고 있습니다. 빙그레 공식 인스타그램에 만화 캐릭터를 등장시켰습니다. '빙그레우스 더 마시스'라는 캐릭터가 등장했는데 '안녕?'이란 글뿐이었습니다. 담당자가 곧 퇴사하느냐, 해킹당한 줄 알았다, 오타쿠 취향에

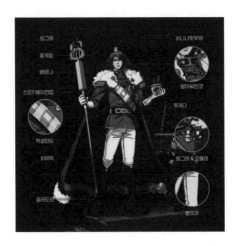

잘 맞는다 등의 메시지가 올라오며, 소비자들은 폭발적 반응을 보였습니다. 빙그레우스는 빙그레 왕국의 왕위 계승자이며 아버지로부터 인스타그램 채널 운영을 넘겨받았다고 밝혔습니다.

빙그레우스는 빙그레가 마케팅을 위해 제작한 자체 캐릭터입니다. 유럽 왕족 같은 외모에 B급, 병맛 코드를 가미한 느낌입니다. 빙그레우스는 빙그레에서 나오는 각종 상품으로 몸을 치장하고 있습니다. 왕관은 바나나맛 우유이고, 바지는 빵또아이며, 손에 쥐고 있는 지휘봉은 메로나와 꽃게랑입니다. 캐릭터가 인기를 끌자 빙그레는 빙그레우스 게시글을 주기적으로 올리고 있습니다. "내 일은 내가 알아서 하겠소.", "나는 산책하는 중이오. 인친님들은 뭐 하시오?", "요즘은 애인의 애칭을 달달한 디저트로 한다는 이야기를 들었소. 이 글을 보고 있는 그대, My Sweet 바나나맛 우유, 나와 정원에서 바나나맛 우유 한잔하시겠소?"라는 등의 포스팅을 남기며 팔로워들과 소통하고 있습니다. 빙그레의 이

런 세계관에는 비비빅, 투게더리고리경, 꽃게랑, 옹떼 메로나 부르쟝, 더 위사냥, 액설런트 남매 등 빙그레의 여러 상품명을 바탕으로 만들어진 다양한 캐릭터가 추가로 등장하고 있습니다.

빙그레는 창업한지 50년이 넘은 기업입니다. 제게는 어린 시절부터 친근한 브랜드인데, 예전부터 함께 해오다 보니 한편으로는 중년 기업 느낌이 들기도 합니다. 그런데 빙그레는 빙그레우스를 중심으로 빙그레 왕국을 만들면서, Z세대의 마음을 깊게 파고들었습니다. 빙그레우스 게시물은 게시글당 평균 4천 개가 넘는 좋아요가 붙습니다. 빙그레의 기존 게시물과 비교하면 2배가 넘습니다. 수십 개 정도 달리던 댓글도 수백 개에서 천 개를 넘기도 합니다. 2020년 9월 기준으로 인스타그램 팔로워 수 14만 9천 명으로 국내 식품회사 중 1위를 기록하고 있습니다. 2020년 2분기, 코로나 사태로 제조업 분야의 매출이 전반적으로 주춤했으나, 이 기간 동안 빙그레의 매출액과 영업이익은 각각 30%, 7.4%나 증가했습니다. 빙그레는 2020년 초 사업 계획 발표에서 해외 사업 확대에 힘을 쏟겠다고 선언했습니다. 빙그레는 현재 국내에서 제품을 생산해서 해외로 수출하는 방식을 취하고 있으나, 해외 시장의 성장에 발맞추기 위해 미국 현지 공장을 건립하리라는 예측이 나오고 있습니다.

이런 상황에서 빙그레가 로블록스에 빙그레우스 궁전을 만들면 어떨까요? 로블록스의 사용자 규모는 2019년에 9천만 명이었고, 2020년에는 1억 1천 5백만 명을 넘어섰습니다. 국내보다는 상대적으로 해외 사용자가 많습니다. 미국에서 청소년을 대상으로 사업을 펼치고 있는 그 어떤 기업보다 압도적으로 많은 고객을 확보한 플랫폼이 로블록스입니다. 2018년 자료를 기준으로 보면, 미국의 13세 미만 아이들은 유튜브보다 로블록스에서 2.5배 정도의 시간을 보냈고, 넷플릭스에 비해서 16배 정도의 시간을 로블록스 메타버스에서 보냈습니다. 빙그레가 로블록스에 빙그레우스 궁전을 포함한 왕국을 만들고, 더불어 빙그레의 다양한 상품을 전시하는 홍보관, 빙그레 상품을 형상화한 놀이터, 빙그레 아이템이 등장하는 미니 게임 등을 제공하면 좋겠습니다. 로블록스 플랫폼 자체를 사용하는 데는 별도 비용이 들지 않습니다. 물론, 로블록스에 빙그레우스 왕국을 만들려면 전체 지형을 설계해서, 로블록스 스튜디오로 내용을 편집하여 올리고, 사용자들과 소통하며 운영하는 과정이 필요합니다. 그러나 수많은 해외 고객, 특히 빙그레의 주 고객이 될 수 있는 해외 청소년들에게 빙그레 브랜드와 다양한 제품군을 알리는데 큰 효과가 있으리라 기대합니다. 라이프로깅 메타버스인 소셜미디어를 활용해서 팬덤을 만든 전략도 멋졌지만, 로블록스와 같은 가상 세계 메타버스까지 진출해서 빙그레우스 팬덤에게 빙그레우스를 주제로 더 다양한 경험을 제공해 주면 좋겠습니다. 바라보고 응원해 주는 경험을 중심으로 하는 라이프로깅 메타버스보다 내가 직접 참여하며 같은 멤버가 되었다고 느끼는 가상 세계 메타버스가 소비자들을 더 깊게 빠져들게 할 것입니다.

CHAPTER 7

국순당:
GTA 온라인에 주점을 차리자

●●●●● 국순당은 제가 즐겨 마시는 백세주, 막걸리 등을 생산하는 주류 기업입니다. 창업자 배상면 회장이 1952년에 대구에서 시작했던 기린 주조장이 국순당의 모체입니다.

국순당은 대략 10년 전부터 미국에 '국순당 생막걸리'를 수출해오고 있습니다. 2019년까지 누적 판매량 1,200만 병을 돌파했습니다. 국순당

은 미국을 포함하여 세계 52개국에 막걸리를 수출하고 있습니다. 2020년부터는 유산균 함량을 높인 기능성 전통주인 '1,000억 프리 바이오 막걸리'를 미국에 수출하기 시작했습니다. 이를 계기로 프리미엄급 막걸리를 해외시장에 전파한다는 계획입니다. 코로나19가 퍼진 이후로 해외에서는 유산균이 많은 프리미엄급 막걸리가 면역력 강화에 도움이 된다는 인식이 생기면서, 인기가 올라가고 있습니다. 특히, 한류 문화에 관심이 많은 20~30대 젊은 소비자들에게 반응이 좋다고 합니다.

글로벌 시장에서 우리 전통주의 위상을 높이고 있는 국순당이 GTA 온라인 메타버스에 관심을 가지면 좋겠습니다. 락스타게임즈가 개발한 GTA 온라인은 가상의 도시 로스 산토스를 배경으로, 다양한 사고를 저지르는 범죄자들이 주인공인 콘텐츠입니다.

배경이 되는 로스 산토스는 로스 앤젤레스의 주요 지형과 랜드마크들을 본떠서 만든 도시입니다. 현시대의 실제 도시를 배경으로 하다 보니, 쇼핑몰, 은행, 경찰서, 병원, 주점 등이 거리 곳곳에 있습니다. 사용자들

은 로스 산토스에서 여러 미션을 수행하며 돈을 벌어, 아파트, 사무실 등의 부동산을 구입하거나 다양한 옷, 무기 등으로 자신의 아바타를 꾸밉니다. 사용자들은 GTA 온라인에서 여러 사람과 어울려서 함께 미션을 수행하거나, 자신의 요트, 슈퍼카, 제트기 등을 운전하면서 광활한 도시의 아름다운 풍경을 즐깁니다.

사용자들은 엑스박스, 플레이스테이션 같은 가정용 비디오 게임기나 PC를 통해 GTA 온라인에 접속합니다. 서비스를 처음 시작한 시기에는 동시 접속자 수가 1,500만 명을 넘기도 했으나, 락스타게임즈는 GTA 온라인의 사용자 수를 공개하지 않고 있습니다. 다만, GTA 온라인 접속에 필요한 GTA5라는 콘텐츠가 여러 국가에서 꾸준히 판매되며 누적 판매량 1억 1천만 장을 기록하고 있어서, 세계 여러 나라에서 GTA 온라인에 접속하는 사용자가 매우 많으리라 짐작합니다. GTA 온라인은 청소년이 이용할 수 없는 메타버스입니다. 앞서 얘기한 대로 사용자가 무기를 가지고 범죄를 저지르는 미션이 등장하거나, 주점 같은 시설이 나오기 때문입니다.

세계 여러 나라에서 수많은 사용자가 들어오고, 청소년은 들어오지 못하며, 서구권 도시의 모습을 담은 메타버스, 이게 GTA 온라인입니다. 로스 산토스 거리에 국순당이 주점을 오픈하면 어떨까요? GTA에서 사용자는 주점에 들어가서 술을 주문해서 마실 수 있습니다. 술을 마시면 화면이 조금 어른거리면서 술에 취한 효과가 연출되기도 합니다. 또한, 술을 마신 상태에서 운전을 하면, 단속을 위해 경찰차가 따로 옵니다. GTA 속 로스 산토스 거리의 주점에서 국순당 생막걸리와 1,000억 프리바이오 막걸리를 판매한다면, 국순당이라는 브랜드와 막걸리라는 우리 전통주를 모르는 외국인들에게 재미있는 홍보가 되리라 생각합니다. 물론, 국순당 마음대로 로스 산토스에 주점을 열지는 못하지만, 락스타 게임즈에 손을 내밀어보면 어떨까요? 주점을 오픈하는 게 어렵다면, 로스 산토스 거리에 국순당의 광고판을 세우거나, 로스 산토스 도로를 달리는 대형 트레일러트럭의 옆면에 국산당 막걸리 이미지를 크게 넣어도 좋겠습니다.

CHAPTER 8

아모레퍼시픽:
메타버스에 디지털 화장품을 팔자

●●●●●

아모레퍼시픽은 LG생활건강과 함께 우리나라 화장품 업계에서 1, 2위를 다투는 기업입니다. 1945년에 설립된 태평양화학공업사가 모체입니다. 설화수, 헤라, 아이오페, 라네즈, 마몽드, 한율 등이 모두 아모레퍼시픽의 화장품 브랜드입니다.

아모레퍼시픽은 2019년 기준으로 매출액 6조 2,843억 원, 영업이익 4,982억 원을 기록했습니다. 전년도와 비교하여 매출액은 일부 증가했으나, 영업이익률은 3년째 감소세에 있습니다. 2020년에 들어서는 코로나의 영향으로 1분기 영업이익이 2019년 동기 대비 66.8% 감소한 679억 원을 기록했습니다.

이런 상황을 극복하기 위해 아모레퍼시픽은 혁신 상품 개발, 고객 체험 공간 확대, 국내외 유통채널 다각화 등을 추진 중이라고 밝혔습니

다. 아모레퍼시픽뿐만 아니라 다른 화장품 기업들도 어렵기는 마찬가지입니다. 코로나19로 인해 오프라인 매장을 찾는 소비자의 발길이 줄어들고, 디지털 트랜스포메이션 물결이 일면서 LG생활건강, CJ올리브영, 토니모리 등 오프라인 매장을 중심으로 사업을 하던 기업들이 온라인 플랫폼 사업에 나서고 있습니다. 현재 이런 기업들이 가장 집중하는 부분은 인터넷 쇼핑몰과 모바일 쇼핑 앱 구축입니다. 쇼핑 기능 이외의 부분에서 정보기술을 접목하는 움직임도 화장품 업계에서 조금씩 시도되고 있습니다. 토니모리는 인공지능을 활용해 고객에게 적합한 화장품과 화장법을 추천해 주는 플랫폼을 구축할 계획이라고 밝혔습니다. CJ올리브영은 직원들 간 소통을 활성화하기 위하여 '올리브 라운지'라는 모바일 플랫폼을 오픈했습니다. 이런 전략들의 공통점은 오프라인 현실 세계에서 고객들이 더 쉽게 화장품을 고르고, 더 편하게 구매할 수 있게 돕는 것입니다.

아모레퍼시픽이 현실 세계가 아닌 메타버스에서 사용하는 화장품을 개발하면 어떨까요? 원격 화상회의, 원격 화상교육에서 사람들이 많이 사용하는 플랫폼은 줌 비디오 커뮤니케이션의 줌, 시스코의 웹엑스, 마이크로소프트의 팀즈 등입니다. 이런 도구들은 기본적으로 기업의 원격 화상회의를 위해 개발되었으나, 코로나19 이후로 여러 국가의 교육기관이 온라인 수업을 진행하면서 원격 화상교육 도구로도 사용되고 있습니다. 이중 2020년 들어서 가장 많이 사용되는 줌을 살펴보면, 2019년까지 사용자 수가 수천만 명 수준이었으나, 2020년 3월 2억 명, 4월 3억 명으로 급성장하고 있습니다. 줌은 사용자가 있는 곳의 배경을 바꿔주거나, 얼굴 피부 톤을 보정해 주는 기능을 제공하여 매우 큰 호응을 얻고 있습니다.

스냅카메라를 이용해 이런 기능을 강화해서 제공하는 화상회의 제품들이 늘어나고 있습니다. 스냅카메라는 자신의 얼굴 위에 안경, 콧수염, 귀걸이, 모자 등을 가상으로 씌워서 각종 영화, 애니메이션 캐릭터처럼 바뀐 모습을 보여주는 프로그램입니다. 컴퓨터의 다른 소프트웨어들은 스냅카메라를 하나의 카메라로 인식합니다. 따라서 스냅카메라로 자신의 얼굴을 꾸미고, 앞서 얘기한 줌이나 웹엑스 같은 소프트웨어에서 카메라를 스냅카메라로 변경하면, 스냅카메라가 만들어낸 꾸며진 나의 모습이 화상회의 소프트웨어로 송출됩니다. 얼굴을 꾸며주는 다양한 테마를 렌즈라고 부릅니다. 자고 일어난 부스스한 머리에도 스냅카메라의 모자 렌즈를 적용하면 멋진 모자를 쓴 모습으로 화상회의에서 보입니다.

일본의 화장품 기업 시세이도는 스냅카메라 프로그램을 통해 디지털 화장 기능을 제공하고 있습니다. 스냅카메라에서 'telebeauty'라고 검색하면, 시세이도가 제공하는 네 가지 디지털 화장 렌즈가 나타납니다. 마음에 드는 렌즈를 선택하면 시세이도 화장품으로 화장한 내 얼굴이 나타

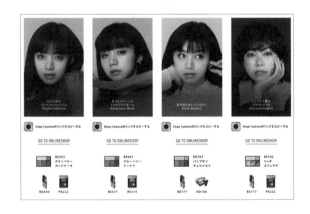

납니다. 그 상태에서 화상회의 프로그램을 사용하면, 화장한 모습으로 다른 이를 만나게 됩니다. 시세이도 홈페이지에는 스냅카메라에 있는 네 가지 디지털 화장 렌즈를 통해 화장한 모습처럼 실제 화장을 하려면 어떤 시세이도 화장품을 구매하면 좋을지 추천하는 메뉴가 있습니다.

아모레퍼시픽이 스냅카메라 같은 범용 프로그램에 렌즈 형태로 자사 화장품을 소개하는 방법도 나쁘지 않으나, 좀 다양한 경험을 주기 위해 독자적 툴을 구현하면 좋겠습니다. 아모레퍼시픽의 다양한 브랜드에 포함된 화장품을 사용해서, 서로 다르게 화장한 모습을 보여주는 기본 렌즈들을 제공합니다. 여기에 사용자들이 개인 취향에 맞게 화장을 수정하고, 수정한 결과를 새로운 화장법으로 저장하여, 라이프로깅 메타버스인 소셜미디어를 통해 지인들과 공유하게 해줍니다. 화장에 사용한 화장품들이 실제 어떤 제품인지 보여주고 구매할 수 있는 쇼핑몰과 연동해 줍니다. 디지털 화장법을 소셜미디어에 공유하여 많은 반응을 받은 사용자들에게는 쇼핑몰에서 사용 가능한 포인트나 할인권을 제공해 줍니다. 화장한 모습은 줌, 웹엑스, 팀즈 같은 원격 화상회의, 화상교육 프로그램에 연동되게 하고, 다양한 오픈 브로드캐스터 소프트웨어 OBS, Open Broadcaster Software와도 연결해 줍니다. OBS는 온라인 동영상 콘텐츠를 녹화하거나 실시간 스트리밍 할 때 여러 영상, 음향 소스를 조합해 주는 소프트웨어입니다. 프리즘 스튜디오, 엑스스플릿 등이 여기에 해당합니다. 오프라인 매장이나 쇼핑몰에서 아모레퍼시픽 제품을 구매하면, 화장품 상자 안에 화상회의에서 자신의 배경을 바꿀 수 있는 코드를 넣어줘도 재미있겠습니다. 화상회의, 화상교육 사용자들은 자신의 생활 환경을 노출하지 않으려고, 인터넷에서 다운로드한 휴양지나 멋진 카페 사진을 사용하는 경우가 많습니다. 그런 용도에 사용 가능한 배경들을 아모레퍼시픽의 다양한 브랜드 특징별로 세트로 구성하여 제공해 주면 어떨까요?

CHAPTER 9

빅히트엔터테인먼트 :
위버스에 K팝 왕국을 건설하자

BTS가 세계인의 사랑을 받으면서, BTS 소속사인 빅히트엔터테인먼트를 모르는 이들이 드물어졌습니다. 빅히트엔터테인먼트는 JYP엔터테인먼트에서 수석 작곡가로 활동하던 방시혁 작곡가가 2005년 2월에 설립한 연예 기획사입니다. 제 개인적으로는 빅히트엔터테인먼트의 2대 주주가 게임회사인 넷마블(24.87%)이라는 점이 흥미롭습니다. 빅히트엔터테인먼트의 2019년 매출액은 5,879억 원으로 이는 2018년 매출액 2,142억 원의 두 배가 넘는 기록입니다. 2019년 영업이익은 987억 원으로, 역시 2018년에 비해 두 배가량 증가한 수치입니다.

미국 경제 전문 매체인 패스트 컴퍼니는 '2020년 세계에서 가장 혁신적인 50대 기업The World's 50 Most Innovative Companies 2020'에서 빅히트엔터테인먼트를 4위로 선정했습니다. 참고로 1위에는 소셜미디어 업체인 스냅, 2

위에는 마이크로소프트, 9위에는 로블록스, 39위에는 애플이 선정되었습니다. 빅히트엔터테인먼트가 4위에 선정된 것은 정말 대단한 일입니다. 패스트 컴퍼니는 빅히트엔터테인먼트를 애플보다 훨씬 더 혁신적인 기업으로 본 셈입니다.

빅히트엔터테인먼트의 혁신성은 여러 면에서 나타나고 있으나 저는 그 혁신성이 위버스Weverse로 집약되고 있다고 봅니다. BTS, 세븐틴, 여자친구 등의 팬이라면 이미 위버스를 사용하는 분들이 많으실 듯합니다. K팝 아티스트들의 팬클럽, 팬덤은 보통 온라인 커뮤니티를 통해 활동하고 있습니다. 포털에서 제공해 주는 공개 카페 서비스를 쓰거나, 독자적으로 사이트를 제작하기도 합니다. 위버스는 이런 팬 커뮤니티 서비스를 하나의 플랫폼에 모두 담았습니다. 빅히트엔터테인먼트는 위버스를 통해서 팬 커뮤니티를 관리하고, 온 오프라인 행사를 홍보해서 직접 예약 서비스를 제공하며, 다양한 한정판 상품을 판매하겠다고 밝혔습니다. 현재 위버스를 운영하는 기업은 빅히트엔터테인먼트의 관계사 beNX입니다.

위버스 플랫폼에 들어가면 BTS, 세븐틴, 여자친구 등 빅히트엔터테인먼트와 관련된 아티스트들의 목록이 나타납니다. 여기서 자신이 좋아하는 아티스트를 선택해서, 해당 커뮤니티에 개별적으로 가입하면 됩니다. 특정 아티스트의 커뮤니티 안에서는 아티스트가 직접 올리는 피드, 팬들이 올리는 피드, 해당 아티스트의 다양한 매체 활동을 모아놓은 자료, 유료 가입자를 위한 추가 콘텐츠(특정 아티스트 커뮤니티에 유료로 가입하

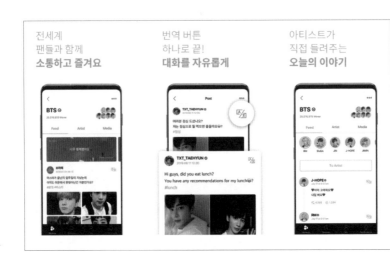

기 위해서는 위버스 샵에서 티켓을 구매해야 함) 등이 제공됩니다. 위버스와 연동되는 위버스 샵에서는 공연 티켓이나 한정판 상품을 판매하고 있습니다. 일례로, 2020년 6월 14일 BTS의 온라인 콘서트 '방방콘 The Live'는 행사 홍보, 티켓 판매, 공연 관람 및 관련 상품 구매까지 모두 위버스에서 이뤄졌습니다.

팬들은 피드를 올릴 때 아티스트에게는 보이지 않게 작성할 수도 있으며, 아티스트는 동영상이나 음성으로 리플을 올릴 수 있습니다. 위버스는 서로 다른 국가의 팬들이 편하게 소통하게 해주려고, 세계 여러 나라의 언어로 피드를 자동번역해 주는 기능까지 제공하고 있습니다. 이런 다양한 기능에 힘입어, 2020년 9월 기준 누적 가입자는 세계 229개국, 총 1,347만 명이며, 하루 평균 약 140만 명이 지속적으로 위버스에 방문하고 있습니다. 아티스트들도 꾸준히 피드를 올리지만, 팬들이 올리는

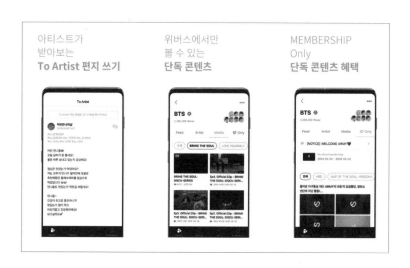

수많은 피드가 쌓이며 한 달 평균 약 1,100만 개의 콘텐츠가 올라오고 있습니다. 2020년 9월 초 기준으로 BTS, 세븐틴, 여자친구의 커뮤니티에는 각각 670만 명, 127만 명, 81만 명이 가입했습니다. 2020년 7월 삼성전자는 위버스가 기본 앱으로 탑재된 '갤럭시 S20+ BTS 에디션'을 출시하기도 했습니다.

위버스는 가입자 수, 콘텐츠의 다양성과 분량, 기능 등 여러 면에서 꾸준히 성장하리라 예상됩니다. 그러나 성장과정 중에서 몇몇 문제가 나타나고 있기는 합니다. 팬들이 올리는 피드를 사전에 필터링하지 않다 보니 특정 아티스트들에 대한 원색적인 비난이나 성희롱 글이 공유되는 경우가 있습니다. 또한, 팬들이 자체적으로 운영하던 팬 커뮤니티에 비해 가입 문턱이 매우 낮아지다 보니, 팬들 간 성향 차이로 인한 불화가 생기는 경우가 있습니다.

위버스의 꾸준한 성장을 위해 몇 가지 제안하고 싶은 점이 있습니다. 첫째, 위버스 메타버스에서 각 사용자에게 특화된 경험을 제공하는 전략입니다. 현재 위버스 메타버스는 한 아티스트의 팬들 모두에게 동일한 경험을 제공하는 구조입니다. 예를 들어, BTS 커뮤니티는 그 커뮤니티에 올라오는 팬들과 아티스트의 피드 등을 모든 팬들에게 동일하게 보여줍니다. 그러나 앞서 얘기했듯이, 한 커뮤니티에 수백만 명이 가입하고, 수백만 개의 글이 매달 올라옵니다. 그리고 한 커뮤니티 내에서도 팬들 간 성향 차이가 적잖습니다. 따라서 모두에게 동일한 콘텐츠를 제공하기보다는 각 팬이 커뮤니티에서 활동하는 기록을 인공지능을 통해 분석하고 학습하여, 개별 팬의 성향에 맞는 피드를 우선해서 보여주거나, 놓치는 피드를 추천해 주는 등의 기능이 필요합니다. 더 나아가서는 취향이 비슷한 팬들끼리 소그룹으로 소통하는 기능과 콘텐츠를 제공하면 더욱더 좋습니다.

둘째, 메타버스만의 디지털 상품을 공급하는 전략입니다. 메타버스에서 팬이 사용하는 아바타 이미지에 아티스트의 모습을 합성해서 제공하거나, 아티스트의 영상과 음성을 학습시킨 인공지능 프로그램을 통해 팬 개인에게 특별한 영상 메시지를 보내주는 식입니다. 또는 증강현실 기능을 사용해서, 팬이 특정 공간에서 사진을 찍을 때 아티스트가 곁에서 함께 있는 모습을 연출해 줘도 좋습니다.

셋째, 기존 K팝 아티스트와 기획사들은 홍보, 티켓과 상품 판매, 공연 중계 등을 대부분 파트너 기업의 도움으로 해결했으나, 위버스는 이를

하나의 플랫폼 안에서 모두 자체적으로 해결하는 방식입니다. 독자적인 플랫폼에서 모든 것을 가져가도 좋겠으나, 좀 더 다양한 대중과 소통하기 위해서 다른 메타버스와 콜라보를 하면 어떨까 합니다. BTS는 2020년 9월 26일 포트나이트에서 신곡 '다이너마이트'의 뮤직비디오를 공개하며 콘서트를 진행했습니다. 포트나이트 전용으로 안무를 재구성해서 기존 BTS팬들과 포트나이트 사용자들로부터 많은 환호를 받았습니다.

에픽게임즈가 포트나이트 메타버스 안에서 래퍼 트래비스 스캇의 콘서트를 열었던 것과 유사한 방식이었습니다. 위버스에 소속된 아티스트들이 앞으로도 다양한 증강현실, 라이프로깅, 거울 세계, 가상 세계 메타버스들과 활발하게 콜라보를 하면 좋겠습니다. 아티스트들의 주 활동 무대는 위버스가 될지라도, 다양한 메타버스 사용자들과 소통하기 위해 여러 메타버스를 넘나들기를 기대합니다. 이런 콜라보는 두 가지 측면에서 의미가 있습니다. 각각의 메타버스가 가진 특성을 활용해서 사용자들에게 매번 새로운 경험을 제공할 수 있습니다. 그리고 다른 메타버스 사용자들이 위버스로 유입되는 계기가 되기도 합니다.

CHAPTER 10

CJ대한통운: 거울 세계에 이야기를 입히자

●●●●● 　2020년 4월 초, 길가에 앉아서 케이크를 먹으며 눈물을 흘리는 택배원의 모습이 담긴 영상이 인터넷에 올라왔습니다. 영상의 주인공은 중국 우한의 택배 근로자였습니다. 택배원은 앱에 뜨는 배달 주문을 확인하고, 케이크가게에 물건을 가지러 갔습니다. 케이크가게에서 케이크와 주문서를 받은 택배원은 한동안 멍하니 서 있었습니다. 주문서에 적힌 케이크 수취인이 택배원 본인이었습니다. 코로나19로 인해 봉쇄된 도시 우한에서 택배원들은 수많은 시민들을 위해 고군분투 중이었습니다. 누군가가 택배원에게 감사의 뜻을 전하고자 그런 주문을 했습니다. 마침 그날은 그 택배원의 생일이었다고 합니다. 택배원은 인적 없는 거리에서 케이크를 먹으며 눈물을 흘렸습니다.

　봉쇄된 도시 우한에서 학교, 관공서를 포함한 공공시설 대부분과 상

점들은 문을 닫았습니다. 이 상황에서 더욱더 바빠진 이들은 택배원이 었습니다. 의약품, 음식, 마스크, 각종 생필품을 시민들에게 배달하기 위해 감염의 위험을 무릅쓰고 평소보다 더 긴 거리를 이동해야 했습니다. 이런 상황에서 자신의 일상을 소셜미디어에 공유하는 한 택배원의 사연이 많은 이들의 관심을 받았습니다. 병원에 있는 의사에게 가족이 지은 밥을 배달한 사연, 혼자 갇혀 지내며 우울증에 걸린 고객과 배달이 끝난 후에도 안부를 전하며 위로한 사연, 외딴곳에 갇힌 고양이를 구해준 사연 등이었습니다. 시민들은 그 택배원이 소셜미디어에 올려주는 라이프 로그를 보면서 봉쇄된 도시에서 사람들이 어떻게 지내고 있는지, 서로 여전히 어떻게 연결되어 있는지를 깨달으며 힘을 얻었습니다.

국내 택배 시장은 연평균 8.2% 수준의 꾸준한 성장을 보이고 있습니다. 그러나 10년 전 약 2,500원이었던 택배비의 평균 단가는 2020년 현재 2천 원 초반까지 떨어진 상태입니다. 시장이 커지고 근로자의 수는 크게 늘었지만, 수익성 부분에서는 어려움을 겪고 있습니다. 이런 상황에서 택배를 주문하는 고객과 택배원 간의 갈등이 끊임없이 보도되고 있습니다. 물건을 보내고, 받는 이들이 택배원들의 노고에 좀 더 관심을 가져주면 좋겠습니다. 택배원들이 전달하는 물건에 우리 경제의 흐름, 우리 삶의 흔적이 담겨있음을 우리는 너무 쉽게 잊고 있습니다.

CJ대한통운에서 택배원들의 이야기를 라이프로그 형태로 소셜미디어에 공유해 주면 어떨까요? 특정 개인의 이야기를 올린다면 부담스러울지 모르니, CJ대한통운의 택배원을 상징하는 가상의 페르소나를 만들면 좋겠습니다. 여러 택배원들이 자신의 배달 사례를 CJ대한통운의 라이프로깅 메타버스 관리자에게 보내줍니다. 하루에 한두 개도 좋고, 아주 가끔 기억에 남는 사례를 보내줘도 좋습니다. 관리자는 그런 사례를 정리해서 가상 페르소나를 통해 소셜미디어에 공유합니다. 그런 사례를 고객에게 전달해서 택배 서비스와 택배원에 관한 고객의 인식을 개선하고, 서로 배려하는 문화를 만들면 좋겠습니다. 택배 서비스를 이용하는 고객들은 택배 서비스가 어떻게 돌아가는지 잘 알지 못합니다. 고객들은 그저 거울 세계를 통해 자신의 물품이 지도상 어디쯤 있고, 언제 오는지만 확인할 뿐입니다. 그러나 그런 앱만 가지고 물건이 저절로 옮겨질 리는 없습니다. 누군가가 땀 흘리며 짐을 들어 올리고, 차에 실어 옮겨주기에 우리 집까지 안전하게 도착하는 것입니다. 그런 과정을 서로 공유하면 좋겠습니다. 그런 과정이 공유되어야 서로를 바라보는 시선이 따듯해집니다. 따뜻한 시선을 이끌어내는 라이프로그가 CJ대한통운에서 만들어지면 좋겠습니다.

PART 7

메타버스가
낙원은 아니다

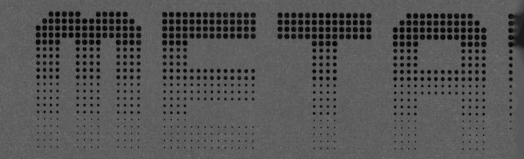

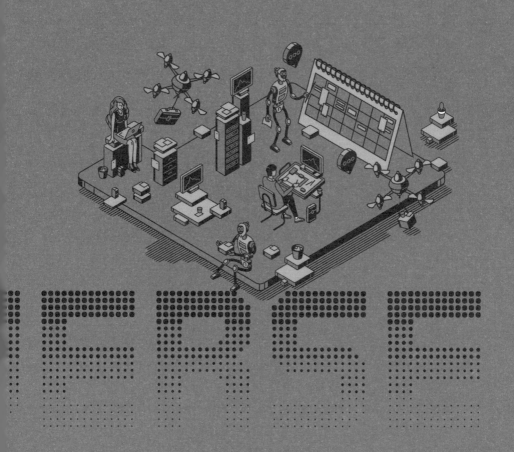

"낙원으로 가는 길은 지옥에서 시작된다."
- 단테 알리기에리

CHAPTER 1

현실은 소멸되는가?
메타버스와 현실의 관계

●●●●● 　인간은 왜 메타버스를 끝없이 만들고, 메타버스를 원할까요? 플라톤은 놀이의 기원을 신과 연결해서 설명했습니다. 인간은 진지한 존재인 신이 자신의 즐거움을 위해 창조한 피조물인데, 인간은 스스로 놀이를 하면서 신을 기쁘게 한다고 했습니다. 신이 인간에게 알려준 놀이가 바로 모방입니다. 플라톤은 인간의 놀이를 미메시스mimesis로 설명했습니다. 미메시스는 모방을 뜻하는 말로, 무언가를 비슷하게 만들거나 재현하는 것을 의미합니다. 화가는 풍경을 모방해서 그림을 그리고, 음악가는 자연의 소리를 모방해서 노래를 만듭니다. 각각 시각과 청각의 모방입니다. 인간에게 메타버스는 거대한 모방의 공간입니다. 상상 속의 이야기를 모방한 증강현실 세계, 서로의 삶을 기록으로 모방하는 라이프로깅 세계, 현실의 구조물과 관계를 모방하는 거울 세

계, 자신이 살아온 세상에 상상력을 더해 모방한 가상 세계, 모든 메타버스는 모방의 산물입니다. 메타버스는 결국 모방을 통한 놀이의 공간입니다. 메타버스를 만든 이의 목적이 무엇이건 그 속에서 살아가는 이들은 놀이, 재미를 원합니다. 게임 프로그램이나 웹툰이 아닌 배달의민족 앱이 재미와 풍자 코드를 플랫폼에 녹여 넣는 이유, 그런 것들을 이용자들이 좋아하는 이유가 모두 놀이에 있습니다. 놀이를 좋아하는 인간의 속성이 변하지 않는 이상 더 다양한 메타버스가 끝없이 등장하며 그 영역을 넓혀갈 것입니다.

거울 세계 메타버스가 현실을 복사해가고 있는데, 그러면 현실의 관계는 약해질까요? 가상 세계 메타버스가 성장하면 현실은 점점 더 희미해질까요? 메타버스는 현실을 선명하게 함과 동시에 희미하게 합니다. 코로나19 상황 속에서 거울 세계는 소상공인들의 상권을 지키는데 큰 보탬이 되었습니다. 사람들은 거울 세계를 통해 음식을 주문하고, 헤어숍을 예약하고, 감염자의 동선을 파악하며 외부의 삶을 이어갔습니다. 사람들은 메타버스 안에서 콘서트를 하고, 공부를 하고, 회의도 했습니다. 만약 그런 일을 가능하게 했던 메타버스가 없었더라면, 코로나19 상황에서 우리의 삶은 더 희미해졌을 겁니다. 라이프로깅 메타버스에서 우리는 수많은 친구들과 소통하며 지냅니다. 그런 메타버스가 없었더라면 졸업 후 연락 한 번 주고받지 않았을 친구들과도 댓글과 이모티콘으로 감정을 나눕니다. 그런 메타버스 속 감정 교류가 있기에, 그 친구를 현실 세계에서 3년 만에 다시 만나도 조금은 덜 어색한 느낌을 받습니다. 메타버스가 현실의 끈을 조금은 더 단단하게 잡아준 셈입니다. 반면에 메타버스는 인간이 느끼는 현실 세계에 대한 두려움을 가중하기도 합니다. 가급적 메타버스 안에서 모든 것을 해결하는 습관은 현실 세계에 대한 우리의 면역력을 떨어트립니다.

메타버스가 현실을 완전히 대체해서는 안 됩니다. 모두가 뉴럴링크를 통해 메타버스에서 살아가고, 인간에게 필요한 양분은 현실 세계의 휴머노이드와 인공지능 시스템이 자동으로 만들어서 공급하는 세상을 꿈꾸는 이들이 있습니다. 어찌 보면 물질적 속박에서 벗어나 더 깊은 정신세계에서 사는 것처럼 보이지만, 그런 삶은 물질세계에 대한 탐구나 도전을 포기한 것일 뿐입니다. 인간에게 정신이 없다면 물질은 무의미하겠으나, 물질 없이 우리의 정신도 존재할 수 없습니다.

CHAPTER 2

도피인가?
도전인가?

●●●●● 메타버스와 현실 세계는 보상이라는 측면에서 큰

차이가 있습니다. 하버드대 캐스 선스타인 교수팀이 진행한 보상 관련

실험을 살펴봅시다. 실험은 과제와 보상을 세 가지 형태로 다르게 지급

하는 것이었습니다. 1번은 과제에 성공하면 보수를 지급하는 방식이었

고, 2번은 보수를 먼저 지급한 후 과제를 제시하고, 과제 수행에 실패하

면 보수를 다시 빼앗는 방식이었습니다. 3번은 과제 수행에 성공해도 아

무런 보수를 지급하지 않는 방식이었습니다. 어떤 경우에 피실험자의

만족도, 성과가 가장 좋았을까요? 1번의 경우가 가장 높았고, 2번의 경우

가 가장 낮게 나타났습니다. 아무것도 주지 않는 3번보다 2번이 더 낮게

나온 점이 특이합니다. 그만큼 우리는 무언가를 빼앗기는 상황을 불편

해합니다. 현실 세계에서 우리가 마주치는 상황들은 1~3번 중 무엇이 많

을까요? 시험지를 채점하는 상황을 생각해봅시다. 문항당 5점씩 총 20문제의 문제를 풀었습니다. 여기서 2문제를 틀렸다면 몇 점이 되나요? 답은 당연히 90점입니다. 어떻게 계산을 하셨나요? 0점 + 5점 * 18문제 = 90점, 또는 100점 - 5점 * 2문제 = 90점, 이중 머릿속에 어떤 공식이 나타나셨나요? 전자로 하셨다면 실험의 1번 상황이며, 후자로 하셨다면 2번 상황입니다. 대부분의 사람들은 2번으로 계산을 합니다. 그런 이들은 내가 맞춘 열여덟 문제보다 내가 틀린 두 문제 때문에 상처를 받습니다. 그래서 시험을 보면 점수가 괜찮은 편인데도 힘들어합니다. 교통법규를 잘 지켜도 특별한 보상은 없으나, 반대로 신호를 위반하면 벌금 고지서가 날아옵니다. 이 역시 2번 상황입니다.

인간의 뇌는 보상과 처벌에 서로 다르게 반응합니다. 보상을 받으면 보상중추인 측좌핵이 활성화되어 기쁨을 느끼고, 처벌을 받으면 통증을 담당하는 뇌섬엽이 활성화되어 고통을 느낍니다. 동일한 크기의 보상과 처벌로 실험을 해보면, 예를 들어 10만 원의 보너스를 주거나 10만 원의 벌금을 징수하는 경우를 보면, 인간은 벌금에 대해 2배 강하게 반응합니다. 10만 원을 누군가에게 빼앗기고 잠시 후 10만 원을 공짜로 받아도, '-10만 원 + 10만 원 = 0' 이런 느낌이 아니라 '-10만 원 * 2 + 10만 원 = -10만 원'처럼 느낀다는 의미입니다.

대부분 메타버스의 시스템은 벌금, 처벌, 비난 등의 '빼기'가 아닌 상금, 레벨업, 축하 등의 '더하기'로 설계되어 있습니다. 그래서 우리는 그 세계의 상호작용을 좋아합니다. 빼기 구조인 현실 세계를 더하기로 바꾸는 게 좋을까요? 아니면 현실 세계의 구조와 비슷하게 메타버스 세계를 빼기로 바꾸는 게 좋을까요? 빼기가 싫어서 더하기를 찾아 도피를 했다고 보기에는 현실 세계에 지나치게 많은 빼기가 있습니다. 사람들은 더하기가 많은 메타버스 세계에서 더 많은 도전을 꿈꿉니다. 빼기보다는 더하기를 중심으로 탐험하고, 소통하고, 성취하고자 합니다.

현실 세계에서 무언가 실패하면, 실패에 따라오는 빼기가 우리를 깊은 좌절에 빠지게 하는 경우가 많습니다. 진행하던 프로젝트를 망치거나 낮은 성적을 받으면, 보너스가 깎이거나 부모님이 던지는 비난을 견뎌야 합니다. 반면에 메타버스에서는 무언가를 실패해도 빼기를 하지 않습니다. 오히려 한 번 더 해보라고 부추깁니다. 그 상황에서 실패에 대한 경험은 우리에게 오히려 더 강력한 도전 동기를 제공합니다. 이를 좌절 효과frustration effect라 합니다. 현실 세계와 메타버스, 이 둘 모두는 우리에게 좌절 효과를 불러일으키는 도전의 세계여야 합니다.

CHAPTER 3

그 세상도 내게는
피곤하다

●●●●● 심리학자 스키너는 어떤 보상이 만족감을 높이는지
실험했습니다. 크게 보면 변동과 고정에 관한 실험입니다. 예를 들어 페
이스북에 글을 하나 올리면, 늘 1시간 내에 10개의 알림이 오는 경우와
몇 시간 내에 몇 개의 알림이 올지 모르는 경우, 둘 중 무엇이 우리를 더
설레게 할까요? 답은 후자입니다. 우리는 불규칙한 보상에 좀 더 빠져듭
니다. 연리 2%가 확정된 예금 상품보다는 원금을 다 잃을 수 있는 주식 상
품에 끌리는 이유도 같은 맥락입니다. 도박에 빠진 사람이 가진 여러 심
리적 문제 중 하나는 이런 불확실한 보상에 관한 집착입니다. 라이프로깅
메타버스인 페이스북에 새로운 글을 올린 후 어떤 기대를 하시나요? 당신
이 올린 글에 대해 친구들이 댓글과 좋아요로 반응해 주기를 기대합니다.
글을 올리고, 회의에 들어갔는데 30분 정도 지나니 스마트폰에 페이스북

알림이 20개나 뜹니다. 평소에는 내가 글을 올리면 댓글과 좋아요가 10개 남짓인데, 이렇게 빠른 시간 안에 알림이 20개나 뜨다니, 누가, 어떤 반응을 보였는지 몹시 궁금해집니다. 앞서 스키너가 실험한 불규칙한 보상 형태로 라이프로깅 메타버스는 우리를 자극하는 셈입니다.

메타버스의 피드백은 현실 세계보다 매우 빠릅니다. 직장에서 승진을 하게 되었는데, 이 소식을 페이스북에 올려서 받는 축하 피드백의 속도와 현실 세계의 동료와 가족들이 소식을 듣고 축하해 주는 속도, 전자가 압도적으로 빠릅니다.

메타버스에서 우리가 사람들과 소통하는 방식, 시스템과 소통하는 방식은 매우 빠른 피드백과 불규칙한 보상 구조로 설계되어 있습니다. 소셜미디어에 글을 올리고, 이런 생각이 드는 경우가 있지 않으신가요? '왜 댓글이 빨리 안 붙지? 이것보다는 반응이 좋아야 하는데, 이 정도 반응이

다야?' 현실 세계에서의 소통보다 우리는 메타버스에서의 소통에 더 큰 기대감을 갖는 면이 있습니다. 큰 기대에는 큰 실망과 피로가 따라오기 마련입니다. 앞서 얘기한 20개의 알림, 빨리 열어보고 싶은 마음이 드셨다면 이미 메타버스가 당신을 피곤하게 만들고 있는 상황입니다.

코에이가 제작한 삼국지 게임을 해보신 적이 있으신가요? 소설로 접했던 여러 장수의 모습과 함께 각 장수의 리더십(통솔), 무력, 지력, 정치력, 매력이 100점 만점을 기준으로 수치로 나타납니다.

운동경기 게임에서는 현실 세계의 선수들이 캐릭터로 등장하는 경우가 많은데, 게임은 각 선수의 능력치를 수치로 표시해서 보여줍니다. 이에 대해 스트레스를 받는 운동선수들이 적잖다고 합니다. 축구선수 미키 바추아이는 축구게임인 피파에서 자신의 능력치가 낮게 설정되어 있는데 불만이 많았습니다. 피파게임 제작사인 EA스포츠에 자신의 능력치를 올려달라고 소셜미디어를 통해 여러 차례 의견을 냈습니다.

바추아이는 축구게임 속 자신 캐릭터의 능력치를 높이기 위해 축구를 열심히 하겠다는 농담을 포스팅하고는 실제 경기에서 엄청난 성적을 냈습니다. 마침내 EA스포츠는 피파게임에서 그의 능력치를 올려줬습니다.

만약 현실에서 우리의 머리 위나 가슴 부위에 우리의 능력치를 표시하는 숫자판이 붙는다면 어떨까요? 직장인의 머리 위에 기획력, 문서작성력, 리더십, 문제해결력 등이 수치로 표현되어 떠있다면 어떨까요? 디지털을 기반으로 돌아가는 메타버스에서는 모든 것들을 숫자로 표현하고 관리합니다. 우리가 메타버스 안에서 다른 사람을 만나거나, NPC와

소통할 때는 그런 숫자가 효율적이라 여길지 모르지만, 막상 내가 다른 이에게 숫자로 인식된다고 생각하면 참 불쾌합니다. 업무 고과, 성적 등 숫자로 나를 평가하는 상황도 유쾌하지 않은데, 그런 숫자를 내가 머리 위에 달고 다닌다고 생각하면 더 끔찍합니다.

TV 드라마 '스카이캐슬', '부부의 세계'를 메타버스로 구현한다면, 각 등장인물의 머리 위에 어떤 능력치 항목을 달아주고 싶으신가요? 성적, 등수, 사랑, 믿음, 이런 것들이 생각나시나요? 숫자화하는 항목은 서로에 대한 인식의 폭을 매우 좁게 만듭니다. 누군가를 성적과 등수라는 항목으로 보는 순간 그 사람의 다른 특성은 관심에서 멀어집니다. 그리고 그런 항목을 숫자로 보는 순간, 숫자 1, 2 차이를 놓고 그 사람을 쉽게 단정하여 평가하게 됩니다. 메타버스는 소통의 효율성을 위해 많은 것들을 숫자화했으나, 더 넓고 깊은 소통을 저해하거나, 우리 모두를 몹시 피곤하게 만들 수 있습니다.

CHAPTER 4

아마존이 진짜 무서운 이유, 메타버스의 거대한 손

미국 기업 아마존은 국내에서도 높은 인지도를 갖고 있습니다. 아마존은 주로 무엇을 해서 돈을 벌까요? 아마존이란 이름을 들으면 제일 먼저 떠오르는 amazon.com 쇼핑몰에서 발생하는 수익이 가장 많으리라 짐작하는 분들이 많습니다. 아마존은 온라인 쇼핑몰, 오프라인 매장 판매, 아마존 프라임, 아마존 웹서비스(AWS, Amazon Web Service) 등의 사업영역을 갖고 있습니다. 이런 다양한 사업 영역을 통해 아마존의 2019년 전체 매출은 2,805억 달러로 전년도의 2,329달러에 비해 21% 증가했습니다. 2019년 영업이익은 145억 달러로 전년도의 124억 달러에 비해 17% 증가했습니다.

AWS는 클라우드 서비스에 해당합니다. 혹시 네이버 클라우드나 구글 드라이브를 쓰고 있으시다면, 그런 서비스를 큰 기업이 쓰도록 만든 것

으로 생각하시면 됩니다. 물론, 개인이 사용하는 네이버 클라우드나 구글 드라이브와는 규모와 용도에서 차이가 있습니다. 기업들은 라이프로깅, 거울 세계, 가상 세계 등의 메타버스를 운영하기 위해 용량이 아주 큰 저장 장치, 처리 속도가 빠르고 안정적인 서버급 컴퓨터, 안정적인 네트워크 등이 필요합니다. 이런 것들을 기업을 대상으로 빌려주는 아마존의 서비스가 AWS라고 생각하면 됩니다. 넷플릭스, 트위치, 링크드인, 페이스북 등의 글로벌 기업들이 AWS의 고객입니다. 넷플릭스는 각종 영화, 드라마 스트리밍 서비스를 제공하는 기업으로 2019년 기준 1억 6천 700만 명의 가입자를 확보하고 있습니다. 트위치는 1억 명이 넘는 시청자가 가입한 게임 중심의 동영상 방송 플랫폼입니다. 게임 방송을 주로 하는 유튜브라 보시면 됩니다. 링크드인은 비즈니스에 특화된 소셜 미디어 서비스입니다. 개인 생활보다는 특정 업계 사람 간에 구인, 구직 정보를 공유하거나 동종 업계 소식을 전하는 목적으로 사용합니다.

2020년 3월 기준으로 6억 7천 5백만 명의 가입자를 확보하고 있습니다. 넷플릭스, 트위치, 링크드인에 관해 잠시 소개한 이유는 이렇게 규모가 큰 기업들도 요즘에는 직접 서버, 저장 장치, 네트워크를 보유하고 운영하기보다는 AWS를 사용한다는 것을 설명하기 위해서입니다. PART 6에서 설명했던 빅히트엔터테인먼트의 위버스도 AWS를 사용하고 있습니다. 거대한 K팝 왕국을 꿈꾸는 위버스의 하드웨어, 통신 기반을 아마존이 제공하고 있습니다.

이런 상황에 힘입어 AWS는 아마존 매출의 13%를 차지하고, 영업이익의 66%를 차지했습니다. 매출액의 비중은 13%로 높지 않게 보이지만, 중요한 것은 영업이익 비율입니다. AWS를 제외한 아마존의 다른 사업 분야의 매출액이 87%이며 영업이익 기여도가 34%인데, AWS 분야는 13%의 매출 비중으로 전체 영업이익의 66%를 냈으니, AWS의 매출액 대비 영업이익 비율은 아마존의 다른 사업에 비해 13배나 됩니다. 아마존의 이익을 지탱하는 핵심은 AWS입니다.

물론 클라우드 서비스 시장에 아마존만 있는 것은 아닙니다. 2019년 글로벌 클라우드 서비스 시장의 점유율을 순서대로 보면 아마존 32.7%, 마이크로소프트 14.2%, 구글 4.2%, 알리바바 4.1% 순입니다. 아마존은 세계 여러 기업들이 사용하는 클라우드 서비스의 1/3을 혼자서 장악하고 있는 셈입니다. 메타버스가 존재하기 위해서는 서버, 저장 장치, 네트워크가 필수입니다. 이런 요소들은 현실 세계로 보자면, 도로, 전기, 수도, 통신 등의 사회간접자본에 해당합니다. 앞으로 생길 여러 메타버스들도 AWS에 많이 의존할 것이어서, 메타버스 속 사회간접자본의 1/3을 아마존이 쥐고 있다고 보면 됩니다. 아마존이 AWS를 제공하기 위해 보유하고 있는 서버의 숫자는 2019년 기준으로 130만 대를 넘었으며, 이런 서버들을 세계 24개 지역에 건설한 데이터 센터에서 운영하고 있습니다. 실로 어마어마한 규모입니다.

아마존 이외에도 메타버스의 성장과 함께할 기업들을 몇 군데 살펴보겠습니다. 첫째, 마이크로소프트입니다. 마이크로소프트의 윈도우즈 OS, 가정용 비디오게임기 엑스박스, 태블릿, 홀로렌즈HoloLens 등은 메타버스의 접속 장치 역할을 하면서 쓰임새가 더 많아질 것이며, 링크드인 (앞서 잠시 소개한 링크드인은 마이크로소프트가 2016년에 31조 원에 인수했음)은 라이프로깅 세계, 마인크래프트는 거울 세계 확장에 중요한 플랫폼이 될 것입니다.

둘째, 페이스북을 주목해야 합니다. 현재 페이스북은 스마트폰과 컴퓨터를 통한 소셜미디어 서비스를 주력으로 하고 있으나, 점차 메타버스로 영역을 확대하는 모습이 보입니다. 2014년, 페이스북은 가상현실 장비를 만드는 '오큘러스VR'을 2조 4천억 원에 인수했습니다. 2018년 페이스북은 오큘러스 룸Oculus Rooms 플랫폼을 오픈했습니다. 오큘러스의 가상현실 장치를 쓰고 가상 세계에 들어가서 자신이 좋아하는 가구와 소품으로 방을 꾸미고, 친구들을 초대해서 함께 보드게임을 즐기거나, 180인치 크기의 대형 TV를 시청할 수 있습니다.

2020년 9월, 페이스북은 연례행사인 '페이스북 커넥트'에서 증강현실, 가상현실 분야에 더 많이 투자한다는 계획을 발표했습니다. 페이스북의 가상현실 장비인 '오큘러스 퀘스트 2'를 공개했습니다. 이전 기기에 비해 무게는 10% 가벼워지고, 해상도는 50% 정도 향상되었으며, 가격은 100달러 낮아진 299달러로 책정했습니다. 페이스북 커넥트에서 주커버그

메타버스

대표는 코로나19 이후 회의, 게임 등에 가상현실 기술이 다양하게 사용되고 있으며 페이스북도 이런 서비스를 강화할 것이라 언급했습니다.

이 행사에서 '인피니트 오피스Infinite Office'라는 미래형 사무실 개념도 공개했습니다. 오큘러스 퀘스트 2를 착용하면, 눈앞에 대형 모니터가 있는 사무실이 보이는 형태입니다. 사무실의 크기는 사용자가 마음대로 설정하면 됩니다. 코로나19 이후 재택근무가 일상이 되는 상황에서, 기업의 사무실을 가상 세계에 옮긴다는 전략입니다.

레이벤선글라스 제조사와 협력하여 스마트 글래스Smart Glasses를 출시한다는 계획도 소개하며, 현재 사람들이 각자 스마트폰을 들고 다니듯이, 자신의 스마트 글래스를 갖고 다니는 세상이 곧 올 것이라 주장했습니다. 페이스북은 이런 서비스를 완성하기 위해 사내에 '페이스북 리얼리티랩'이라는 연구소를 설치했습니다.

페이스북이 가진 어마어마한 규모의 고객 기반(2019년 기준, 하루 이용자가 15억 2천만 명), 누적된 라이프로그, 오큘러스, 도전을 두려워하지 않는 창업자 마크 주커버그 등을 생각할 때 페이스북은 지금의 스마트폰과 텍스트 중심 소셜미디어에 머물지 않고, 증강현실 세계와 가상 세계를 중심으로 새로운 메타버스를 만들어 내리라 예상합니다.

셋째, 구글입니다. 구글은 2014년 구글 글래스를 발표하고 실패한 경험이 있으나, 구글 어시스턴트Assistant, 네스트Nest, 핏빗Fitbit 등을 통해 우리의 일상생활, 가정환경과 구글 생태계를 연결하려는 시도를 계속하고 있습니다. 특히, 앞서 얘기했듯이 거울 세계 메타버스의 핵심 자원 중 하나는 현실 세계를 최대한 정밀하게 복사해낸 지도 정보입니다. 구글은 여러 국가의 기업, 기관이 운영하는 거울 세계 메타버스에서 사용되는 지도 정보를 가장 많이 공급하고 있습니다. 지도 정보를 공급하면서, 각각의 거울 세계 안에서 어떤 일이 발생하고 있는지를 세밀하게 관찰하여 기록하고 있을 겁니다. 구글이 지도를 제공하고, 그 지도를 여러 기업과 기관이 가져가서 거울 세계를 만들었으며, 그런 거울 세계에서 살아가는 수많은 이들의 활동 정보를 구글이 지도를 통해 다시 가져가는 구조입니다.

넷째, 게임 기업들입니다. 메타버스들 중 특히 증강 현실 세계와 가상 세계를 시각적으로 실재감 있게 구현하기 위해서는 게임회사가 갖고 있는 시각화 기술이 매우 중요합니다. 게임에서 사용되는 3D 그래픽 엔진 시장의 절대 강자인 유니티 테크놀러지(유니티 엔진)와 에픽게임즈(언리얼

엔진)를 주목할만합니다. 특히, 에픽게임즈는 앞서 설명한 포트나이트를 보유하고 있는 기업입니다. 중국기업 텐센트의 움직임도 주목해야 합니다. 텐센트는 매출액 기준으로 세계 1위의 게임회사이며, 엄청난 자금력을 바탕으로 에픽게임즈, 슈퍼셀, 블리자드, 유비소프트, 라이엇게임즈 등 세계 유수 게임회사의 지분을 대량 확보하거나 인수한 상태입니다. 메타버스가 성장하고 게임 기업의 역할이 늘어날수록 메타버스에서 텐센트의 입지는 더욱더 단단해질 것입니다.

CHAPTER 5

가진 게 없으나 모든 것을 다 가진 자 vs. 네 것이 맞냐?

••••• 메타버스는 대부분 디지털 환경으로 구현되어 운영되고 있습니다. 따라서 메타버스 안에서 우리가 생성하는 수많은 정보, 갖고 있는 아이템 등은 모두 디지털 데이터로 기록되고 있습니다. 그런 데이터는 누구의 소유일까요? 메타버스는 특정 기업이 소유하고 있지만, 그 안에서 내가 활동하며 내가 만든 데이터이니 내 것이 맞을까요? 결론부터 얘기하자면, 특수한 일부 경우를 제외하고, 메타버스에서 생성된 데이터는 대부분 내 것이 아닙니다.

라이프로깅 세계, 소셜미디어의 상황부터 살펴보겠습니다. 정확한 집계는 어렵지만, 세계 인구의 1/3 정도가 하나 이상의 소셜미디어를 쓰고 있다고 합니다. 소셜미디어에 자신의 일상, 생각을 글과 사진으로 올립니다. 소셜미디어에 올린 글과 사진은 올리는 순간 플랫폼을 운영하는 기업의 소유가 됩니다. 내가 올린 글과 사진인데 이상한가요? 대다수 소셜미디어 플랫폼 가입 시 동의하는 약관에는 사용자가 올린 글, 사진의 사용, 재사용, 라이선스 권한 등을 플랫폼 사업자가 갖는다는 내용을 포함하고 있습니다. 내가 올린 글, 사진을 내가 지우거나 변경할 수 있으나, 내 권리는 거기까지입니다. 내가 글, 사진을 삭제해도 플랫폼 사업자가 가졌던 권리는 사라지지 않습니다. 심지어 내가 계정을 삭제해도 그전까지 내가 올린 글, 사진을 플랫폼 사업자가 갖습니다. 내가 죽으면 어떻게 될까요? 그래도 상황에는 별 변화가 없습니다. 많은 국가에서 유족에게 사망자의 계정에 접근하는 것을 허용하고 있어서, 유족이 사망자가 남긴 내용을 삭제할 수 있으나, 플랫폼 사업자가 백업하거나 다른 이가 공유해간 데이터까지 다 지우기는 어렵습니다.

가상 세계 메타버스에서의 소유권 문제는 게임을 통해 살펴보겠습니다. 게임 속에서 사람들은 아이템을 소유하고, 자신의 캐릭터를 성장시켜갑니다. 그러면 게임에서 내가 가진 칼, 총, 갑옷, 장신구 등의 아이템은 누구의 소유일까요? 현행법으로 게임에서 내가 사용하는 아이템의 법적 소유권은 내가 아닌 게임회사에 있습니다. 정확히 따지자면, 게임회사도 그 아이템을 소유한 것은 아닙니다. 뒷부분에서 다시 얘기하겠으나 게임 아이템은 재화가 아니기 때문에 게임회사는 그 아이템에 대한 저작권을 갖고 있을 뿐입니다. 게임 사용자는 단지 비용을 지불하고 아이템에 대한 사용권을 구입한 것입니다. 게임회사들은 가입 시 제공하는 길고 긴 약관에 이를 명시하고 있습니다. 일례로 모 게임회사의 약관에는 '회사는 서비스와 관련해 회원에게 회사가 정한 이용 조건에 따라 게임이나 캐릭터, 게임 아이템, 게임머니, 사이버 포인트 등을 이용할 수 있는 이용권만을 부여하며 회원은 이를 유상 양도, 판매, 담보 제공 등의 처분행위를 할 수 없다.'라는 내용이 있습니다. 결국, 게임에서 내가 갖고 있는 아이템이지만, 법적으로 보면 사유 재산으로 인정받지는 못합니다. 기본적으로 게임 속 아이템은 재물로 인정이 안 되기에 소유권 자체가 보장이 안 되는 상황입니다. 재물이 아니다 보니 게임 아이템과 관련되어 문제가 생겨도 절도죄, 손괴죄, 횡령죄 등이 아예 성립되지 않습니다. 다만, 다른 게임 사용자의 아이디로 몰래 접속해서 아이템을 자신의 계정으로 옮긴 경우, 이는 사기죄에 해당합니다. 재물은 아니지만 재산상 이익이 있음은 법적으로 인정하고 있습니다.

게임 아이템에 대한 개인의 소유권을 인정하면 여러 가지 복잡한 문제가 생깁니다. 첫째, 게임회사가 기존 아이템을 업그레이드하거나, 새로운 아이템을 선보일 경우 개인이 소유한 아이템의 가치에 영향을 주기 때문에 문제가 됩니다. 게임회사가 개인들에게 사전에 동의를 받아야 하는 상황이 됩니다. 둘째, 게임 서비스를 종료하지 못하게 됩니다. 서비스를 종료하는 순간 개인이 소유권을 가진 아이템을 쓰지 못하게 되기 때문입니다. 서비스를 종료하려면, 개인이 소유한 아이템을 게임회사가 비용을 지불하고 모두 매입해야 하는 상황이 됩니다.

게임 아이템을 돈으로 사고파는 경우가 뉴스에 많이 보도되고 있는데, 이에 대해 살펴보겠습니다. 국내 게임회사들은 게임에서 개인이 갖

고 있는 아이템을 현금으로 사고파는 행위를 금지하고 있습니다. 다만, 이러한 행위를 나라에서 법으로 금지하는 것은 아니어서, 적발이 되어도 법적인 처벌을 받는 게 아니라, 게임회사에서 정한 규정에 따라 한동안 계정이 정지되거나 하는 등의 가벼운 처벌을 받습니다. 게임회사가 아이템 현금거래를 금지하고 있으나, 게임 아이템을 거래하는 국내 시장규모는 연간 최소 1조 5천억 원 이상으로 추정됩니다. 한편에서는 게임회사가 약관으로는 아이템 현금거래를 금지하고 있으나, 아이템 거래가 활성화되면 게임 사용자가 더 증가하게 되니, 이를 알면서도 방치하고 있다고 말합니다. 게임의 아이템은 어차피 모두 게임회사의 소유물인데, 사용자들이 서로 사고파는 것을 게임회사에서 굳이 나서서 막을 필요가 없는 상황입니다.

메타버스가 낙원은 아니다

이와 같은 게임에서의 소유권 상황은 다른 종류의 가상 세계 메타버스에서도 비슷합니다. 앞서 설명했던 업랜드와 같이 블록체인으로 사용자의 소유권을 보장하는 사례가 등장하고 있으나, 아직 일반화된 상황은 아닙니다. 업랜드는 사용자가 보유한 자산(토지 증서)과 UPX(업랜드의 가상 화폐)를 블록체인으로 관리하며, 사용자의 소유권을 보장해 주려 하지만, 이런 시도가 메타버스에서 일반화될지는 두고 봐야겠습니다.

CHAPTER 6

메타버스 속 헝거게임

메타버스는 그 자체로 하나의 세계입니다. 현실 세계의 법과 비슷하게, 각 메타버스에는 그 세계에서 지켜야 하는 규칙이 있습니다. 현실 세계에서 법을 지키지 않는 자들이 존재하듯이 메타버스에도 무법자는 있습니다. 그들에 관한 이야기를 해보겠습니다.

대부분의 메타버스에서 사용자에게 내릴 수 있는 최고의 벌은 사용자의 계정을 영구히 차단하는 밴ᵇᵃⁿ입니다. 밴은 무엇을 금지한다는 뜻의 단어인데, 메타버스에서 사용자의 계정을 삭제하고 영원히 돌아오지 못하게 하는 처벌을 밴이라 부릅니다. 예를 들어 라이프로깅 세계인 소셜 미디어에 음란물을 올리거나, 거울 세계인 음식 배달 플랫폼에 리뷰를 대량으로 조작해서 올리거나, 가상 세계인 게임에서 오토를 돌리거나 하는 등의 문제를 일으킬 경우 밴을 당합니다.

개인 사용자 입장에서 밴은 메타버스 안에서 영구 추방, 사망 선고에 가깝습니다. 그러나 이는 현실 세계에서 큰 죄를 짓고 사형을 당하는 경우와는 다른 면이 있습니다. 주민등록번호를 확인하고 가입하는 메타버스가 아닌 경우, 가입 시 이메일이나 전화번호 정도를 확인하는 메타버스에서는 밴을 당해도 바로 다른 정보로 가입할 수 있습니다. 물론, 원래 사용하던 계정과 연동은 안 되지만, 그 메타버스에서 새로운 신분으로 사는 것은 가능합니다. 새로운 신분을 쉽게 만들다 보니, 메타버스에서 규칙을 어기는 범죄 행위를 대수롭지 않게 여기는 사용자들이 적잖습니다. 밴을 당해도 다시 계정을 만들고 범죄를 반복합니다. 이런 상황을 막기 위해 밴을 당한 사용자가 갖고 있던 하드웨어 정보를 추적해서, 해당 하드웨어가 그 메타버스에 접속하지 못하게 차단하는 경우가 있습니다. 예를 들어 오토를 돌렸던 컴퓨터나 음란물을 올렸던 스마트폰의 고유 정보를 확인하고, 다른 계정을 사용해도 그 컴퓨터나 스마트폰으로는 해당 메타버스에 접속하지 못하게는 막는 방법입니다. 매우 강력하고 효과적인 방법으로 보이지만, 이런 방법을 쓰게 되면 밴 당한 사실을 모르고 컴퓨터나 스마트폰을 중고로 구매한 사람이 피해를 볼 수 있습니다.

메타버스에서 하는 행위가 현실 세계의 법에 위배된다면, 현실 세계법으로 처벌할 수 있습니다. 앞서 예시 중 소셜미디어에 음란물을 올리는 경우가 그렇습니다. 그러나 게임 속에서 오토를 돌리는 경우는 현실세계 법으로 처벌이 불가합니다. 메타버스 세상의 경제를 크게 교란하

메타버스

는 행위이지만, 현행법은 메타버스 안에서 오토를 돌려서 디지털 아이템을 얻는 행위를 금지하지 않고 있습니다. 결국 메타버스 내부 규칙으로 통제하는 방법밖에 없습니다. 메타버스가 무언가를 금지하는 규칙을 만들면, 무법자들은 그 규칙을 교묘하게 빠져나가는 방법을 고안합니다. 그러면 많은 사용자들이 피해를 입고, 메타버스 운영자에게 이를 신고하고 항의합니다. 메타버스 운영자는 규칙을 수정하여 무법자들의 활동을 일시적으로 막아냅니다. 그러나 무법자들은 변경된 규칙의 맹점을 파악하여 다시 문제를 일으킵니다. 막는 자와 뚫는 자의 끝없는 싸움입니다. 현실 세계와 같습니다.

메타버스의 질서를 그 세계의 법에 해당하는 메타버스 운영 기업의 규칙, 약관에만 의지할 수는 없습니다. 사용자들 스스로 메타버스 세계관을 존중하고, 다른 사용자들과 공생하기 위해 노력해야 합니다. 현실 세계의 여러 상점들을 옮겨놓은 거울 세계가 존재합니다. 거울 세계에 있는 상점에 허위 정보를 올리고, 거짓 리뷰를 올리면 그 거울 세계가 온전히 성장할 수 있을까요? 그런 행위가 문제가 될지 안 될지는 그 메타버스의 규칙, 약관을 들춰보지 않아도 누구나 알 수 있습니다.

현존하는 가장 오래된 법전으로 우르남무 법전Ur-Nammu을 꼽습니다. 인류 최초의 문서화된 성문법이며, 기원전 2100~2050년 정도에 만들어졌다고 추정합니다. 그런 법전이 없던 시대, 인류는 아무런 규칙 없이 서로 물고 뜯으며 살았을까요? 우르남무 법전은 27개의 조항으로 구성된 매우 짧은 법전인데, 그렇다면 27개 조항에 없는 죄는 저질러도 아무런 문제가 안 되었을까요? 그렇지는 않았으리라 생각합니다. 문화, 경제, 사회 시스템 등이 성장하면서 더 많은 법이 생기고, 그 내용은 복잡해집니다. 메타버스도 그렇습니다. 메타버스는 하나로 규정하기 어려울 정도로 다양한 양상으로 등장하며, 시시각각 그 모습이 변하고 있습니다. 따라서 메타버스에서 생기는 문제를 미리 예측하고, 특정 규칙, 약관으로 그런 문제를 완벽히 통제하기는 어렵습니다. 메타버스가 안정적으로 성장하기 위해서 규칙, 약관 등 그 세계의 법을 지속해서 정비해야겠지만, 그보다 우선시 되어야 할 것은 그 세계를 온전히 지키기 위해 우리들 스스로 질서를 만들고 지키는 약속입니다. 성숙한 문명을 이룩한 인간인 우리가 만든 메타버스입니다. 만약 메타버스 안의 문명이 원시시대 수준이라면, 현실 세계에서 우리가 이룩한 문명의 민낯도 별반 다른 게 없지 않을까요?

CHAPTER 7

NPC, 인공지능에게
인권이 있을까?

미국 드라마 웨스트월드Westworld 이야기를 해보려고 합니다. 이 글에는 약간의 스포일러가 포함되어 있습니다. 시청의 재미에 문제를 주는 수준은 아니지만, 스포일러가 싫은 분들은 먼저 드라마를 시청하신 후에 이 글을 읽어주시기 바랍니다. 웨스트월드는 마이클 크라이튼이 각본과 제작을 맡았던 1973년 동명의 영화를 바탕으로 만들어진 드라마입니다.

웨스트월드는 HBO에서 2016년 4분기에 10개의 에피소드로 방영한

작품입니다. 제가 봤던 미드 중에서 최고의 작품입니다. 시기를 정확히 가늠하기 어려운 미래 시대의 이야기입니다. 공간적 배경은 서부시대를 모티브로 한 테마파크(놀이공원)입니다. 테마파크에는 고도의 인공지능을 가진 휴머노이드(인간의 모습을 닮은 로봇)들이 살고 있습니다. 휴머노이드들이 서부시대 테마파크의 NPC인 셈입니다. 이 부분에 매우 독특한 설정이 있는데, 휴머노이드들은 스스로를 인간으로 인식하고 있습니다. 즉, 자신들이 로봇임을 모르고, 서부 개척시대를 살아가는 사람이라 생각합니다. 테마파크 방문객들은 테마파크에 거액을 지불하고 서부시대의 모험을 즐깁니다. 하루 비용으로 수천만 원 이상을 지불하는 듯 보입니다. 타 부족과의 전투, 도박, 악당 체포 등 서부 영화에 등장하는 다양한 이벤트들을 즐깁니다. 숨겨진 금궤를 찾는 짜릿한 즐거움도 누릴 수 있다고 합니다. 방문객들은 광활한 테마파크 내에서 마치 진짜 서부시대 사람처럼 일상생활을 하다가 자연스럽게 서부시대의 모험 이벤트에 합류합니다. 방문객들은 그런 일들을 게임의 퀘스트처럼 즐기지만, 우리가 즐기는 게임의 모습과는 다릅니다. 우리에게 익숙한 대부분 게임들처럼 퀘스트 창이 뜨거나, 체력이 그래프로 나타나지는 않습니다. 예를 들어 바에서 맥주를 한잔 마시고 있는데, 옆자리 애꾸눈 사내가 금궤 얘기를 슬쩍 흘립니다. 관심이 생기면 대화를 이어가다 함께 금궤를 찾아 모험을 떠나는 식입니다.

방문객들이 그런 이벤트를 진행하는 과정에서 여러 NPC들이 총에 맞아 죽거나, 크게 망가집니다. 모든 NPC들이 잠든 밤, 테마파크의 거

대한 연구소에서는 죽거나, 망가진 NPC들을 고칩니다. 이렇게 고쳐진 NPC들은 기억을 재이식 받아서 테마파크에 다시 투입됩니다. 다친 곳이 없는 NPC들의 기억도 리셋되어서 주기적으로 새로운 방문객들을 맞이합니다.

드라마를 시청하고, 한 부분이 제게 트라우마처럼 남았습니다. 남성 방문객들이 선호하는 이벤트 중 매우 잔인하고 끔찍한 내용이 등장합니다. 방문객들이 농장주 딸로 등장하는 젊은 여성 NPC를 겁탈하는 내용이 간접적으로 묘사되는데, 테마파크는 매번 그 여성 NPC를 고치고 기억을 재이식하여 그런 일을 반복해서 당하게 만듭니다. 그런 설정에 메스꺼움을 느꼈습니다. 그런데 그 순간 느낀 메스꺼움을 예전에도 비슷하게 경험한 적이 있었습니다. GTA(락스타게임즈가 만든 차량 절도범, 범죄자들이 등장하는 메타버스) 게임을 플레이하는 과정 중에 한 남성을 고문하는 이벤트가 등장했는데, 그 묘사가 꽤 사실적이었습니다. 불쾌감과 메스

꺼움을 느껴서, 그 이벤트를 제대로 마무리하지 못하고 넘어갔는데, 더욱더 강렬한 메스꺼움을 웨스트월드는 제게 전해주었습니다. 인간과 동물을 다른 존재로 구분 짓는 기준은 무엇일까요? 여러 기준이 있겠으나, 저는 '자신의 행동을 책임지는 것'이 인간을 동물과는 다른 존재로 만들었다고 생각합니다. 제가 웨스트월드에서 메스꺼움을 느낀 이유는 테마파크 내에서 아무것도 책임지지 않으면서, 뭐든지 내키는 대로 하려는 인간들의 역겨운 모습 때문이었습니다.

온라인 게임 형태로 제공되는 가상 세계 메타버스에서 사람들은 자동차를 훔치고, 총으로 NPC를 제압하는 등의 폭력을 행사합니다. 그런 모습은 우리에게 모니터의 2D 영상 또는 VR 안경을 통한 입체 영상으로 전달됩니다. 그런데 만약 그런 NPC가 드라마 웨스트월드처럼 물리적으로 만들어진 휴머노이드라면 어떨까요? 그래도 우리는 그런 NPC에게 거침없이 폭력을 행사할 수 있을까요? 그렇게 해도 괜찮을까요? 반대로, 휴머노이드에게 해서 안 되는 행동을 2D, 3D 영상으로 등장하는 NPC에게는 해도 괜찮을까요? 가상 세계 메타버스가 정교해지고, 실재감이 높아질수록 그 안에 어떤 세계관과 상호작용을 담을 것인가를 더 깊게 고민해야 합니다. 메타버스를 만드는 이와 그 세계에서 살아가는 이들 모두의 숙제입니다. 자칫 새로운 탐험, 소통, 성취 등을 즐기는 공간이라는 미명 아래, 아무것도 책임지지 않는 인간, 진화의 과정을 거슬러서 동물로 되돌아간 이들이 살아가는 세계를 만들어낼지도 모르기 때문입니다.

CHAPTER 8

우리는 나이, 성별, 이름을 묻지 않습니다

• • • • • 제가 즐기던 게임 중에 클래시오브클랜이 있습니다. 핀란드 헬싱키에 소재한 슈퍼셀이 개발한 게임으로, 15~30명 정도의 사용자들이 클랜(게임 속 팀)을 구성하여, 클랜 간 전쟁을 벌이는 게임입니다. 전쟁에서 이긴 클랜은 많은 아이템을 확보하게 됩니다. 확보한 아이템을 가지고 각 사용자는 자신의 마을을 성장시킵니다. 클랜전에 참가하지 않아도, 개인끼리 전쟁을 하면서 마을을 키울 수 있지만, 클래시오브클랜이라는 게임 타이틀에서 나타나듯이 이 게임의 백미는 클랜끼리 전쟁을 벌이는 클랜전입니다. 각 클랜에는 클랜을 대표하는 클랜장이란 직책이 있으며, 클랜장은 클랜전을 잘 계획하고, 클랜전에 멤버들이 활발히 참여하도록 독려하는 역할을 합니다.

제가 클랜 멤버로 참여했던 클랜에는 50명의 구성원들이 있었습니다.

매주 한두 차례 다른 클랜과 전쟁을 벌였습니다. 전쟁을 하다 보면, 예정된 전쟁에 참여하겠다고 의사를 밝혔다가 막상 전쟁이 벌어지면 연락 없이 전쟁에서 빠지는 이들이 있습니다. 30 대 30의 싸움인데, 몇 명이 빠지면 당연히 전세는 매우 불리해집니다. 또는 사전에 약속한 대로 공격을 하지 않고 개인 점수만 높이기 위해 무리한 공격을 하는 멤버들도 있습니다. 전쟁 때마다 이런 상황이 발생하다 보니, 전쟁이 끝나면 클랜 채팅창에는 특정 멤버를 비난하거나, 쫓아내자는 글들이 올라옵니다. 제가 활동하던 클랜에서 클랜장을 맡았던 이는 '비숍'이란 닉네임을 쓰는 분이었습니다. 전쟁이 끝난 후 채팅창에 이런저런 험한 말들이 오갈 때마다 클랜장 비숍님은 사람들의 마음을 진정시키기 위해 노력했습니다. 약속을 지키지 않았던 멤버들에게 해명과 사과의 기회를 주고, 성난 멤버들을 달래는 식이었습니다. 어느 날, 클랜 멤버 한 분이 해외에 있는 법인에서 근무하는데 잠시 한국에 들어오게 되었다면서 클랜 멤버들과 오프라인에서 만나고 싶다는 의견을 채팅창에 올렸습니다. 다른 멤버분은 자신이 큰 식당의 주방장이니, 자기가 일하는 식당으로 초대를 하고 싶다고 했습니다. 클랜 멤버들을 한 번도 만난 적이 없던 저도 오프라인 모임에 나가고 싶은 마음이 들었습니다. 다른 멤버들도 채팅창에 모임을 갖자는 메시지를 많이 남겼습니다. 그런데 클랜장인 비숍님은 클랜 멤버들이 모이려는 시기에 본인은 시간을 내기 어렵다고 했습니다. 시험기간이어서 시간을 못 낸다고 했습니다. '교사이신가 봐요? 어느 학교에 계세요?'라는 질문을 한 멤버가 올렸고, 비숍님은 '그게 아니라, 제가 중학생인데, 학교 시험 기간이어서 부모님께서 모임 참석 허락을 안 해주실 것 같습니다.'라고 답했습니다. 순간 제 머릿속에 큰 종이 울렸습니다. 저는 막연히 비숍님을 제 또래의 남성이라 짐작하고 있었습니다. 클랜 채팅창이 잠잠해진 것을 보니, 다른 멤버들도 저와 비슷한 충격을 받은 듯했습니다. 그렇게 흐지부지되어 오프라인 모임은 성사되지 않았습니다.

생각해보니 오프라인 모임 얘기가 나오기 전까지 우리는 상대방의 성별, 나이, 직업, 거주 지역을 물어본 적이 없었습니다. 그럼에도 수십 명이 뭉쳐서 클랜전을 몇 달 동안 잘 진행해왔습니다.

2019년 봄 빅데이터저널에 발표된 연구는 한 통신사에서 보유한 18,000명 고객의 통화정보^{SMS, 음성통화 관련 정보 등}, 요금 기록 등을 가지고 사람의 성별, 연령을 맞출 수 있는가를 보여주고 있습니다. 결과를 보면 빅데이터 분석만으로 성별을 맞춘 비율은 85.6%, 나이를 맞춘 비율은

65.5%였습니다. 2020년 봄, 폴란드에서 개최된 학술대회에서는 온라인에서 주고받는 텍스트를 분석해서 컴퓨터 알고리즘으로 작성자의 성별과 나이를 맞추는 연구가 발표되었습니다. 수백 명을 대상으로 실험한 결과 연령대(정확한 나이가 아닌 일정 연령 이상, 이하로 구분하는 정도)는 83.2%, 성별은 82.8%의 적중률을 보였습니다. 꽤 높은 적중률로 보이시나요? 여러분이 현실 세계에서 누군가와 마주치면 상대방의 성별, 연령대를 얼마나 정확히 알아채실까요? 앞서 연구가 보여준 60~80%대 보다는 훨씬 더 높은 적중률을 보이리라 예상합니다. 시각 정보만으로 대략적 판단이 가능하고, 여기에 대화까지 해보면 좀 더 깊게 예상이 가능합니다. 메타버스에서 우리는 행동, 글에서 전달되는 느낌만으로 상대의 인구통계학적 정보를 현실 세계에서보다는 정확하게 예측하기가 어렵습니다. PART 3에서 얘기한 멀티 페르소나를 생각해봅시다. 나도 그렇지만 상대방도 메타버스에서는 현실 세계의 자신과 다른 모습을 드러냅니다. 시각 정보는 이미지나 아바타로 대체됩니다. 따라서 우리가 막연히 예상한 상대의 인구통계학적 정보를 높게 신뢰해서는 안 됩니다.

그렇다면 메타버스에서 상대의 나이, 성별을 그냥 물어보면 어떨까요? 메타버스의 주축인 Z세대는 그 안에서 서로의 신상정보를 묻지 않습니다. 그게 그 세계의 문화입니다. 이런 문화는 Z세대가 사용하는 용어에서 나타납니다. Z세대의 용어 중 '후렌드'란 말이 있습니다. 'Who(누구와) + Friend(친구가 되다.)'의 의미입니다. 그들은 메타버스뿐만 아니라 현실 세계에서도 친구를 삼을 때 상대의 나이, 성별, 국적 등을 따지지 않

습니다. 예전부터 서구 문화권에서는 우리에 비해 친구를 맺는 데 있어

나이차가 큰 문제가 아니었는데, Z세대를 중심으로 국내에서도 나이차

에 대한 인식이 깨지고 있습니다. '다만추'란 말도 있습니다. 다양한 만남

을 추구한다는 뜻입니다. Z세대는 나이, 성별, 국적 등에 관한 선입견 없

이 다양한 사람과의 만남을 즐깁니다. 새로운 만남을 성장의 기회로 인

식합니다. 메타버스에서 누군가와 만난다면, 상대의 나이와 성별에 아

예 신경을 쓰지 마시기 바랍니다. 나이, 성별과 상관없이 당신이 그와 소

통이 잘 된다고 느끼면, 그것으로 충분합니다.

상대의 신상을 알아야 가깝게 다가갈 수 있다는 생각이 드신다면, 제

가 소개하는 짧은 사례에 잠시 집중해 주시기 바랍니다. 이브 온라인^{Eve}

^{Online}이라는 메타버스가 있습니다. 광활한 우주를 배경으로 자원을 채굴

해서 경제 규모를 키우거나, 상대 진영과 우주 함선으로 전쟁을 치르는

방식입니다.

이브 온라인의 사용자인 Chappy78은 2020년 6월 췌장암 말기 판정을 받았습니다. 생일을 앞두고 있던 그는 마지막이 될지도 모르는 생일을 특별하게 기념하고 싶었습니다. 자신이 평소 즐기던 이브 온라인에서 거대한 전투를 하고 싶어서, 이런 내용을 이브 온라인 포럼에 올렸습니다. 생일날이 되자 그의 메시지를 본 수많은 사용자가 그가 얘기한 장소에 모였습니다. 좋은 아이템을 가진 사용자들은 그에게 멋진 마지막 전투를 보여주기 위해 고급 아이템을 아낌없이 쏟아부었습니다. 마치 불꽃놀이 같은 광경이 연출되었습니다. 갑자기 몰려든 사용자들 때문에 메타버스에 과부하가 걸리자 운영진이 달라붙어서 문제를 해결해 줬습니다. 이날의 전쟁은 이브 온라인 메타버스의 가장 큰 전쟁으로 기록되었습니다. 채팅창에는 그의 생일을 축하하는 메시지가 넘쳤습니다. 이 전쟁에 참여했던 사용자들은 모금운동을 진행하여 Chappy78에게 전달했습니다. 이 모든 게 현실 세계에서 마주친 적 없던 이들, 서로의 나이, 성별 등에 관심 없는 이들이 같은 메타버스에 살던 이를 위해서 벌인 일입니다. 서로에 관한 인구통계학적 정보가 우리를 끈끈하게 만들어준다는 현실 세계의 고정관념이 메타버스에서는 잘 통하지 않습니다.

네덜란드 조직 인류학자인 호프스테더는 권력거리지수PDI, Power Distance Index라는 개념을 만들었습니다. 쉽게 말하자면, 부하직원이 상사에게 반론을 할 때 느끼는 심리적 저항 강도, 부담감 정도를 의미합니다. 즉, 권력거리지수가 높을 경우 우리는 상사, 교사, 나이 든 이에게 쉽게 무언가를 편하게 말하지 못합니다. 국가별로 권력거리지수를 조사한 사례가 있습니다. 그 결과 한국의 권력거리지수는 60점으로 OECD 국가들 중 네 번째로 높게 나타났습니다. 상사, 교사, 나이 든 이에게 한국인들은 쉽게 자신의 의견을 내지 못한다는 의미입니다. 메타버스는 우리가 느끼는 권력거리지수를 낮추는 데 큰 도움이 됩니다. 메타버스에서 가급적 다양한 이들과 친구가 되어서 소통의 폭을 넓히는 게 좋습니다.

CHAPTER 9

폭발하는
공격성

●●●●● 현실 세계보다 메타버스에서 사람들은 더 공격적으로 행동할까요? 이 질문을 놓고 이야기해보겠습니다. 현실 세계와 메타버스에서 내가 다른 이를 공격하고 못살게 하면서, 상대가 고통스러워하는 것을 몰랐다고 하는 이가 있습니다. 둘 중 하나입니다. 거짓말을 하고 있거나, 정상적인 사람이 아니어서 상대의 고통을 제대로 공감하지 못한 것입니다. 뇌에 있는 감정 중추인 변연계는 앞서 설명했던 거울 뉴런과 연결되어 있으며, 우리가 다른 이의 감정을 공감하게 만들어줍니다. 타인이 기뻐하거나 고통스러워하는 모습을 보이면 우리는 내가 경험한 것이 아니어도 그 감정을 거울 뉴런과 변연계를 통해 느낍니다. 물론, 상대가 느끼는 감정의 미묘한 차이와 그 깊이까지 정확하게 느끼지는 못할지라도, 기뻐하는 상대를 보면서 괴로워하고 있다고 여기거나,

반대로 괴로워하는 모습을 보면서 기뻐하고 있다고 느끼지는 않습니다. 대부분의 경우 상대가 괴로워하는 것을 알면서도 괴롭힙니다.

우선, 현실 세계와 메타버스에 공통적으로 작용되는 부분을 살펴보겠습니다. 첫째, 누군가를 괴롭히면서 사람들은 자신이 더 뛰어난 존재이기에 열등한 이를 괴롭힌다는 우월감을 느낍니다. 둘째, 누군가를 집단적으로 괴롭히는 상황에서 괴롭히는 집단에 포함된 소속감, 동료의식을 느낍니다. 셋째, 괴롭힘을 당하는 대상을 사냥하는 것 같은 전율을 느낍니다. 요컨대, 자신들을 우월하다고 착각하는 이들끼리 모여서 누군가를 사냥하는 스릴감을 즐기는 현상입니다.

메타버스만의 독특한 현상을 들여다보겠습니다. 첫째, 메타버스에서는 앞서 얘기했듯이 개인의 신상정보를 서로 공유하지 않은 채 소통하는 경우가 많습니다. 그러다 보니 익명성 뒤에 숨어서 자신이 저지르는 일에 대해 책임감을 덜 느끼는 문제가 생깁니다. 둘째, 메타버스에서는 현실 세계의 오감 중 일부만 사용해서 소통합니다. 동일한 감각기관을 통해서도 현실 세계보다는 낮은 수준의 정보를 받는 경우가 많습니다. 아무리 선명하고 큰 모니터를 사용해서 화상 통화를 해도 상대가 눈앞에 있을 때만큼 표정을 세밀하게 읽지는 못합니다. 이렇게 일부 감각을 사용하지 못하고, 정보가 제한된 상황에서 실재감과 상대에 대한 공감 능력이 동시에 낮아집니다. 셋째, 괴롭히는 입장에서 느끼는 공포감이 훨씬 덜 합니다. 현실 세계에서 누군가를 괴롭히거나, 물리적으로 공격하려면 본인도 상대방의 반격이나 처벌에 대한 공포감을 느낍니다. 그런 상황에 처하면 뇌의 편도체가 아드레날린을 분출하면서 위험한 상황임을 알려옵니다. 현실 세계에서는 공격을 받는 이, 공격하는 이 모두 강하게 아드레날린을 분출하면서 공포감을 느낍니다. 그런데 메타버스에서 상대를 공격하는 이는 본인이 안전하다는 생각을 동시에 합니다. 상대와 멀리 떨어진 위치에서 익명성에 숨어서 하는 공격이기에 나는 안전하다는 생각을 뇌의 전전두피질이 해냅니다. 그 순간 공격자가 느끼는 공포감은 일종의 재미로 인식됩니다. '현실 세계보다 메타버스에서 사람들은 더 공격적으로 행동할까요?'라는 질문으로 이야기를 시작했었습니다. 익명성으로 인해 낮아진 책임감, 공감능력이 떨어지는 상황, 공포감을 덜 느끼는 환경은 현실 세계보다 메타버스에서 사람들을 더 공격적으로 만드는 요소입니다.

그렇다면 어떻게 해야 할까요? 첫째, 메타버스에서 익명성을 제공하되, 시스템적으로 그에 따른 책임도 함께 지게 해야 합니다. 둘째, 우리 모두가 공격받는 이의 감정에 공감해 주고, 공격하는 이에게 그런 감정을 함께 표현해 줘야 합니다. 이런 감정의 공감대는 공격받는 이를 감쌈과 동시에 공격하는 이의 무뎌진 공감능력을 깨우는 데 도움이 됩니다. 셋째, 억압된 욕구를 메타버스 내에서 다른 방법으로 해소하는 수단을 제공해야 합니다. 사회적으로 용인되고, 다른 이에게 피해를 주지 않는 방법을 제공해야 합니다.

메타버스를 많이 경험하지 않은 분이 이번 파트의 글을 읽고, 메타버스를 야만의 땅으로 생각하지는 않을지 좀 걱정이 됩니다. 야만, 공격과는 반대의 사례를 세 가지 말씀드리겠습니다. 처음 사례는 포켓몬 게임입니다. 포켓몬 게임에는 서로가 가진 포켓몬을 교환하는 미라클 교환이란 규칙이 있습니다. 자신이 교환할 포켓몬을 선택하면, 다른 사람의 포켓몬과 랜덤으로 교환되는 방식입니다. 랜덤으로 교환되는 방식이어서, 보통은 쓸모없는 포켓몬을 처리하는 수단으로 쓰는 이들이 많았습니다. 포켓몬 게임의 한 사용자는 좋은 포켓몬을 만들어서 포켓몬 게임 초보들에게 선물하는 이벤트를 크리스마스에 열자고 제안했습니다. 많은 고급 사용자들이 이 이벤트에 기꺼이 참여했습니다. 그들은 초보 사용자들을 위해 고급 포켓몬을 미리 많이 만들어 두고, 이벤트가 시작되면 아낌없이 선물했습니다. 이 이벤트는 매해 크리스마스마다 이어지고 있습니다. 이벤트에 참가하는 이들은 누군지 모르는 이가 기뻐할 모습을 상상하며, 자신도 행복해합니다.

두 번째 사례는 아이온 메타버스에서 관찰된 현상입니다. 아이온에서 사용자는 낮은 레벨부터 높은 레벨까지 성장하는 경험을 합니다. 그 과정에서 오랜 시간 동안 적잖은 비용을 쓰고 노력을 기울여야 합니다. 고려대 김휘강 교수님 연구팀은 아이온에서 레벨이 높은 고레벨 사용자가 레벨이 낮은 저레벨 사용자를 돕는지를 관찰했습니다. 그런 후 도움을 받았던 저레벨 사용자가 일정 기간이 지나 고레벨 사용자가 되었을 때 어떤 행동을 하는가를 관찰하여, 매우 신기한 현상을 발견했습니다. 자신이 저레벨이었을 때 고레벨 사용자로부터 도움을 받았던 사용자 중 80%가 자신이 고레벨이 되었을 때 저레벨 사용자를 적극적으로 도왔습니다. 고레벨 사용자로부터 도움을 받았다고 해서 자신이 나중에 저레벨 사용자를 꼭 도와야 한다는 계약이 형성된 것은 아닌데, 왜 80%나 되는 사용자가 그렇게 행동했을까요? 선의가 선의를 이끌어내는 선순환을 메타버스에서 만든 셈입니다.

마지막 사례는 리니지2 게임 메타버스 속 이야기입니다. 사용자가 매우 많은 경우, 메타버스를 운영하는 기업은 동일한 메타버스를 여러 개 서버에서 동시에 운영하며 사용자를 분산합니다. 리니지2에는 '바츠'라는 이름의 서버가 있었습니다. 게임 내에는 길드라는 사용자 모임이 있습니다. 게임을 함께 즐기기 위해 모인 사람들의 집단이라고 보면 됩니다. 한 서버에는 여러 개의 길드가 있는데, 리니지2의 바츠 서버에는 '드래곤나이츠 혈맹'이라는 길드가 있었습니다. 이들은 바츠 서버를 장악하고, 거기서 생활하는 사람들이 자신들에게 내야 하는 세율을 10%에서 15%로 인상했습니다. 영지에서 발생하는 경제적 이익이 영지를 소유한 길드에게 돌아가는 구조에서, 이러한 급격한 세율 인상은 바츠 서버에

서 게임을 즐기던 다른 사용자들에게 엄청난 부담이 되었습니다. 결국 2004년부터 총 4년에 걸쳐 바츠 서버를 장악한 드래곤나이츠 혈맹과 이들에 맞서는 바츠 연합군 사이에서 전쟁이 발발했습니다. 연인원 20만 명이 이 전쟁에 참여했으며, 바츠 연합군의 승리로 전쟁은 끝났습니다.

이 전쟁 과정에서 바츠 서버가 아닌 다른 서버에서 게임을 즐기던 사용자들까지 바츠 서버로 넘어와서 드래곤나이츠 혈맹의 압제에 대항했다는 점이 매우 특이합니다. 내 서버가 아닌 남의 서버에서 발생하는 압제에 굳이 나서서 이렇게까지 대항한 이유가 무엇일까요? 현실 세계와 마찬가지로 메타버스에도 선과 악, 평화와 분쟁, 나눔과 독점은 늘 공존합니다. 그리고 두 세계에서 공존의 비율을 결정하는 책임과 권한은 우리 모두에게 있습니다.

장자의 꿈 & 매트릭스

장자의 제물론에 등장하는 호접지몽^{胡蝶之夢}을 기억하시나요? 학창 시절 교과서에서 접하신 내용입니다. 학교에서 배웠던 호접지몽, '나비의 꿈'은 인생의 덧없음을 의미한다고 배웠으나, 호접지몽에 관한 해석은 학자마다 꽤 다릅니다. 장주는 꿈에서 나비가 됩니다. 나비가 되어 훨훨 날아다니면서 자신이 장주임을 잊습니다. 그런데 꿈에서 깨어난 장주는 나비가 되어서 세상을 날아다녔던 기억을 간직하고 있습니다. 나는 원래 나비인데, 장주라는 사람이 된 꿈을 꾸고 있지는 않은지 혼란스러워합니다. 장주는 나비가 되기도 하고, 나비가 장주가 되기도 합니다. 꿈속의 나비는 장주의 무의식 속을 날아다녔고, 현실의 장주는 나비의 기억을 간직하고 살아갑니다. 둘은 전혀 무관한 존재 같지만 하나로 연결되어 있습니다. 장주는 현실의 존재이니 의미가 있고, 나비는 꿈속의 존재이니 무의미한 것이 아닙니다. 현실의 나는 메타버스의 나와 연결되어 있습니다. 현실의 내가 메타버스의 나에게, 메타버스의 내가 현실의 나에게 영향을 주며 살아가는 하나의 존재입니다. 현실을 확장한 메타버스는 내가 나비가 되어 날 수 있는 또 다른 하늘입니다.

장자의 호접지몽보다 좀 더 과학적으로 현실 세계에 관한 의문을 던지는 이들이 의외로 많습니다. 작가이자 미래학자인 레이 커즈와일은 우리 우주 전체가 다른 우주에 있는 중학생의 과학실험일지 모른다고 말했습니다.

MIT의 우주학자 앨런 거스는 우리 우주가 실제 존재하는 것이지만, 생물학자들이 미생물 실험을 위해 군집을 번식시키듯이 초지능 존재가 만든 실험실일 수 있다고 얘기합니다. 일론 머스크는 우리 우주 전체가 거대한 컴퓨터에 담긴 시뮬레이션 상황이라고 주장하기도 했습니다. 이는 영화 매트릭스의 세계관과 매우 비슷합니다. 만약 이들의 주장이 사실이라면, 현실 세계가 누군가가 만들어낸 메타버스라면, 현실 속 우리 삶의 의미가 달라질까요? 우리는 지금과 다르게 살아야 할까요? 그래도 우리는 이 세계에서 이제껏 그랬듯이 도전해서 성취하고 나누며 살아야 합니다. 우리가 사는 현실 세계가 누군가 창조한 메타버스인지 아닌지는 우리에게 큰 의미가 없어 보입니다. 생각하고 선택하며 움직이는 매 순간이 소중할 뿐입니다. 메타버스 속 삶도 그렇습니다.

메타버스 사용법 & 주의사항

누군가는 메타버스를 새로운 사업 플랫폼으로, 누군가는 새로운 놀이터로, 누군가는 현실에서 멀리 벗어나기 위한 수단으로 사용합니다. 통제 불가한 고민, 불행이 당신을 짓누른다면 메타버스에서 잠시 기분을 전환하며 잊어도 좋습니다. 그러나 메타버스가 현실을 완전히 잊기 위한 수단이 되어서는 안 됩니다. 메타버스 속 삶이 아무리 빛날지라도, 현실이 있기에 메타버스가 존재합니다. 우리가 직면한 문제, 우리가 책임져야 할 무언가를 피하기 위한 수단으로 메타버스에 머문다면, 메타버스는 현실의 삶을 망치게 됩니다.

메타버스는 인류의 삶을 확장하기 위한 영토여야 합니다. 누군가를 위한 도피처, 누군가를 위한 수용소가 되어서는 안 됩니다. 메타버스를 창조하고자 꿈꾼다면, 당신의 목적이 무엇인지, 당신의 메타버스가 우리 삶을 어떻게 확장할지 고민해 주시기 바랍니다. 메타버스의 사용자라면, 당신이 그 세계에 머무는 이유는 무엇인지, 그 세계가 당신 삶을 어떻게 확장하고 있는지 돌아봐주시기 바랍니다.

아무리 깊은 세계관, 많은 사람들, 수많은 상호작용을 메타버스 안에 넣고자 노력해도, 메타버스에 담기지 못하는 현실의 가치가 있습니다. 무엇을 그 안에 담지 못할까요? 여러 가지가 떠오르지만, 우리 삶의 시작과 끝인 탄생과 죽음을 메타버스에 담기는 어렵습니다. 메타버스는 출입이 가벼운 세계입니다. 한 번의 탄생으로 시작해서 한 번의 죽음으로 마무리되는 삶의 무게를 메타버스가 짊어지지는 못합니다. 저는 메타버스의 활용 가능성을 높게 평가하지만, 메타버스가 우리 삶을 대체하지는 않았으면 합니다.

인터넷, 스마트폰, 그 다음은 메타버스?

SF영화에서나 보았던 것들을 현실에서 시도하는 이들이 있습니다. 전자칩과 회로를 몸 안에 이식하여, 신체의 타고난 기능을 업그레이드하려는 트랜스휴먼입니다. 31세 영국인 윈터 므라즈는 여러 전자칩을 몸에 이식했습니다. 한 쪽 손에는 RFID칩을 심어서 열쇠 기능을 대신하고, 다른 손에는 NFC칩을 심어서 명함, 건강 정보 등을 보관하고 있습니다.

스마트폰의 카메라, 액정 화면의 기능을 몸에 이식하는 시도도 있습니다. 인공 안구를 만들어 사람의 눈보다 더 멀리 정밀하게 보고, 현실 세계의 모습에 부가 정보를 덧씌워서 보여주며, 내가 보는 순간을 기록하거나 통신망을 통해 다른 이에게 전송할 수 있습니다. 이 정도까지는 아니지만, 호주의 바이오닉비전테크놀로지스Bionic Vision Technologies는 안구 뒤쪽에 칩을 심고 이를 안경처럼 착용하는 카메라와 연결하는 기술을 개발했습니다. 카메라로 촬영한 영상을 칩을 통해 시신경에 전달하는 방식입니다. 이런 트랜스휴먼 기술이 우리가 손에서 놓지 못하는 스마트폰을 대체하기에는 적잖은

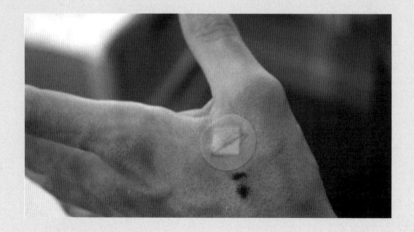

시간이 소요되리라 예상합니다. 최소 10~15년 이상입니다.

삼성전자, 애플 등이 내놓고 있는 특허를 들여다보면, 위아래 또는 옆으로 잡아 늘이는 형태의 스마트폰, 앞뒷면과 옆면이 모두 액정으로 된 스마트폰, 둘둘 말리는 스마트폰, 대략 이런 것들이 트랜스휴먼 형태의 통신기기보다 먼저 나올 듯합니다. 그러나 스마트폰의 외형이나 트랜스휴먼 기기의 출현 시기는 중요하지 않습니다. 인류가 그런 기기로 무엇을 하고자 하는가를 살펴봐야 합니다. 손에 들고, 손목에 차고, 안경처럼 쓰고, 안구에 이식하고, 몸 안에 넣는 기기로 인류는 소통하며, 탐험해서, 무언가를 성취하고자 합니다. 현실 세계만으로는 인류의 소통, 탐험, 성취에 관한 욕망을 충족할 수 없습니다. 인간의 욕망은 채울수록 더 커지는데, 인터넷과 스마트폰은 그 욕망을 걷잡을 수 없을 만큼 폭발시켰습니다. 그래서 인류는 메타버스를 만들고 그 세계에서 새로운 소통, 탐험, 성취를 탐하고 있습니다. 스마트폰, 트랜스휴먼과 관련된 하드웨어, 소프트웨어, 콘텐츠, 플랫폼, 모든 사업자들은 앞으로 메타버스에 주목해야 합니다.

메타버스의 미래

2020년 2월, 일론 머스크의 스페이스X는 통신위성 300개를 지구 상공에 올리는 데 성공했으며, 향후 자체 위성 12,000개를 쏘아 올린다는 계획을 발표했습니다. 2020년 7월, 아마존은 미 연방통신위원회로부터 인공위성 발사를 승인받으며, 12조 원을 투자해서 3,236개의 위성을 올리겠다고 선언했습니다. 블룸버그는 애플이 인공위성과 아이폰이 직접 데이터를 주고받는 기술을 개발하기 위한 비밀연구팀을 운영하고 있다고 보도했습니다. 애플, 아마존, 스페이스X 등은 왜 인공위성에 집착할까요? 인공위성을 통한 통신은 네트워크가 닿지 않던 지역까지 현재보다 훨씬 더 빠른 속도로 데이터를 전송하며, 사용자의 위치를 더 세밀하게 추적하게 됩니다.

2020년 7월 1일, GSMA Thrive 온라인 컨퍼런스에서 화웨이의 간 빈 CMO는 "4G가 삶을 변화시켰다면 5G는 사회를 바꿀 수 있다."라고 발언했습니다. 그다음은 어떨까요? 6G 시대에는 위성과 지상통신이 결합되리라 예상되며, 속도만 놓고 보면 5G(20Gbps의 속도)의 5~50배가 된다고 합니다. 4G가 삶을 변화시켰고, 5G가 사회를 바꾼다면, 인공위성은 새로운 세계를 열 것입니다. 그 세계가 바로 메타버스입니다. 물론, 메타버스는 지금도 존재합니다. 그러나 인공위성이 지구 전역을 1Tbps로 빠르고 정밀하게 연결하는 시대에는 지금 우리가 상상하지 못하는 새로운 메타버스가 등장하리라 봅니다.

애플이 앱스토어를 처음 열었을 때, 스마트폰 시장의 경쟁자들은 그 잠재력을 바로 알아채지 못했습니다. 카카오가 카톡을 무료로 배포했을 때, 사람들은 그들이 무료 메신저로 어떻게 돈을 벌지 예상하지 못했습니다. 1998년 9월 3일, 리니지 게임이 세상에 처음 등장했습니다. 당시 엔씨소프트에서는 CD에 리니지 프로그램을 담아 직접 PC방을 찾아다니며 설치해 줬습니다. 22년이 지난 지금 엔씨소프트의 시가총액은 20조 원을 넘어섰습니다. 엔씨소프트가 만든 가상 세계 메타버스인 리니지의 힘입니다.

얼마 전부터 저는 '실린더'라는 장편 SF소설을 준비하고 있습니다. 그리 머지 않은 미래, 새로 등장한 거대한 메타버스를 배경으로 현실 속 인간들의 욕망과 갈등을 그린 이야기입니다. 거대한 메타버스가 하나의 생활 터전

메타버스

이 되고, 통치 도구화된 상황을 가정하고 있습니다. 그런 메타버스를 셧다운 시키려는 자, 메타버스 안에 거대한 제국을 만들려는 자, 메타버스 속으로 도망간 자, 메타버스 속 사람들을 해킹하는 자, 현실 세계를 지키려는 자 등의 얽힌 사연을 담고자 합니다. 이런 이야기를 구상하고는 있지만, 메타버스의 미래가 어떤 모습일지 저도 정확히 예측하기는 어렵습니다. 그러나 새로운 메타버스를 창조한 기업과 그렇지 못한 기업들 간의 격차가 더 크게 벌어질 것은 확신합니다. 애플, 아마존, 페이스북, 구글 등을 넘어서는 길을 찾고 싶다면, 메타버스의 미래에 관심을 두시기 바랍니다. 메타버스로 향하는 당신의 여정을 응원합니다.